Reinhard Schulz
Waltraud Roth-Schulz

MIT DEM WOHNMOBIL NACH SÜD-TIROL

Die Anleitung für einen Erlebnisurlaub

DER WOHNMOBIL-VERLAG
D-98634 Mittelsdorf/Rhön

Bibliografische Information der Deutschen Bibliothek

Die Deutsche Bibliothek verzeichnet diese Publikation in der Deutschen Nationalbibliografie.
Detaillierte bibliografische Daten sind im Internet über <http://dnb.ddb.de> abrufbar.

Titelbild: St. Cyprian/Weißlahnbad mit Rosengartenblick

Korrigierte 5. Auflage 2015

Druck:
www.schreckhase.de

Vertrieb:
GeoCenter, 70565 Stuttgart

Herausgeber:
WOMO-Verlag, 98634 Mittelsdorf
GPS: N 50° 36' 38.2" E 10° 07' 55.6"

Fon: 0049 (0) 36946-20691
Fax: 0049 (0) 36946-20692
eMail: verlag@womo.de
Internet: www.womo.de

Autoren-eMail: Schulz@womo.de

ISBN 978-3-86903-305-1

EINLADUNG

Auf geht's nach Italien – Spaghetti, schwarzgelockte Burschen, die tiefblaue Adria, endlose Sandstrände und Sonnenbrand locken uns nach Süden!?

Nun ja, Sonnenbrand könnte ich Ihnen eventuell versprechen, aber ansonsten werden Sie in Süd-Tirol wohl kaum "Südländisches" und schon gar nichts "Italienisches" entdecken.

Süd-Tirol ist der Süden Tirols und seit 1000 Jahren leben dort Deutsche. Nach Ende des Ersten Weltkrieges wurde Süd-Tirol Italien zugesprochen, seitdem lernt man in der Schule als Fremdsprache italienisch, beschriftet die Ortsschilder zweisprachig und fühlt sich – welch glückliche Fügung der Geschichte – als Europäer!

Und diese kommen in Scharen als Urlauber, denn Süd-Tirol ist weder kalter Norden noch hitzeflimmernder Süden, sondern ein landschaftliches Paradies!

Wenn wir noch bibbernd hinterm Ofen hocken, spaziert man dort schon zwischen blühenden Obstbäumen, im Sommer ist Süd-Tirol ein Wanderziel erster Güte und im Herbst sitzt man Blauburgunder schlürfend in den Weinlauben, von den Alpenkämmen vor den kalten Nordwinden geschützt.

Ja, die Berge! Sie sind natürlich die Hauptattraktion dieses kleinen Landes, das man mit einem schnellen Auto längs in einer Stunde durchrasen könnte, wenn nicht die Berge im Wege stehen würden – aber was für Berge!

$CaMg(CO_3)_2$ wird Ihnen vielleicht nicht viel sagen, aber die Kristallstruktur des Dolomits ist wohl verantwortlich für die grandiosen Felstürme, die wir mit Ihnen in den Dolomiten ersteigen werden!

Sie wollen nicht bergsteigen? Dann rollen Sie mit uns durch Schluchten und über Pässe, durch liebliche Täler und zu einsamen Almen. Lassen Sie sich anstecken von der Begeisterung und der Liebe, die aus jedem Süd-Tiroler spricht, wenn er von seiner Heimat erzählt.

Wir zeigen Ihnen alle landschaftlichen, aber auch die kulturellen Höhepunkte Süd-Tirols, schlendern mit Ihnen durch romantische Laubengassen, besichtigen einmalige Kunstschätze – und irgendwann haben wir auch Sie soweit, dass Sie mit uns zu einer kleinen Tour starten, um die herrliche Natur, das Herz Süd-Tirols, wirklich kennenzulernen!

Ihre

Waltraud Roth-Schulz

Sehr geehrter Leser, lieber WOMO-Freund!

Reiseführer sind für einen gelungenen Urlaub unverzichtbar – das beweisen Sie mit dem Kauf dieses Buches. Aber aktuelle Informationen altern schnell, und ein veralteter Reiseführer macht wenig Freude.
Sie können helfen, Aktualität und Qualität dieses Buches zu verbessern, indem Sie uns nach Ihrer Reise mitteilen, welchen unserer Empfehlungen Sie gefolgt sind (freie Stellplätze, Campingplätze, Wanderungen, Gaststätten usw.) und uns darüber berichten (auch wenn sich gegenüber unseren Beschreibungen nichts geändert hat).
Bitte füllen Sie dafür schon während Ihrer Reise das Info-Blatt am Buchende aus und senden Sie es uns sofort nach Ihrer Rückkehr zu (per Brief, Fax oder formlos als eMail).
Dafür gewähren wir Ihnen bei der nächsten Buchbestellung direkt beim Verlag ein Info-Honorar von 10%.
Aktuelle Korrekturen finden Sie unter: www.forum.womoverlag.de

Um die freien Übernachtungs- und Campingplätze auf einen Blick erfassen zu können, haben wir diese im Text in einem Kasten nochmals farbig hervorgehoben und, wie auf den Karten, fortlaufend durchnummeriert. Wir nennen dabei wichtige Ausstattungsmerkmale und geben Ihnen eine kurze Zufahrtsbeschreibung. "Max. WOMOs" soll dabei andeuten, wie viele WOMOs dieser Platz maximal verträgt und nicht, wie viele auf ihn passen würden (schließlich gibt es auch Einwohner und andere Urlauber)!
Übernachtungsplätze mit **B**ademöglichkeit sind mit hellblauer Farbe unterlegt. **W**anderparkplätze sind grün gekennzeichnet. **P**icknickplätze erkennen Sie an der violetten Farbe. Auf Schlafplätzchen, denen die gerade genannten Merkmale fehlen – also auf einfache **S**tellplätze – weist die Farbe Gelb hin.
Empfehlenswerte **C**ampingplätze haben olivgrüne Kästchen.
Wanderungen, die wir Ihnen besonders ans Herz legen möchten, haben wir hellgrün unterlegt.

Und hier kommt das Kleingedruckte:
Jede Tour und jeder Stellplatz sind von uns meist mehrfach überprüft worden, wir können jedoch inhaltliche Fehler nie ganz ausschließen. Bitte achten Sie selbst auf Hochwasser, Brandgefahr, Steinschlag und Erdrutsch!
Verlag und Autoren übernehmen keine Verantwortung für die Legalität der veröffentlichten Stellplätze und aller anderen Angaben. Unsere Haftung ist, soweit ein Schaden nicht an Leben, Körper oder Gesundheit eingetreten ist, ausgeschlossen, es sei denn unsere Verantwortung beruht auf Vorsatz oder grober Fahrlässigkeit.

INHALT

Zeichenerklärungen für die Tourenkarten

Touren / abseits der Touren

- Autobahn (Maut)
- 4-spurige Straße
- Hauptstraße
- Nebenstraße
- Schotterstraße
- Wanderweg
- (10) WOMO-freundliche Gaststätte
- (S) (11) Stellplatz (ohne/mit freier Übernachtung)
- (W) (P) (B) Wander-, Picknick-, Badeplatz
- (12) (13) (14) geeignet für freie Übernachtungen

Alle freien Übernachtungsplätze sind im Text und auf den Tourenkarten fortlaufend durchnummeriert.

- ? Problemstrecke (s. Text)
- Kirche, sehensw. Ort
- Burg, Schloss, Ruine
- 1993 m Berggipfel
- Sehenswürdigkeit
- Trinkwasserstelle
- Hütte (bewirtschaftet)
- 06 Campingplatz
- WC Entsorgung/Toilette
- X-V Wintersperre (Pass)
- N 50° 36' 37.3" E 10° 07' 56.3" GPS

Wir starten Richtung Süd-Tirol!

Natürlich wissen Sie, wo Süd-Tirol liegt!?
Folglich müssen wir Ihnen nur noch erklären, wo Sie sinnvollerweise mit Ihrem Süd-Tirolurlaub beginnen sollten, um sich von uns so bequem wie möglich durch das versprochene Paradies führen zu lassen!

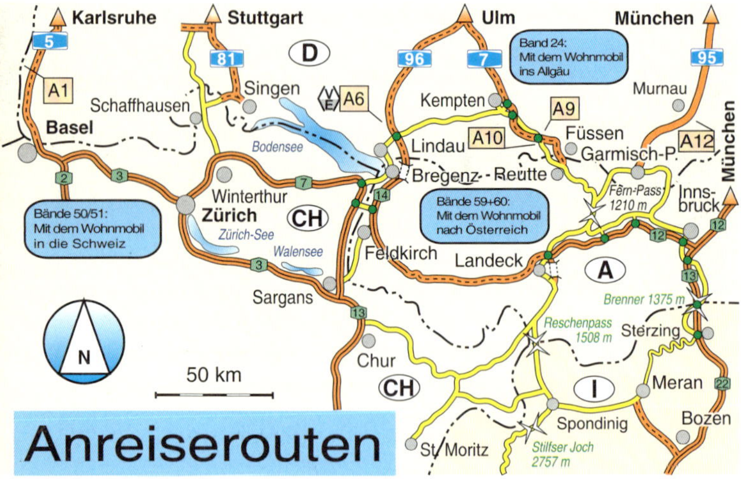

Anreiserouten

Wie kommt man zum Reschenpass?

Eigentlich gibt es für Deutsche nur zwei bequeme Einfallstore nach Süd-Tirol, bereits der Bajuwarenherzog Tassilo II. benutzte sie – und unserem Goethe fiel auch nichts besseres ein: Brenner- und Reschenpass!
Irgendwann mussten wir uns entscheiden, wohin wir unseren Süd-Tirol-Startpunkt legen sollten. Die Wahl fiel deshalb auf den **Reschenpass**, weil er den westlichsten Beginn unseres Urlaubslandes bedient und wir uns bequem nach Osten vorarbeiten können (während man über den Brenner mitten ins Land hineinfällt und nicht weiß, ob man sich zunächst rechts oder links wenden soll).
Sie haben bereits festgestellt, dass die Anreisestrecken auf der A 7 über ULM/KEMPTEN/FÜSSEN/REUTTE und der A 95 über MÜNCHEN/GARMISCH beim **Fernpass** zusammenlaufen. Vorher haben wir fünf Anreise-Plätze für Sie ausgesucht:

A 1: Deutsche AB an der AS 64A Bad Krozingen verlassen. Nach ca. 5 km, in der Ortsmitte von Hartheim, nach rechts dem Wegweiser "Zum Rhein" folgen. Direkt am Rhein ruhiger Picknickplatz mit Tischen und Bänken, Schutzhütte und Grillstelle [N47° 56' 36.4" E7° 35' 54.2"].
A 6: Deutsche AB A 96 an der AS Wangen-Nord (von Süden) bzw. Leutkirch West (von Norden) verlassen und über schmale Landstraßen nach Kißlegg. Dort ausgeschildert "Obersee/Strandbad/WOMO-Symbol" zum großen Gelände [N 47° 47' 45.5" E 9° 52' 46.1"]

A 6: Strandbad Kisslegg mit Ver-/Entsorgung

am See/Strandbad mit Ver-/Entsorgung. Weiterer Stellplatz beim Hotel "Sonnenstrahl" mit Thermalbad beim Zeller See [N 47° 46' 57.7" E 9° 52' 48.8"; 645 m].
A 9: Deutsche AB A 7 an der AS 138 Nesselwang verlassen, nach links 2 km bis Rückholz zum Sportplatz [N47° 39' 18.4" E10° 32' 44.5"].
A 10: Deutsche AB A 7 an der AS 138 Nesselwang verlassen, nach rechts 1,4 km zur wohnmobilfreundlichen Gaststätte "Löwen" [N47° 37' 56.0" E10° 31' 03.0"].

A 10: Gaststätte "Löwen"

A 12: Deutsche A 95 an der AS 10 verlassen und über Großweil zum großen, nachts völlig ruhigen Parkplatz beim Freilichtmuseum Gentleiten [N 47° 40' 00.5" E 11° 17' 09.5"].

Wenig später, hinter IMST, begrüßen wir auch die Österreicher, die natürlich auf der A 12 bis LANDECK sausen, während wir parallel dazu die Bundesstraße 171 benutzen, um wegen der

20 km nicht ein Pickerl kaufen zu müssen (auch der Landeck-Tunnel ist mautpflichtig!).
Ab LANDECK fahren wir die letzten 40 österreichischen Kilometer auf der Bundesstraße 180 bis zum nur 1508 m hohen Reschenpass.

Zeitplanung

„Wir haben nur vierzehn Tage Urlaub, reicht das für Süd-Tirol?" Diese Frage würde unser Freund Walter aus Sistrans (in Nord-Tirol) folgendermaßen beantworten: „Für eine zünftige Tour in Süd-Tirol reicht auch ein Wochenende!"
Und er meint damit: Süd-Tirol ist zu jeder Jahreszeit schön, es liegt so nahe, dass man jederzeit dort einen Kurzurlaub machen kann – aber es ist so groß, dass ein ganzes Leben nicht ausreicht, um auch nur ein einziges Mal alle Bergtouren zu erwandern!

Resümee?

Ihre Zeit reicht nicht – soll sie auch gar nicht! Nehmen Sie sich nicht zu viel vor, genießen Sie – denn nach Süd-Tirol kommen Sie ohnehin wieder! Versprochen!!

Reisezeit

Süd-Tirol hat zweimal Saison, einmal von Frühjahr bis Herbst und ein zweites Mal im Winter! Da jedoch der Mensch, von Arbeit oder Schule geplagt, nicht jederzeit Urlaub machen kann, sucht er sich dafür die Zeit aus, die er für die schönste hält (Reisebüros nennen das dann Hauptsaison).
Beneidet sei der Glückliche, der z. B. Süd-Tirol von April bis Juni oder im September besuchen kann (aber nicht während der Oster- oder Pfingstferien!!): Die ***Ziele sind fast touristenleer, in den Restaurants wartet der Kellner nur auf ihn und – für Wohnmobilurlauber das Wichtigste – freie Übernachtungsplätzchen gibt es nicht nur in Hülle und Fülle, sie sind auch frei!

Was bietet uns Süd-Tirol?

In der Einladung haben wir eigentlich schon genug von Süd-Tirol geschwärmt. Um dem noch eines draufzusetzen, können wir auf Altmeister Goethe nicht verzichten:
„Wenn mein Entzücken hierüber jemand vernähme, der im Süden wohnte, von Süden herkäme, er würde mich für sehr kindisch halten" – was werden dann erst die Nordlichter sagen!?
Objektiv betrachtet, liegen in dem kleinen Süd-Tirol die Möglichkeiten für völlig unterschiedliche Urlaubsaktivitäten eng beieinander:

Natur (Städtebummel, Spazierengehen, Bergwandern, Bergsteigen, Gletschertouren, Klettern), Sport (Ski in jeder Form – auch im Sommer, Rafting, Kanu, Eissegeln), Kultur & Kunst (Schlösser, Burgen, Ansitze, Kirchen, Klöster in den Stilrichtungen Romanik, Gotik und Barock sowie romantische, mittelalterliche Stadtbilder) – und, last not least, eine Küche, die vom rustikalen Speckteller oder Speckknödeln bis zum illustren Gaumenschmaus in ***Lokalen reicht. Zu jeder Speise aber wird garantiert ein heimischer Wein gereicht, schließlich hat Süd-Tirol sogar seine eigene Weinstraße!
Oder, um mit einer "offiziellen Stimme" zu sprechen:
Die vielfältige Landschaft mit Apfelbäumen und Weinreben, mit Wiesen, Badeseen und Wäldern, mit Almen und Bergen, die lebhaften Orte und die stillen Winkel, die großen und kleinen Kunstdenkmäler, die lustigen Feste, die herrliche Ruhe, die abwechslungsreichen Gaumenfreuden und hervorragenden Weine zeichnen dieses Gebiet aus.

Was bietet Ihnen dieses Büchlein?

Sie wollen mit dem Wohnmobil nach Süd-Tirol fahren, ein Land, eine Landschaft aktiv erleben?!
Dafür wollen Sie in erster Linie keinen Kunstführer, sondern einen Begleiter, der Sie zu den schönsten Gegenden führt?
Dort möchten Sie regelmäßig einen bequemen Park-, Picknick- und Übernachtungsplatz vorfinden, von dem aus Sie auch gerne einen Spaziergang, eine kleine oder auch größere Wanderung antreten würden?
Wenn bei Ihnen Wasser- oder Abwassernotstand eintritt, dann wollen Sie zu einer Trinkwasserstelle bzw. einer Entsorgungsstation oder Toilette geleitet werden?
Ab und zu wäre auch ein Campingplatz von Interesse, denn wer schläft schon immer "wild"?
Von den guten Gaststätten der Region, den Weinlauben und den bewirtschafteten, rustikalen Almhütten hat man Ihnen vorgeschwärmt, zu denen wollen Sie geführt werden?
Ideal ist eine Gaststätte erst dann, wenn man neben ihr gleich sein weinschweres Haupt betten könnte?
Aber auch Kunst und Kultur haben höchsten Rang in Süd-Tirol! Also wären auch dafür, zumindest kurz und knapp, Hinweise und Erläuterungen angebracht – und in den Bummelzonen der vielen sehenswerten Städtchen ein City-Guide!

All dies können Sie von unserem Büchlein erwarten!
Dabei haben wir Wert darauf gelegt, dass Sie von Tour zu Tour durch Süd-Tirol geleitet werden – ohne all diesen Touren folgen zu müssen! Jederzeit kann von einer auf eine andere

Tour gewechselt werden, denn die Entfernungen sind nur gering. Auch werden Sie kaum mit uns jedes Seitental abfahren – zumindest nicht in einem Urlaub! Aber wir haben das für Sie getan, damit Sie die Qual der Wahl haben – und noch oft wiederkommen können.
Jeder Tour ist eine Karte mit den Kennzeichen der WOMO-Plätze, Wanderungen mit Hütten, Sehenswürdigkeiten, Brunnen, Entsorgungsstellen, öffentlichen Toiletten und Campingplätzen vorangestellt. Dann sind noch einmal die freien Übernachtungsmöglichkeiten, Campingplätze, wohnmobilfreundlichen Gaststätten und Sehenswürdigkeiten aufgelistet. Die Übernachtungsplätze und Wandertipps sind zusätzlich an der richtigen Textstelle in einem Farbkasten beschrieben und, damit Sie keinen verpassen, auf den Karten und im Text fortlaufend durchnummeriert und natürlich mit präzisen GPS-Koordinaten versehen.

Kommt da nicht Wanderfreude auf?

Für jede Tour haben wir die Länge in Kilometern angegeben und die Zeit, die Sie (ohne Wanderungen) für Fahrt und Besichtigungen brauchen werden, natürlich auch die Abfolge der Stationen.
Auf der dritten Umschlagseite finden Sie die Übersichtskarte. Dort können Sie schnell Ihren Aufenthaltsort den anderen Touren zuordnen, die Sie beim Blättern im Buch auch am unteren Seitenrand verfolgen können.
Wenn Sie in unserem Führer schnell eine Stadt, ein Tal, einen See, eine WOMO-Gaststätte, ein Wanderziel oder eine Sehenswürdigkeit finden möchten, im Stichwortverzeichnis am Buchende werden Sie sicher fündig.

Vor allem bei der Urlaubsvorbereitung soll Ihnen unser Serviceteil mit den "Tipps und Tricks" helfen, aber auch während der Reise werden Sie ihn ab und zu aufschlagen. Die italienische Regelung der Begriffe "Freies Übernachten" und "Freies Camping" sollten Sie immer wieder studieren, um einen ungestörten und stressfreien Urlaub genießen zu können.
Wenn Ihnen Fehler oder Änderungen im Laufe der Touren auffallen, die wir mit großer Sorgfalt recherchiert haben, dann verfallen Sie bitte nicht in Zorn oder Ärger. Füllen Sie lieber das Info-Blatt am Buchende aus! Sie helfen damit nicht nur uns und vielen anderen Lesern, sondern erhalten dafür auch 10% Info-Honorar bei Ihren nächsten Buchbestellungen direkt beim Verlag.
Am meisten freuen wir uns natürlich, wenn wir mit unserem Büchlein zu einem schönen, erlebnisreichen Urlaub beitragen können!

... und noch ein Tipp!

Eine der uns am häufigsten zum Thema "WOMO-Urlaub in Süd-Tirol" gestellte Frage bezieht sich auf die Campingverbotsschilder, die in Südtirol wachsen wie die Pilze.

Wir haben uns bei Fremdenverkehrsämtern und der Polizei erkundigt:
Diese Schilder verbieten "campingähnliches Verhalten" wie Markise ausrollen, Tisch und Stühle aufstellen, Grill anzünden (im Extremfall auch Keile unterlegen). Nicht verboten ist jedoch an diesen Stellen das Parken des Wohnmobils, der Aufenthalt und das Übernachten darin.
Falls das Parkplatzschild kein Zeitlimit aufweist, kann man folglich so lange verweilen, wie man möchte!

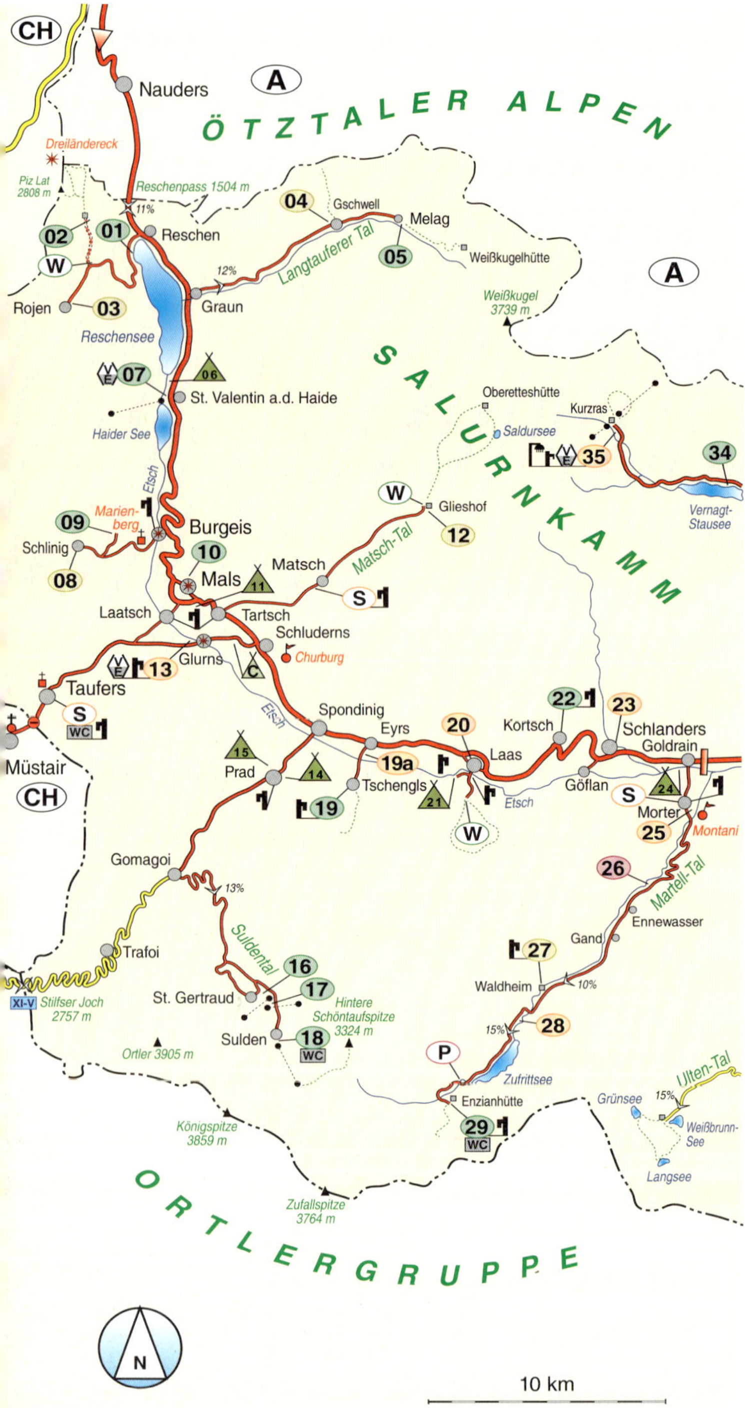
CH
A
ÖTZTALER ALPEN
Nauders
Dreiländereck
Piz Lat 2808 m
Reschenpass 1504 m
11%
04
Gschwell
Melag
02
01
Reschen
05
W
Weißkugelhütte
Langtauferer Tal
12%
Rojen
03
Graun
Weißkugel 3739 m
Reschensee
SALURNKAMM
07
06
St. Valentin a.d. Haide
Oberetteshütte
Kurzras
Haider See
Saldursee
35
34
Etsch
W
Glieshof
Vernagt-Stausee
09
Marienberg
Burgeis
12
Schlinig
10
Matsch
Matsch-Tal
08
Mals
11
S
Laatsch
Tartsch
Schluderns
Churburg
13
Glurns
C
Taufers
S
WC
22
23
Spondinig
Eyrs
20
Kortsch
Schlanders
Goldrain
Laas
15
19a
Göflan
Prad
14
Tschengls
21
S
24
Müstair
CH
19
Etsch
Morter
W
25
Montani
Gomagoi
26
13%
Martell-Tal
Ennewasser
Suldental
Gand
Trafoi
27
16
17
Waldheim
10%
XI-V
Stilfser Joch 2757 m
St. Gertraud
Hintere Schöntaufspitze 3324 m
Sulden
18
WC
15%
28
Ortler 3905 m
P
Zufrittsee
Ulten-Tal
15%
Enzianhütte
Grünsee
29
WC
Weißbrunn-See
Königspitze 3859 m
Langsee
Zufallspitze 3764 m
ORTLERGRUPPE
N
10 km

KARTE TOUR 1

TOUR 1 (235 km / 4-6 Tage ohne Wanderungen)

Reschen – Graun – Langtauferer Tal – St. Valentin – Burgeis – Mals – Taufers – Matscher Tal – Schluderns – Suldental – Laas – Schlanders – Martelltal

Freie Übernachtung: u. a. Reschensee, Melag, St. Valentin, Matscher Tal (Glieshof), Sulden, Laas, Kortsch, Martell-Tal (Talschluss).

WOMO-Gaststätten: Rojen: "Haus Rojen", Langtauferer Tal: "Alpenfriede", Schlinig: "Edelweiß", Matsch-Tal: "Glieshof", Martelltal: "Thairmühl", "Waldheim".

Campingplätze: St. Valentin: "Thöni", Tartsch: "Zum Löwen", Prad: "Sägemühle", "Kiefernhain", Trafoi: "Trafoi", Goldrain: "Cevedale".

Besichtigungen: u. a. Reschensee, Rojen (Dorfkirche), Burgeis (Ortsbild, Abtei Marienberg), Mals (Ortsbild, St. Leonhard), Tartsch (Tartscher Bühel), Glurns (Festungsstadt), Taufers (Pilgerhospiz), Schluderns (Churburg), Prad (roman. Kirche), Laas (Pfarrkirche), Kortsch (St. Ägidius), Göflan (St. Martin, St. Walpurgis-Kapelle), Schlanders (u. a. Pfarrkirche, Ortsbild), Morter (Vigiliuskapelle), Montani (St. Stephan).

Wanderungen: siehe Wanderblöcke im Text.

Wie weit es bis Südtirol ist ? Von Mittelsdorf/Rhön (genau in der Mitte Deutschlands gelegen) waren es knapp 600 km über Ulm, Kempten, Füssen, Reutte, Fernpass, Landeck und Nauders bis zum **Reschenpass**, wo wir ohne Stopp die verfallenden Zollgebäude an der Grenze zwischen Österreich und der italienischen Provinz Süd-Tirol passierten. Die wenigsten machen hier einen Stopp, düsen an der Ostseite des **Reschensees** weiter, schießen vor dem Tunnel von GRAUN schnell ein Foto von dem halb im Wasser versunkenen **Kirchturm** und kurven

Süd-Tirol begrüßt uns

hinab ins **Etschtal**, um die Touristenflaniermeilen von MERAN und BOZEN weiter zu überfüllen.
Wir aber wollen Ihnen das ganze Süd-Tirol zeigen bis in die entlegensten Seitentäler, wo die Zeit stehen geblieben zu sein scheint. Wir wollen mit Ihnen Spaziergänge und aussichtsreiche Bergtouren machen durch eine Landschaft mit einer Farbenpracht wie ein botanischer Garten. Wir zeigen Ihnen nicht nur die 40 Südtiroler Campingplätze, sondern auch eine Unzahl von freien Übernachtungsmöglichkeiten und wohnmobilfreundlichen Gaststätten, von denen aus Sie Süd-Tirol per Pedes erobern sollen!
Gehen wir's an!
Am Ortsbeginn von RESCHEN biegen wir Richtung SCHÖNEBEN/Rojental, sehen nach 300 m an einer Straßengabelung einen schönen Kinderspielplatz, halten uns links Richtung **Rojental**, passieren die Gaststätte "Schlössl am See" mit WOMO-Parkplätzen [N46° 49' 40.6" E10° 30' 38.0"] und rollen nach weiteren 1000 m auf den großen Parkplatz an der Talstation des Schöneben-Lifts aus.

Gaststätte "Schlössl am See", dahinter Reschen

Wir sind die einzigen Gäste (denn der Lift ist Ende Mai noch geschlossen) und können uns das schönste Plätzchen aussuchen (Alternative: Giernhof 1000 m südlich [N46° 48' 43" E10° 30' 57.7"]). Nach ruhiger Nacht können Sie direkt von hier aus unseren ersten Wandervorschlag in Angriff nehmen:

(001) WOMO-Wanderparkplatz: Reschensee (Schönebenlift)
GPS: N46° 49' 16.0" E10° 30' 35.4"; Rojental Landstraße. **max. WOMOs:** > 5.
Ausstg./Lage: Kiesboden, Lift, Wanderweg, Gaststätte 300 m/außerorts, Gebühr.
WOMO-Tipp: Spaziergang am See entlang, übers Schlössl nach Reschen und weiter...

Wanderparkplatz am Schönebenlift

WOMO-Wandertipp: Rojen

Gehzeit: 4,5 Std. **Schwierigkeit:** leicht. **Höhenunterschied:** 575 m
Strecke: ‹9› links des Liftes über den Pitzerbach (eventuell mit Lift) - Gasthaus "Schöneben" - Rojenskihütte - Rojenbach - ‹6› - Rojen - Fahrstraße - ‹6/7› - Reschen.

Sie wollen höher hinaus? Sind beeindruckt von der dreizackigen **Klopaierspitze** (2918 m) oberhalb von RESCHEN oder gar dem gewaltigen **Piz Lat** (2808 m) im Nordwesten? Dann werfen Sie den Diesel an und turnen Sie mit uns die Serpentinen hinauf Richtung SCHÖNEBEN. Nach 1800 m zweigen wir scharf rechts ins **Rojental** ab, weiter geht es aufwärts durch dichten Tannenwald. Der Schöneben-Lift wird unterquert, in der nächsten Linksserpentine kann man auf einem Bänkchen aussichtsreiche Rast halten. Nun senkt sich die Straße und nach 4,9 km könnte man 20 m nach Beginn der unbefestigten Fahrstraße zur **Reschenalm** parken [N46° 48' 54.2" E10° 29' 22.9"].

WOMO-Spaziergehtipp: Reschenalm

Gehzeit: 1,5 Std. **Schwierigkeit:** leicht. **Höhenunterschied:** 200 m
Strecke: Forststraße ‹6› mit herrlicher Aussicht bis Reschenalm, gleicher Rückweg.

Wir turnen mit dem WOMO hinauf bis zur **Alm** auf dem schmalen, geschotterten Weg, der fast überall von rotbraunen Lärchennadeln bedeckt ist. Nach genau 3000 m parken wir unterhalb der verschlossenen Almhütten ein, genießen von einer der Picknickbänke aus die unbeschreibliche Weitsicht. Unter uns schimmert der Wasserspiegel des **Reschenstausees**, der 1950 erstmals gefüllt wurde und das Dorf GRAUN verschlang.
Waren Sie schon am Dreiländereck Bayern/Hessen/Thüringen in der Nähe von Mittelsdorf (WOMO-Band Thüringen)? Oder gar am Dreiländereck Finnland/Norwegen/Russland (WOMO-Band Nord-Norwegen)? Dann können Sie jetzt Ihre Sammlung erweitern um das **Dreiländereck** Schweiz/Österreich/Italien:

(002) WOMO-Wanderparkplatz: Reschenalm

GPS: N46° 50' 09.2" E10° 29' 25.6"; 2000 m. **max. WOMOs:** 1-2.
Ausstattung/Lage: Wanderweg, Gaststätte/außerorts.

WOMO-Wandertipp: Dreiländereck (2180 m)

Gehzeit: 2,5 Std. **Schwierigkeit:** leicht. **Höhenunterschied:** 210 m
Strecke: ‹5› an der Reschenalm vorbei - unterer Almweg ‹3B› - Grenzweg - Dreiländerstein - Höhenweg ‹5› - Reschenalm.

WOMO-Wandertipp: Piz Lat (2808 m)

Gehzeit: 4 Std. **Schwierigkeit:** mittel. **Höhenunterschied:** 810 m
Strecke: ‹5› an Reschenalm vorbei - ‹5› links ab zum Gipfel - gleicher Weg zurück.

Um Sie auf die herrliche Natur Süd-Tirols einzustimmen, möchten wir Ihnen die Wanderung zum **Dreiländereck** etwas ausführlicher beschreiben (was bei den meisten anderen aus Platzmangel nicht möglich ist):

Wir marschieren auf der Fortsetzung des Almweges ‹5› entlang, die Matten sind teilweise noch schneebedeckt, aber die sonnenbegünstigteren Grasflächen bereits übersät mit blühenden Küchenschellen, strahlend blauen Enziantrupps, kleinen, gelben Wiesenschlüsselblumen und unzähligen Alpenglöckchen mit ihren gefransten, violetten Blütenkelchen.
Nach 3 min. gabelt sich der Weg, wir bleiben auf dem Almweg ‹3B›. Der Steig links hinauf trägt die Markierung ‹5› (Aufstieg zum Piz Lat und unser Rückweg vom Dreiländereck).
Leicht bergab genießen wir die Fortsetzung unseres botanischen Lehrpfades: Weiße und violette Krokusse, ganze Hänge blühender Schneeheide, schwefelgelbe Anemonen, blaue Leberblümchen....
Nach 20 min. passieren wir ein verlassenes Militärgelände, steigen jetzt bergan und sichten bald die ersten Grenzsteine, die sich zur Rast anbieten: rechte Pobacke in Österreich, linke in Italien, Blick auf den gigantischen Bergkamm der **Ötztaler Alpen**. Nach einem knappen Stündchen haben wir einen Aussichtsplatz mit Sitzbank erreicht, an dem der Grenzverlauf einen

Auf dem Weg zum Dreiländereck

Knick macht. Steil fällt der Hang hinab, tief unten schlängelt sich die Straße vom Reschenpass nach NAUDERS.

Ein Wegweiser zeigt nach links: Noch 20 min. bis zum **Dreiländereck**. Dieses Wegstück führt am Nordhang des **Piz Lat** entlang und hat Ende Mai für uns böse Überraschungen parat: In den Mulden der Kare liegt der Schnee noch metertief, wir stapfen abwechselnd durch blühende Heide und eiskalten Schnee. Schnaufend erreichen wir den Grenzstein mit der kleinen Marmorplatte, auf der die drei Grenzlinien millimetergenau zueinanderlaufen. Wieviel Blut ist um den Besitz dieses Landes schon vergossen worden?

Am Dreiländereck

Stolz drücken wir den Stempel "Dreiländergrenzstein 2180 m" auf unsere Wanderkarte. Unser Rückweg ‹5› (Wegweiser: RESCHEN) führt steil bergauf nach links, über mehrere Schneefelder erreichen wir ein weiteres, verlassenes Militärgelände. Dort wenden wir uns nach rechts; der schmale Jägersteig führt uns fast eben,

Rückmarsch vom Dreiländereck

bequem und aussichtsreich bis zur Wegegabelung, wo der Pfad nach rechts zum **Piz Lat** ansteigt und wir auf der ‹5› bergab unter alten Lärchen zur Alm zurückkehren.

Blick von der Reschenalm zum Reschensee

Das WOMO rollt zurück zur Teerstraße, dort geht es rechts noch 2000 m hinauf nach ROJEN. Wir parken vor dem **„Haus Rojen“** (Bergkristall), unserer ersten wohnmobilfreundlichen Gaststätte in Südtirol und holen uns den Schlüssel für die Dorfkirche **St. Nikolaus** ab.

(003) WOMO-Gaststätte: Rojen "Haus Rojen" Rojen

Max. Übernachtungen: 2. Max. WOMO-Zahl: 3. Ansprechpartner: Herr Josef Maas
GPS: N46° 48' 17.6" E10° 28' 40.3"; 1959 m, etwas schräg. Tel.: 0039-340 585 7612

WOMO-Gaststätte "Rojen"

Der Altarraum wurde um 1400 mit farbenfrohen **Fresken** ausgemalt, die Szenen aus dem Leben Christi und des heiligen Nikolaus beschreiben.
Steigen Sie noch ein paar Schritte von der Kirche den Hang hinauf und genießen Sie das Panorama mit dem kleinen Weiler ROJEN in 1968 m Höhe (knapp unterhalb der Siedlungsgrenze).
Wir kehren auf dem gleichen Weg nach RESCHEN zurück, rollen auf der Hauptstraße am Ostufer des Sees entlang, parken nach 3300 m hinter dem Tunnel.

Reschensee

Als Vordergrund für ein Foto des halbversunkenen **Grauner Kirchturms** bieten sich die reichverzierten **Grabkreuze** auf dem etwas oberhalb gelegenen Friedhof an.

WOMO-Spaziergehtipp: Reschensee (Panorama)
Gehzeit: beliebig. **Schwierigkeit:** leicht. **Höhenunterschied:** 0 m
Strecke: Panoramaweg entlang des Reschensees (hinter dem Tunnel parken).

Im Langtauferer Tal

Wir sind in GRAUN und machen 200 m weiter unseren nächsten Abstecher nach links ins **Langtauferer Tal**. Dieser langgestreckte Talbogen südlich der **Ötztaler Alpen** bietet eine Vielzahl einfacher, aber auch anspruchsvollerer Bergtouren an. So kann man nach 7500 m in GSCHWELL beim Gasthof **"Alpenfrieden"** das WOMO abstellen und zum **Großen Schafkopf** hinaufsteigen.

(004) WOMO-Gaststätte: "Alpenfriede" (Langtaufers)
Max. Übernachtungen: 3. Max. WOMO-Zahl: 3. Ansprechpartner: Herr Klöckner
N46° 50' 05.3" E10° 37' 23.0" * www.alpenfriede.it * info@alpenfriede.it * Tel.: 0039-0473 633091

WOMO-Wandertipp: Großer Schafkopf (3000 m)
Gehzeit: 5-6 Std. **Schwierigkeit:** mittel. **Höhenunterschied:** 1200 m
Strecke: Bergweg ‹8› nordwärts zu Almböden - links zur Südflanke - teilweise weglos (aber unschwierig) zum Gipfel - gleicher Rückweg.

Nach 10 km endet die Fahrstraße in MELAG mit einer Vielzahl von Parkplätzen. Der Wanderweg Nr. 2 beginnt am Ende des Parkplatzes.

(005) WOMO-Wanderparkplatz: Melag
GPS: N46° 50' 12.5" E10° 39' 19.3"; Langtaufers. **max. WOMOs:** 2-3.
Ausstattung/Lage: Wanderweg, Gaststätte/Ortsrand. **Hinweis:** Camping verboten.

Blick vom Wanderparkplatz Melag

WOMO-Wandertipp: Weißkugelhütte (2544 m)

Gehzeit: 4 Std. **Schwierigkeit:** leicht. **Höhenunterschied:** 630 m
Strecke: ‹2› zunächst taleinwärts, dann am Sonnenhang mäßig steil zur Hütte (Panoramablick auf Weißkugelgruppe), gleicher Weg zurück.

Zurück in GRAUN biegen wir (vorbei am **geheizten Freibad**) links, der nächste Ort an der Hauptstraße ist ST. VALENTIN AN DER HAIDE (Ortsbeginn rechts Camping "Thöni").

(006) WOMO-Campingplatz-Tipp: St. Valentin "Thöni"

GPS: N46° 46' 11.5" E10° 31' 57.3"; Landstraße 83. **Öffnungszeiten:** 15.12. - 15.11.
Zufahrt: Von Reschen auf der SS 40 nach Süden bis Ortsbeginn St. Valentin.
Ausstattung: Wenig Schatten, V/E, Skilift 200 m; nächster Ort: 500 m.
Preise: WOMO + 2 Personen: 15-21 €, Strom 2 €, Hund 1 € (Hauptsaison).

Große Wegweiser führen uns zur Talstation der Seilbahn "Haider Alm" [N46° 45' 54.0" E10° 31' 51.9"]. Hier (max. 24 h) und bei den benachbarten Sportanlagen an der Etsch mit dem **wohnmobilfreundlichen "Restaurant/Pizzeria am See"** kann man entsorgen, ruhig übernachten und mit oder ohne Seilbahnstart wandern. Aber das Restaurant am See hat auch noch einen "Spezialplatz" für liebe Kunden. Sie finden den schönen Wiesenplatz direkt am Etschufer /Gebühr 8 €).

(007) WOMO-Wanderparkplatz: St. Valentin (Etschufer)

GPS: N46° 45' 49.5" E10° 31' 51.5"; Nähe Kirchgasse. **max. WOMOs:** 2-3.
Ausstattung/Lage: V/E beim Restaurant, Lift, Wanderweg, Gaststätte/Ortsrand.

WOMO-Wandertipp: Elferspitze (2925 m)

Gehzeit: 3-4 Std. **Schwierigkeit:** mittel. **Höhenunterschied:** 800 m
Strecke: Mit Lift zur Haider Alm - ‹14› nordwärts - ‹9› steil hinauf zur Haider Scharte - über Südgrat unschwierig zum Gipfel, gleicher Weg zurück.

Die Hauptstraße führt nun am ruhigen **Haidersee** vorbei und dann in weiten Schleifen talwärts nach BURGEIS. Dieses

Wanderparkplatz 007 am Etschufer

Örtchen mit seinem wohlerhaltenen, ursprünglichen Ortsbild sollte man zu Fuß durchstreifen. Vielleicht finden Sie am Ortsende rechts vor dem Friedhof mit der **Pfarrkirche St. Maria** einen Parkplatz? Dann sollten Sie auch einen Blick auf die "Männer mit den eigentümlichen Blatthänden" werfen. Sie verzieren das Nebenportal der Kirche rechts des Haupteinganges.

Mann mit Blatthänden

Dann geht es weiter bergan bis zum Parkplatzsstreifen vor der bereits von weitem sichtbaren **Benediktinerabtei Marienberg**.

Um 1150 wurde das Kloster von schwäbischen Mönchen aus Ottobeuren gegründet, die große, dreischiffige Pfeilerbasilika mit dem romanischen Säulenportal in der Vorhalle war 1200 fertig (im Tympanon darüber eine Madonnenplastik, die dem Jesuskind einen Apfel reicht). Die Krypta von Marienberg ist eine Schatzkammer romanischer Freskenkunst. Idyllisch ist auch der blumengeschmückte Innenhof.

Maria im Kloster Marienberg

Am besten hat mir die Bank neben dem Parkplatz gefallen mit weitem Blick über BURGEIS, seine Fürs-

Kloster Marienberg

tenburg und die **Malser Haide**. Diese Murkegellandschaft, in Jahrtausenden von kleinen Gebirgsbächen herabgeschwemmt, ist nun fruchtbarste landwirtschaftliche Fläche.

Die Straße führt uns immer weiter bergwärts und endet, vorbei an uralten Bauerhöfen und einer noch älteren Mühle mit Zwillingswasserrad in SCHLINIG. Dort finden wir freundliche Aufnahme beim Gasthof **"Edelweiß"**, Basisstation für unsere nächste Wanderung.

Zwillingswassermühle in Schlinig

(008) WOMO-Gaststätte: "Edelweiß" (Schlinig)

Max. Übernachtungen: 3. Max. WOMO-Zahl: 5. Ansprechpartner: Frau Christine Peer

GPS: N46° 42' 17.6" E10° 28' 28.7"; Schlinig. Tel.: 0039-0473 831 441

WOMO-Wandertipp: Sesvennahütte (2256 m)

Gehzeit: 3 Std. **Schwierigkeit:** leicht. **Höhenunterschied:** 520 m
Strecke: ‹1› talein zu Almen im Talschluss, dann etwas steil zum neuen Schutzhaus des Südtiroler Alpenvereins (von dort weitere Touren möglich), gleicher Weg zurück.

Kirche von Schlinig

Nachdem wir noch einen Blick auf die Kirche von SCHLINIG mit ihren "Festungsmauern" geworfen haben, geht's wieder talwärts. Nach 2 km machen wir nach links einen Abstecher nach WATLES/PRÄMAJUR zum Skigebiet von **Watles**. Dort kann man winters in Höhen bis 2500 m wedeln, außerhalb der Skisaison kann auch der Ungeübte von der Bergstation (mit Gaststätte) in 2150 m Höhe aus aussichtsreiche Wanderungen unternehmen.

(009) WOMO-Wanderparkplatz: Watles

GPS: N46° 42' 14.9" E10° 30' 34.7"; 1730 m. **max. WOMOs:** > 5.
Ausstg./Lage: Wanderwege, Sessellift (Sommer/Winter) Gaststätte 200 m/außerorts.

Burgeis; Fürstenburg und Kloster Marienberg

Wir schlängeln uns wieder durch BURGEIS hindurch, treffen auf die Hauptstraße nach MERAN, verlassen Sie bereits nach 700 m Richtung MALS.
Kunsthistorisch Interessierte werden am Besuch der Kirche **St. Benedikt** nicht vorbeikommen, die **Fresken** aus karolingischer Zeit birgt, aber auch eine Wanderung haben wir parat.

(010) WOMO-Wanderparkplatz: Mals
GPS: N46° 41' 36.4" E10° 32' 32.4"; Marktgasse. **max. WOMOs:** 2-3.
Ausstg./Lage: Wanderwege, Gaststätten/Ortsrand.
Zufahrt: 300 m nach dem Ortsbeginn rechts.

WOMO-Wandertipp: Spitzige Lun (2324 m)
Gehzeit: 7 Std. **Schwierigkeit:** mittel. **Höhenunterschied:** 1225 m
Strecke: ‹12› über Plan Malettes zum Gipfel - ‹13› zum Plantavillas und nach MATSCH - ‹14› und dann den Matscher Weg hinab nach MALS.

Hinweis: Wer nur die St. Benedikt besichtigen möchte, muss sich nicht durch den Ort quälen, sondern nimmt die zweite Zufahrt nach MALS und findet sofort dahinter links bequeme Parkmöglichkeit mit Picknicktischen [N46° 41' 26.9" E10° 32' 18.1"] 100 m vor der Kirche (offen nur: Mo-Sa 10-11.30 Uhr).
Auch MALS hat einen Campingplatz. Man findet ihn, wenn man 800 m weiter rechts in die Bahnhofstraße einbiegt und dieser bis zum großen Freizeitzentrum folgt.

(011) WOMO-Campingplatz-Tipp: "Mals"
GPS: N46° 41' 2" E10° 32' 59"; Bahnhofstraße 51. **Öffnungszeiten:** ganzjährig.
Zufahrt: Von Reschen auf der SS 40 nach Süden bis Mals, Ortsmitte rechts.
Ausstattung: Wenig Schatten, V/E, Bar, Schwimmbad, Hallenbad; Ortsrand.
Preise: WOMO + 2 Personen: 26-35 € incl. Strom, Hund 2-4 €.

Nur 1000 m sind es bis zur nächsten Perle des Vinschgau: TARTSCH. Wir biegen vor der Dorfkirche rechts und parken zwischen Schule und Dorfbrunnen. „Da braucht man kein Mineralwasser zu kaufen!“ meint eine alte Bäuerin und deutet auf unseren sich füllenden Wasserkanister. Dann zeigt sie uns den

Tartsch; Lärchenwanderparkplatz

St. Veit

Weg zum **Tartscher Bühel**: Zwischen Schule und Brunnen kann man noch ein Stück (sehr schmal!) bergauf fahren und hinter dem letzten Haus bei der Aussichtsbank unter den ersten Lärchen eines schattigen Wäldchens parken [N46° 40' 49.4" E10° 33' 41.4"].
Durch dieses stapfen wir in 5 min. hinauf zu dem Hügel mit seiner fast 1000 Jahre alten romanischen Kirche **St. Veit**. Ringwallreste und sonstige Funde belegen, dass der Hügel bereits in vorgeschichtlicher Zeit besiedelt war. Auch jetzt noch ist der Ringsumblick fantastisch.
An der Kirche von TARTSCH entern wir wieder die Hauptstraße Richtung MERAN, passieren einen zweiten Trinkwasserbrunnen und biegen 500 m später links ab ins **Matscher Tal**. Steil brummen wir im dritten Gang empor, rechts vor uns die weißen Giganten der **Ortler-Gruppe**, die wir auch noch besuchen

Kapelle am Parkplatz vor MATSCH

werden. Nach 5000 m eine erste aussichtsreiche Parkmöglichkeit mit Bank [N46° 40' 48.0" E10° 36' 15.8"], eine zweite [N46° 41' 17.3" E10° 36' 39.2"] nach 6000 m; links der Straße eine kleine **Kapelle** mit Brunnentrog (diesen Platz sollten Sie belegen, wenn Sie ohne Parkplatzprobleme durch MATSCH bummeln möchten).

WOMO-Empfehlung: Speckknödel im Gasthof "Weißkugel".
Dann schlängelt sich die Straße durch das Gebirgsdörfchen MATSCH, Fahrzeuge bis 24 to dürfen weiter Richtung **Glieshof** fahren (seit die schmale Fahrbahn vollständig asphaltiert ist), man erreicht ihn nach insgesamt 14 km.
Unterhalb der wohnmobilfreundlichen Gaststätte/Hotel Glieshof überqueren wir den Saldurbach und finden dahinter rechts und links bequeme Parkmöglichkeiten [N 46° 43' 36.0" E 10° 41' 1.7"] und den Beginn der Wanderwege zur Inneren Matscher Alm, zur Oberetteshütte und zu den Saldurseen.

Wanderparkplatz am Salurnbach vor dem Glieshof

Noch schöner steht man neben der Kapelle vom Glieshof, wo man unbedingt Käsenocken mit Krautsalat probieren sollte!

(012) WOMO-Gaststätte: Matschtal "Glieshof"

Max. Übernachtungen: 5. Max. WOMO-Zahl: 5. Ansprechpartner: Herr Heinisch
GPS: N46° 43' 32.5" E10° 41' 04.4"; 1831 m. Tel.: 0039-0473 842622

WOMO-Wandertipp: Oberetteshütte (2670 m)

Gehzeit: 4 Std. **Schwierigkeit:** leicht. **Höhenunterschied:** 860 m
Strecke: Auf ‹1› dem Saldurbach folgend talein erst mäßig, dann steiler steigend rechts empor zur Hütte, gleicher Weg zurück.

WOMO-Wandertipp: Saldurseen (2747 m)

Gehzeit: 5-6 Std. **Schwierigkeit:** mittel. **Höhenunterschied:** 950 m
Strecke: Auf ‹1› dem Saldurbach folgend talein bis zur verfallenen Matscher Alm, dort rechts vom Weg abzweigen und auf markiertem, steilem Pfad zu den Seen, gleicher Weg zurück (weitere Wandertipps beim Glieshof-Wirt).

Kapelle beim Glieshof

Wir kehren auf dem gleichen Weg über TARTSCH nach MALS zurück, beginnen dort unseren Abstecher über LAATSCH nach TAUFERS an der Schweizer Grenze. In LAATSCH parken wir zunächst links hinter der modernen Pfarrkirche unter großen Linden. Ein uralter Weißtannenstamm, sorgsam gelagert und überdacht, will hier bestaunt werden – gleichzeitig kann man am **Brunnen** davor Wasser zapfen [N46° 40' 47.0" E10° 32' 02.1"]. Dann rollen wir weiter bis zur eigenartigen Kirche **St. Leonhard** am Dorfende. Sie ist nicht zu verfehlen, denn die Hälfte der Fahrstraße führt unter ihr durch. Um den Flügelaltar und die gotischen Fresken bewundern zu können, müssen Sie den Kirchenschlüssel im Haus Nr. 30 abholen. Auch hier entdecken Sie links unterhalb der Straße einen **Brunnen**.

LAATSCH, St. Leonhard

Die Straße nach TAUFERS führt anfangs durch dichten Lärchenwald, dahinter lohnt sich ein Blick auf den am gegenüberliegenden Hang hinabstürzenden Wasserfall.
TAUFERS wird von zwei Burgen bewacht: "Helfmirgott" und "Reichenberg" balancieren auf der Kante einer steilen Wand. Gleich zu Beginn des Ortes rechts begrüßt uns das alte **Pilgerhospiz St. Johann**, das auf ein Kloster aus dem Jahre 1130 zurückgeht (P wenige Schritte später links mit **Brunnen** und **WC** [N46° 38' 54.4" E10° 28' 01.1"]; Camping verboten).

TAUFERS, Pilgerhospiz St. Johann, Deckenfresken

Erst im Inneren der Kirche, die man durch ein großes romanisches Portal betritt, erkennt man die Bauweise in Form eines symmetrischen griechischen Kreuzes. Vorgesetzt ist ihr eine lange, zweistöckige Halle. Im Obergeschoss wurden die Pilger beherbergt und konnten durch einen großen Bogen in den Altarraum hinabblicken. Dieser ist über und über mit ausdrucksstarken **Fresken** bemalt, die bereits in die spätromanische Zeit gehören (ähnlich schöne in der Kirche von MÜSTAIR (erster Ort in der Schweiz, gegenüber großer Parkplatz mit WC!).
Wir fahren ein Stück auf dem gleichen Weg zurück, bleiben dann jedoch auf der Hauptstraße nach GLURNS. Dieses Festungsstädtchen mit seiner völlig intakten **Stadtmauer** ist nichts für große Wohnmobile: man kommt zwar bequem hinein (**Brunnen** in der Ortsmitte), aber nur bis 2,5 m Höhe zu den anderen Stadttoren wieder hinaus. Deshalb schwenken wir vor dem Stadttor rechts zum Parkplatz hinter der Kirche [N 46° 40' 8.5" E 10° 33' 11.5"] oder links (und sehr schmal (?) ohne Ausweichstellen) zum offiziellen WOMO-Stellplatz.

(013) WOMO-Stellplatz: Glurns

GPS: N46° 40' 14.0" E10° 32' 41.2"
max. WOMOs: > 5.
Ausstattung: V/E, Toiletten, Duschen, Wasserhähne (w&k), Feuerstelle, Mülleimer, Baumschatten, Liegewiese, Stadtbummel, Gaststätten.
Hinweis: Moderate Gebühr.
Zufahrt: Eine wesentlich bequemere Zufahrt gab es, wenn man angesichts der Kirche (und noch 700 m vor ihr) scharf links von der Straße Taufers-Glurns abbiegt und die Etsch überquert (versperrt).

Dann schlendern wir in das Städtchen, bestaunen die Stadtmauer, die Tortürme mit Gusserkern und Fallgattern. Der ganze Ort ist voll von malerischen Winkeln, schön bemalten Häusern mit Portalen und Erkern. Die Laubengasse erweckt den Eindruck, als seien alle Glurnser Bürger Zwerge. Tatsächlich wurde durch häufige Überschwemmungen der Boden immer weiter angehoben, so dass man sich jetzt überall den Kopf anstößt.

GLURNS, Stadttor

Die niedrige Durchfahrtshöhe der Tortürme nötigt uns einen Umweg ab. Wir fahren weiter Richtung PRAD/MERAN, biegen nach 2500 m links nach SCHLUDERNS ab. Wer an der ersten Unterführung (2,90 m) die Bahnlinie nicht unterqueren kann, nimmt die zweite und stößt dann (die Hauptstraße überquerend) geradewegs nach SCHLUDERNS hinein.

Größte Attraktion des Ortes ist die ihn weit überragende **Churburg**. Die Auffahrt zur Burg ist steil, schmal, mit glatten Steinen gepflastert – und deshalb seit kurzem für WOMOs gesperrt.

Nicht nur aus diesem Grunde sollten Sie nach rechts in die Hauptstraße einbiegen und ihr Gefährt hinter dem Bahnhof auf dem großen, nicht übernachtungsgeeignetem Parkplatz (mit Toilette) abstellen [N46° 39' 49.2" E10° 34' 56.0"]. Von dort führt

Churburg

ein gekennzeichneter Spazierweg hinauf zur Burg.
Wir parken zunächst neben der **Pfarrkirche St. Katharina** mit dem schlanken romanischen Glockenturm und entdecken dahinter einen

Churburg, Loggienhof

großen schönen **Brunnen**. Sehenswert im Kircheninneren sind u. a. drei Grabsteine der Familie Trapp, die nach den Vögten von Matsch Besitzer der **Churburg** wurden.

Dann erklimmen wir den Parkplatz vor der **Churburg** und lassen uns faszinieren von dem einmaligen Loggienhof, dessen umlaufender Arkadengang im ersten Stock über und über bemalt ist. In erster Linie stellt die Malerei den verschlungenen Stammbaum der Vögte von Matsch und der Grafen von Trapp dar. Die Arkadenbögen ruhen auf reichverzierten Säulen aus Göflaner Marmor.

Weiterer Höhepunkt ist die an mittelalterlichen Waffen überquellende Rüstkammer: Es sind die Rüstungen und Harnische der Burgbesitzer und ihrer Knechte, die sich im Laufe der Jahre immer weiter vermehrten, da es sich ja um maßgeschneiderte Einzelstücke handelt (man betrachte nur den Riesenharnisch von Ullrich IX., der fast 2,3 m groß war). Feuerwaffen sucht man vergeblich, die Grafen von Trapp liehen sie ihren Südtirolern im Befreiungskrieg gegen Bayern und Franzosen aus, leider ging der Krieg verloren und die Waffen wurden Beute des Siegers.

Churburg, Waffenkammer

Sie reisen im Kompaktfahrzeug und sind glücklich auf dem Parkplatz gelandet?

Dann könnten Sie dort auch ruhig übernachten (die Verwalterfamilie des Schlosses drückt ein Auge zu, wenn die Zahl nicht überhand nimmt).

4,5 km sind es auf der Hauptstraße Richtung MERAN bis zur Abzweigung Richtung **Stilfser Joch** bei SPONDINIG. Dort hinauf werden wir Sie mit Ihrem WOMO nicht scheuchen, aber

einen Abstecher zur **Ortlergruppe** kann man nicht auslassen. Einen kurzen Stopp können Sie in PRAD einlegen, denn links oberhalb des Ortes steht in romantischer Einsamkeit ein romanisches Kirchlein mit Rundapsis, schattiger Sitzbank unter einer Linde und prächtiger Aussicht.
Wegbeschreibung: Am Ortsbeginn von PRAD passiert man die Tamoil und die Abzweigung zum Campingplatz "Sägemühle".

(014) WOMO-Campingplatz-Tipp: Prad "Sägemühle"
GPS: N46° 37' 4" E10° 35' 51"; Dornweg 12. **Öffnungszeiten:** 18.12. - 10.11.
Zufahrt: Von Reschen auf der SS 40 nach Süden bis Spondinig, dort rechts 3 km.
Ausstattung: Wenig Schatten, V/E, Gaststätte, Laden, Pool, Hallenbad; im Ort.
Preise: WOMO + 2 Personen: 27-38 €, Strom 0,60 €/kWh, Hund 3,50-5 €.

100 m später muss man rechts zum Campingplatz "Kiefernhain" abzweigen.

(015) WOMO-Campingplatz-Tipp: Prad "Kiefernhain"
GPS: N46° 37' 23.0" E10° 35' 24.0"; Kiefernhainweg 37. **Öffnungszeiten:** 20.4. - 5.10.
Zufahrt: Von Reschen auf der SS 40 nach Süden bis Spondinig, dort rechts 3 km.
Ausstattung: Viel Schatten, V/E, Bar, Laden, Schwimmbad; Ortsrand.
Preise: WOMO + 2 Personen: 22-32 €, Strom 2,50 €, Hund 3,50-4 €.

Gegenüber schwenken wir in die St.-Johann-Gasse ein und durchqueren das Dorf bis zur Kirche **St. Johann** am Waldrand [N46° 36' 53.1" E10° 35' 42.0"; 940 m].

PRAD; St. Johann

Dort kann man aussichtsreich rasten, 1600 m bis zur Jausenstation "Zum dürren Ast" spazieren oder auch steil und kurvenreich 140 Höhenmeter hinaufdröhnen.
Bei der Rückfahrt durchs Dörfchen entdecken wir einen

Brunnen, biegen an der Hauptstraße links und düsen die Stilfser-Joch-Straße bis GOMAGOI. Hier zweigen wir links ab, Wegweiser SULDEN. In gemütlichen Schleifen, gemütlich deshalb, weil man bei 13 - 15 % Steigung nicht schneller als im zweiten Gang fahren kann, brummen wir neben dem wildschäumenden Suldenbach empor, halten direkt auf den majestätischen **Ortler** (3905 m) zu.
Nach 6 km seit GOMAGOI gabelt sich die Straße, beide Äste führen nach SULDEN. Wir nehmen für den Aufstieg den rechten, passieren nach 500 m eine bequeme, fast ebene Picknickmöglichkeit [N46° 32' 24.4" E10° 33' 55.8"; 1730 m].
Am Ortsbeginn von SULDEN/ST. GERTRAUD rollen wir auf Asphalt/Erdbahn zunächst rechts zu den Liftstationen Langenstein und Kanzel. Dort und am Ufer des Suldenbaches gibt es mannigfaltige Stellplätze mit Picknicktischen und Bänken.

Blick auf Sulden/St. Gertraud

(016) WOMO-Wanderparkplatz: Sulden (Langensteinlift)
GPS: N46° 31' 33.5" E10° 35' 08.0"; 1855 m. **max. WOMOs:** 2-3.
Ausstattung/Lage: Tische & Bänke, Lift, Wanderwege, Gaststätten/außerorts.
Zufahrt: In Sulden/St. Gertraud dem Wegweiser "Langenstein/Kanzellift" folgen.

(017) WOMO-Wanderparkplatz: Sulden (Kanzellift)
GPS: N46° 31' 29.5" E10° 35' 21.3"; 1855 m. **max. WOMOs:** 2-3.
Ausstattung/Lage: Tische & Bänke, Lift, Wanderwege, Gaststätten/außerorts.
Zufahrt: In Sulden/St. Gertraud dem Wegweiser "Langenstein/Kanzellift" folgen.

WOMO-Wandertipp: Tabarettahütte/Payerhütte (3020 m)
Gehzeit: 5-7 Std. **Schwierigkeit:** mittel. **Höhenunterschied:** 1100 m
Strecke: Ab Hotel Eller auf ‹4› westwärts in 2 Std. zur Tabarettahütte, weiter auf ‹4› steil zur Payerhütte, gleicher Weg zurück.

WOMO-Wandertipp: Hinteres Schöneck (3128 m)

Gehzeit: 5-6 Std. **Schwierigkeit:** mittel. **Höhenunterschied:** 1220 m
Strecke: Vom Hotel "Post" auf ‹5› den Zaybach entlang zur Zaytalhütte und weiter auf ‹18› zum Gipfel, Abstieg auf ‹18› über den Südgrat zum Vorderen Schöneck, weiter über die Stieralm zurück nach Sulden.

Dann fahren wir durch ST. GERTRAUD und SULDEN bis zum Endpunkt der Straße bei der Sulden-Bergbahn. Dort ist das Parkplatzangebot gewaltig, es wird nur noch übertroffen von der Zahl der Wandermöglichkeiten (mit oder ohne Sulden-Lift).

(018) WOMO-Wanderparkplatz: Sulden-Bergbahn

GPS: N46° 30' 54.7" E10° 35' 46.4"; 1915 m; Via Solda. **max. WOMOs:** > 5.
Ausstattung/Lage: Lift, Wanderwege, Tages- und Dauerparkplätze/außerorts.

WOMO-Wandertipp: Hintere Schöntaufspitze (3320 m)

Gehzeit: 4 Std. **Schwierigkeit:** leicht. **Höhenunterschied:** 750 m
Strecke: Sulden-Bergbahn - auf ‹151› zum Madritschjoch und über Grat zum Gipfel, gleicher Weg zurück.

Versäumen Sie nicht, bei der Rückfahrt am auffälligen Hotel Post einen Fotostopp einzulegen, denn gegenüber stehen noch einige urtümliche Gebäude aus der Zeit, als man SULDEN, das "Sibirien Südtirols", nur auf einem Karrenweg erreichen konnte. Es handelt sich um ein erstes kleines Reinhold-Messner-Museumsgebäude, dahinter ein alter Geräteschuppen und ein Holzschopf.

Wir wollen, den rechten Straßenast benutzend, ins Etschtal zurück rollen, müssen aber schon nach wenigen Metern das Messner-Mountain-Museum besichtigen. Es beschäftigt sich in erster Linie mit dem Thema "Eis", aber auch den Yeti bekommt man zu sehen (offen: Mi-Mo 14-18 Uhr).
Sie kommen zur Unzeit? Dann können Sie zumindest einer kleine Herde Tibetischer Grunzochsen, auch Yaks genannt, beim Grasen zuschauen.

Yaks beim Messner-Mountain-Museum

Im Etschtal schwenken wir nach rechts in die Hauptstraße Richtung MERAN ein. In der Ortsmitte von EYRS verlassen wir sie wieder und machen nach rechts einen Abstecher nach TSCHENGLS (500 m später großer **Parkplatz** beim Sportplatz mit Gaststätte [N46° 37' 27.9" E10° 38' 50.8"].
Nach gut 2 km poltern wir unter dem Dorfplatz neben der Kirche mit dem schlanken, freskenbemalten Kirchturm über eine Holzbrücke mit Hochwasserschutztoren (davor Brunnen links) zum Dorfplatz.

(019) WOMO-Wanderparkplatz: Tschengls (Dorfplatz)
GPS: N46° 36' 44.9" E10° 38' 09.3"; 950 m; Strada provinciale. **max. WOMOs:** 1-2.
Ausstg./Lage: Wanderkarte, Wanderwege, Wertstoffentsorgung, Brunnen/im Ort.
Besserer Übernachtungsplatz: Am Sportplatz von EYRS (siehe oben).

WOMO-Wandertipp: Obere Tschenglser Alm (2049 m)
Gehzeit: 5-6 Std. **Schwierigkeit:** mittel. **Höhenunterschied:** 1100 m
Strecke: Auf ‹4› Richtung Tschenglsburg bis Wegegabelung am Waldrand, weiter auf ‹4› zur Unteren Tschenglser Alm - auf ‹2› zur Oberen Tschenglser Alm (von dort in zusätzlich 1 Std. zum Tschenglser Köpfl 2507 m), gleicher Weg zurück.

Zum Übernachten eignet sich der Wanderparkplatz von TSCHENGLS schon. Falls Sie jedoch noch etwas Geduld mitbringen, zeigen wir Ihnen ein Übernachtungsidyll mit Nachtigallenschlag und Liebesbank. Nach 3 km auf der Hauptstraße

Richtung MERAN zweigen wir rechts ab nach LAAS, biegen kurz nach dem Ortsschild links in ein Schotterwegle, das uns zum Sportplatz neben dem Kirchhügel von **St. Sisinius** führt.

(020) WOMO-Stellplatz: Laas (Tennisplatz)

GPS: N46° 37' 22.8" E10° 41' 34.9"; 874 m; Via Venosta. **max. WOMOs:** > 5.
Ausstattung/Lage: Spazierweg mit Bänken, Schwimmbad, Pizzeria/Ortsrand.

LAAS, St. Sisinius

Dort steht man lärmgeschützt von der Hauptstraße und kann vor dem Schlafengehen noch schöne Spaziergänge machen:
Zwischen Sport- und Tennisplatz führt der Weg zum Freibad (mit Pizzeria und weiteren Stellplätzen).
Nach links hinauf führt ein Pfad auf den Kirchenhügel mit der uralten, vorromanischen Kirche **St. Sisinius**, die sich halb hinter einer Mauer versteckt.
Eine ganze Zahl von Bänkchen in romantischer Lage verleiten zum Verweilen, und bei vielstimmigem Vogelgesang schauen wir gespannt einer Smaragdeidechse zu, wie sie am Sonnenhang Löcher für ihre Gelege gräbt. Der Pfad führt weiter hinab zum Ortsschild, wo es nach links nur wenige Schritte zum WOMO sind.

Sie werden natürlich nicht ausgerechnet am 30.April nächtliche Ruhe in Laas finden wollen?
Das wäre nämlich der ungeschickteste Tag des Jahres, denn abends versammelt sich das ganze Dorf, um jungen, alten und ganz alten "Goaßlschnöllern" beim Peitschenknallen zuzuschauen und vor allem zuzuhören (traditionelles Maiinschnelln).
Um den in Handarbeit gefertigten Peitschen einen schussähnliche Knall zu entlocken, bedarf es jahrelanger Übung. Lassen Sie sich nicht verführen, es zu probieren (Sie würden sich bis auf die Knochen blamieren).

Das Goaßlschnölln hat eine alte Tradition. Dieses Brauchtum diente

Jahrhunderte lang als Verständigung zwischen den Hirten auf den Almen sowie auf entlegenen Bergbauernhöfen, besonders während der Pestzeit. In letzter Zeit entwickelte sich das „Schnölln" zu einer Sportart. Diese wird bei Wettbewerben durch eine eigene Jury bewertet. Hierbei finden die Körperhaltung, der Takt, die Lautstärke und die Ausdauer besondere Beachtung.
Die „Goaßl" – zu Deutsch „Peitsche" – geflochten aus Leder oder Drahtgarn misst je nach Können und Körpergröße des „Schnöllers" 3-4 Meter. Der Knall entsteht durch den so genannten „Schmitz", ein rotes Seidenband am Ende der „Goaßl", der durch gekonntes Schwingen in der Luft zur Überschallgeschwindigkeit gebracht wird.

Was aber bedeutet die eigentümliche Bergbahn am gegenüberliegenden **Nörderberg**?! Es gibt nur wenige Stellen auf der Welt, wo **reinweißer Marmor** gebrochen wird: Griechenland, Carrara – und z.B. LAAS. Die "Bergbahn" ist eine Materialstrecke, auf der die schweren Marmorblöcke aus den hochgelegenen Steinbrüchen im Laaser Tal hinabtransportiert werden. Muss man das nicht aus der Nähe anschauen?
Am nächsten Morgen durchqueren wir LAAS, machen einen Fotostopp an der **Pfarrkirche** mit der romanischen Apsis mit Rundbogenfries. Dann überqueren wir die Etsch (hinter der Brücke **Brunnen** am Parkplatz), kommen an eine Wegegabelung. Rechts sind es nur noch wenige Meter bis zum Campingplatz "Badlerhof".

(021) WOMO-Campingplatz-Tipp: Laas "Badlerhof"

GPS: N46° 36' 55.6" E10° 41' 55.0"; Kugelgasse 4. **Öffnungszeiten:** 3.4. - 6.11.
Zufahrt: Von Reschen auf der SS 40 nach Süden bis Laas, Ortsmitte rechts.
Ausstattung: Wenig Schatten, V/E, Bar, Laden, Schwimmbad 400 m; Ortsrand.
Preise: WOMO + 2 Personen: 22-26 €, Strom 2,50 €, Hund 3 €.

Nach links sieht man die Wegweiser PARNETZ und die Wanderwegweiser Steinbruch/TARNELL. Steil geht es zwischen den letzten Häusern von LAAS hinauf bis zur Straßengabelung PARNETZ/TARNELL. Dort findet man rechts und links des

Valdaunbaches jeweils knappe, schräge Parkmöglichkeiten [N46° 36' 31.5" E10° 42' 03.5"; 944 m] bei großen Übersichtstafeln mit den diversen Wandervorschlägen.

WOMO-Wandertipp: Marmorbrüche Laas/Göflan

Gehzeit: 6 Std. **Schwierigkeit:** mittel. **Höhenunterschied:** 1210 m
Strecke: Ab Straßengabelung rechts, kurz darauf links auf ‹5› an der St.-Martins-Kapelle vorbei ins Tal - nach der Materialseilbahn auf ‹9› am Marmorbruch vorbei zur Schäferhütte (2083 m) - weiter auf ‹9› zur Göflaner Alm - auf ‹10› hinab nach Tarnell und zur Straßengabelung über LAAS.

Wir verlassen LAAS Richtung MERAN und rollen auf der Hauptstraße, bis wir links nach KORTSCH einschwenken. Der ausgewiesene Parkplatz des Dörfchens rechts der Hauptstraße liegt ruhig am Rande von Obstplantagen.

(022) WOMO-Wanderparkplatz: Kortsch

GPS: N46° 37' 44.8" E10° 45' 21.0"; 823 m. **max. WOMOs:** 1-2.
Ausstattung: Wanderweg zur Kirche Ägidius; Beginn 30 m hinter dem Friedhof links.

KORTSCH, St. Johann der Täufer, Flügelaltar

An der Dorfstraße liegen weiterhin zwei **Brunnen**, die in riesige Maischefässer sprudeln und die Pfarrkirche **St. Johann der Täufer** inmitten des Friedhofes. Betritt man den Innenraum, so ist man erstaunt über die Helligkeit und Weite, die durch einen modernen Anbau mit lichtdurchfluteten Bleiglasfenstern geschaffen wurde. Besondere Aufmerksamkeit sollten Sie dem **Flügelaltar** rechts des Einganges schenken. Ein kleiner Spaziergang gefällig? Oberhalb des Ortes, in den Felsen des Sonnenberges, steht die alte Kirche **St. Ägidius**, die auch wegen ihrer berühmten Aussicht gerne aufgesucht wird.

Nur ein paar hundert Meter rollen wir weiter auf der Hauptstraße Richtung MERAN bis zur nächsten Kreuzung (links: SCHLANDERS, rechts: GÖFLAN).

Wir wenden uns zunächst nach rechts, parken das WOMO in GÖFLANS Mitte neben dem Feuerwehrgerätehaus [N46° 37' 15.5" E10° 45' 49.8"]. Die Kirche **St. Martin** am Berghang ist nicht zu übersehen, deshalb werden Sie auch den schmalen Fußweg hinauf leicht entdecken. Im benachbarten Bauernhof gibt man Ihnen den Kirchenschlüssel, dessen zwei verschiedenen Bärte Ihnen die Kirche bzw. die dahinter aufragende Kapelle **St. Walpurgis** öffnen.

GÖFLAN, St. Walpurgis

St. Martin besitzt gleich drei Flügelaltäre (einer von ihnen wurde zerlegt und in den barocken Hochaltar eingefügt). Die kleine Kapelle **St. Walpurgis** überrascht mit einem feingliedrigen Netzgewölbe, das zierlich ausgemalt ist. Historiker streiten sich über die Bedeutung der eingemeißelten Hand, die über der Sakristeitür der Kirche nach unten zeigt (Lesertipp: Weiter zum idyllisch gelegenen Haselhof).

In SCHLANDERS kann man – nomen est omen – fein schlendern. Allerdings sollte man vorher den idyllischen **Parkplatz** (tags Gebühr) am Ortsende (Wegweiser: Schwimmbad/Sportplatz) aufsuchen, denn das Zentrum ist Fußgängerzone.

(023) WOMO-Stellplatz: Schlanders (Sportplatz)
GPS: N46° 37' 37.9" E10° 46' 54.6", Schwimmbadstraße. **max. WOMOs:** > 5.
Ausstattung: Rasengittersteine, Aussicht, Spazierweg in den Ort/Ortsrand.
Zufahrt: Von Reschen auf der SS 40 nach Süden bis Schlanders (ausgeschildert).

Überall an den Straßenkreuzungen sind Informationstafeln mit Stadtplänen montiert, so dass man mühelos zur **Pfarrkirche** mit den herrlichen Deckenfresken, zum **Ansitz Freienturm** (Rathaus) und zum **Ansitz Schlanderegg** (Café Stainer) sowie der kleinen **Spitalkirche** mit gotischen Fresken findet. Aber auch wer heute nichts mit Kunst im Sinne hat, wird die ruhige Atmosphäre des bezaubernden Städtchens genießen. Wir verlassen SCHLANDERS Richtung MERAN, nehmen die erste Abzweigung nach rechts ins **Martelltal**, passieren nach 1200 m den **Campingplatz** "Cevedale" [**24:** N46° 37' 05.4" E10° 49' 06.3"] und schwenken in GOLDRAIN wieder rechts.

Der erste Ort im **Martelltal** ist MORTER mit seiner romanischen **Vigiliuskapelle**. Diese ist so perfekt in Obstplantagen versteckt,

MORTER, Vigiliuskapelle

dass eine genaue Wegbeschreibung nötig ist:
Wir sind nach MORTER abgebogen und schwenken bereits nach weiteren hundert Metern rechts in die schmale Hofergasse ein.
Nach 50 m passieren wir einen ersten **Brunnen** und parken nach 250 m bei einem zweiten unter einer Schatten spendenden Fichte mit Blumenarrangement und Ruhebank [N46° 36' 31.0" E10° 49' 13.1"]. Ein Wegweiser führt uns dann vom Beginn der Platzergasse, links am Haus Nr. 30 vorbei (wo man auch den Kirchenschlüssel erhält), durch die Obstplantagen zum kleinen Kirchlein mit dem außergewöhnlichen Grundriss: Drei halbkreisförmige Apsiden umgeben kleeblattförmig den Chor, der nur einen kleinen, schmalen Dachreiter besitzt.
Durch die Platzergasse kehren wir zurück zur Durchgangsstraße, wenden uns rechts und gelangen vorbei an einem **Brunnen** und der Pfarrkirche **St. Dionysius** zurück zur Straße ins **Martelltal**; gegenüber sichten wir schöne **Parkplätze** beim Sportplatz.

(025) WOMO-Stellplatz: Morter (Sportplatz)
GPS: N46° 36' 08.1" E10° 49' 30.0" **max. WOMOs:** 2-3.
Ausstattung: Spazierweg in den Ort/Ortsrand.
Zufahrt: Am Ortsende von Morter links.

700 m später überqueren wir den Plimabach und schwenken dahinter in die erste Seitenstraße links ein. Diese führt uns an einer Picknickwiese im Wald [N46° 35' 45.2" E10° 49' 32.5"] vorbei zur Ruine der **Burg Montani** hinauf.
Abseits, auf einem Felsen oberhalb der Martelltalstraße, birgt die **Burgkapelle St. Stefan** die bedeutendsten gotischen Fresken Südtirols. Leider ist eine Besichtigung der Kunstschätze nur Sa/So von 15 - 18 Uhr möglich.

Wir sind nun 5 km ins Martelltal hineingebraust. Dort, in BAD SALT, biegen wir rechts zum **Nationalparkhaus**, wo Picknickplätze, Liegewiese,

Kinderspielplatz, WC, Kegelbahn mit Pizzeria, ein Wasserhahn – und natürlich das Nationalparkhaus mit Museum über die bäuerliche Kultur des Martelltals auf uns warten.

(026) WOMO-Picknickplatz: Bad Salt (Nationalparkhaus)
GPS: N46° 34' 16.2" E10° 47' 42.8"
max. WOMOs: 3-4.
Ausstattung: Tisch & Bank, Kinderspielplatz, Wasserhahn, WC, Gaststätte, Museum/außerorts.
Zufahrt: 5 km nach Morter rechts (ausgeschildert).

Die Straße ins **Martelltal** endet erst nach 23 km in einer Höhe von 2060 m. Folglich können Sie sich auf einige Serpentinen mit ordentlicher Steigung gefasst machen. Es sei denn, Sie lassen Ihr braves WOMO bereits beim Nationalparkhaus ausruhen – und nehmen dann den Bus.
1000 m später sind wir in ENNEWASSER, wo am Ortsende nach einem Großbrand immer noch am Wiederaufbau der einst wohnmobilfreundlichen Gaststätte "Thairmühl" [N46° 33' 44.0" E10° 47' 13.0"] gewerkelt wird. Ob der Besitzer wohl wieder WOMO-Stellplätze einrichten wird?

WOMO-Wandertipp: Flimseen (2563 m)
Gehzeit: 5-6 Std. **Schwierigkeit:** mittel. **Höhenunterschied:** 1350 m
Strecke: Vom Gasthaus "Thairmühl" auf ‹2› zur Unteren Flimalm und weiter zur Oberen Flimalm, dann auf ‹18› zum unteren See und zum oberen See (nur noch Steigspuren), gleicher Weg zurück.

Die nächste Seitenstraße führt in GAND rechts hinauf nach MARTELL DORF. Vom sehr schrägen **Wanderparkplatz** [N46° 34' 0.9" E10° 46' 56.2"] am Ortsende aus kann man zwischen 2 und 6 Std. langen Rundtouren wählen. Vorher rechts, unterhalb der Kirche, ebene Parkplätze mit Kinderspielplatz und WC.
Kaum 4 km weiter ins Martelltal hinein, begrüßt uns der Gasthof "Waldheim".
Auch hier sind Wohnmobilfahrer willkommen (**Brunnen** am Parkplatz).

(027) WOMO-Gaststätte: "Waldheim"
Max. Übernachtungen: 3-4.
Max. WOMO-Zahl: 5.
Ansprechpartner: Herr Hermann Mair
GPS: N 46° 32' 01.7" E 10° 45' 01.1"
Tel.: 0039-0473 744545

WOMO-Wandertipp: Orgelspitze (3304 m)

Gehzeit: 8-9 Std. **Schwierigkeit:** mittel. **Höhenunterschied:** 1770 m
Strecke: Vom Gasthaus "Waldheim" auf ‹5› zu einigen Höfen, dann durch Wald, über Almböden und zuletzt felsige Hänge zum Gipfel, gleicher Weg zurück oder auf ‹8› über den SW-Grat zur Schluderscharte und von dort weiter auf ‹8› durchs Schludertal zum Ausgangspunkt.

Nur wenige Schritte weiter halten fast alle Martelltalfahrer, um einen Blick in die Kapelle **St. Maria in der Schmelz** zu werfen. Währenddessen klettern die Kinder auf einem benachbarten Felsklotz mit der Erinnerungstafel an den Standschützenhauptmann Johann Müller herum.

St. Maria in der Schmelz

Picknicktische und -bänke am Waldrand laden zum Verweilen ein, ein großer (kostenloser) Parkplatz liegt rechts oberhalb des **Martelltal Biathlon-Centers [28:** N46° 30' 54.8" E10° 43' 31.4"] (mit Bushaltestelle!). Auch das WOMO kann noch einmal verschnaufen, denn nun geht die Bergstraße erst richtig zur Sache: Serpentine auf Serpentine, 15 bis 18 % steil, müssen bezwungen werden,

Martell-Tal, Zufritt-Stausee

Martelltal, die letzten acht Serpentinen

um die Dammkrone des **Zufritt-Stausees** zu erklimmen. An ihm geht es eine Weile eben entlang. An seinem Ende, beim Gasthof "Zum See", gebührenpflichtige Parkplätze (3,50 EUR/Tag) mit Rundwanderweg.

Auch am weiteren Straßenverlauf erfreuen uns Picknickplätze im schattigen Lärchenwald mit Tischen, Bänken und Grillstellen vor und hinter dem rauschenden Plimabach.

Schließlich wuchten wir das WOMO über die acht letzten Serpentinen bis zum Endpunkt der Straße beim Gasthof "Enzianhütte" empor.

Hinter der Gaststätte rechts löhnen wir am Parkautomaten (auch hier 3,50 EUR/24 Std.,daneben **Brunnen**) und finden links unterhalb einen schönen, ebenen WOMO-Parkplatz mit Toilette und Waschbecken.

(029) WOMO-Wanderparkplatz: Martelltal (Enzianhütte)

GPS: N 46° 29' 18.4" E 10° 41' 16.5"; 2056 m; Alta Valle. **max. WOMOs:** > 5.

Ausstattung/Lage: Wanderwege, Gaststätte; in der Saison Gebühr/außerorts.

Wer sich nur ein bisschen die Füße vertreten möchte, spaziert bis zum Felsenchaos, in dem der Madritschbach und der Plimabach unter tosendem Schäumen zusammenstürzen. Aber eigentlich ist die lange Anfahrt zu schade nur für einen kleinen Spaziergang....

WOMO-Wandertipp: Marteller Hütte (2610 m)

Gehzeit: 4 Std. **Schwierigkeit:** leicht. **Höhenunterschied:** 560 m

Strecke: Vom Gasthaus "Enzianhütte" (2051 m) auf ‹150› in 30 min. zur Zufallhütte (2265 m), weiter auf ‹150› bis zur alten Staumauer, auf ‹103› links hinab und dann steil hinauf zur Marteller Hütte, gleicher Weg zurück.

TOUR 2 (140 km / 2-3 Tage ohne Wanderungen)

Latsch – Tarsch – Tschars – Schnalstal – Kurzras – Naturns – Partschins – Algund – Meran

Freie Übernachtung: u. a. Latsch, Tarscher Lift, Vernagt, Kurzras, Partschins.

WOMO-Gaststätten: Martelltal: "Thairmühl", "Waldheim".

Campingplätze: Goldrain: "Cevedale", Latsch: "Latsch", Naturns: "Adler", "Waldcamping", Meran: "Meran".

Besichtigungen: u. a. Latsch (Spitalkirche, Burg Juval), Unsere Frau in Schnals (Gasthaus Goldenes Kreuz), Naturns (St. Prokulus), Partschins (Museum), Meran (Kuranlagen, Bozener Tor, St. Nikolaus, Lauben, Landesfürstliche Burg, usw.).

Wanderungen: siehe Wanderblöcke im Text.

LATSCH, Ansitz Mühlrain

Mit stinkenden Bremsbelägen landen wir am nächsten Morgen wieder bei GOLDRAIN im Etschtal, biegen am Kreisverkehr rechts nach LATSCH. Dort bewundern wir den barocken **Ansitz Mühlrain**, der leicht an seinem altrosa Farbton erkennbar ist und machen von der Ortsmitte aus zunächst einen Abstecher nach TARSCH.

Am Ortsende von LATSCH passieren wir einen **Brunnen**, einen **Parkplatz** [**030a:** N46° 36' 47.5" E 10° 51' 27.5"] vor dem Sportplatz, das Freibad, das Hallenbad und die Abzweigung zum Trimm-Dich-Pfad mit Picknickplätzen, Parkmöglichkeiten [**030b:** N46° 36' 35.1" E10° 51' 29.0"] und einem weiteren **Brunnen**.

Am Ortsbeginn von TARSCH, das aussichtsreich am Hang liegt, kann man nach links zur **Kirche St. Michael** abbiegen. Schöne **Fresken** aus romanischer Zeit und umfangreiche Rankenmalerei lohnen den Besuch. Geradeaus durch den Ort (linkerhand **Brunnen**) und noch 3 km steil bergan führt die Straße zur Talstation des Sessellifts **Tarscher Alm**.

(031) WOMO-Wanderparkpl.: Tarsch / Sessellift Tarscher Alm

GPS: N46° 35' 34.8" E10° 53' 35.3"; 888 m; Via Molino di Sopra. **max. WOMOs:** >5.
Ausstattung/Lage: Lauschig mitten im Hochwald, das riesige Parkplatzangebot wird kaum genutzt. Der Wanderweg zur Tarscher Alm (90 min.) ist bestens ausgeschildert; der Sessellift ist nur im Winter in Betrieb (?). **Zufahrt:** siehe Text.

TARSCH, beim Sessellift zur Tarscher Alm

Zurück in LATSCH biegen wir in der Ortsmitte rechts und halten Ausschau nach der kleinen **Spitalkirche** links der Straße, die sich hinter einem großen Laubbaum versteckt. Wir erkennen sie an dem quadratischen Turm mit den grün glasierten Ziegeln. Man muss nur noch ein paar Schritte bis zum Ortsende fahren, denn dort wartet genügend Parkraum rechts der Straße [N46° 37' 10.2" E10° 51' 55.1"]. Den Besuch der einstigen **Spitalkirche** dürfen Sie nicht auslassen, beherbergt sie doch den herrlichen **spätgotischen Flügelaltar** Jörg Lederers, eines seiner schönsten Werke. Vom Ortsende von LATSCH sind es nur wenige Meter bis zum St. Martin-Lift und dem **Campingplatz Latsch** [**032:** N46° 37' 18.8" E10° 51' 49.0"].

WOMO-Wandertipp: Vermoispitze (2929 m)

Gehzeit: 6 Std. **Schwierigkeit:** mittel. **Höhenunterschied:** 1200 m
Strecke: Vom Campingplatz Latsch mit der Seilbahn nach St. Martin im Kofel - auf ‹8› durch Wald, später über Grashänge und Schrofen zum Gipfel - gleicher Weg zurück.

Kastelbell

Dann stoßen wir wieder auf die Hauptstraße Richtung MERAN, gelangen unter dem dekorativ auf einem Felsen thronenden Schloss Kastelbell nach TSCHARS. Wir fahren zu dem Örtchen hinauf und nutzen das Parkplatzangebot am Ortsbeginn links [N46° 38' 16.1" E10° 56' 19.3"; 601 m]; Camping verboten, Sitzbank unterm Fichtenbaum.

Nur Optimisten schlängeln sich in den Ort hinein, in der Hoffnung, auf dem kleinen Vidumplatz (mit **Brunnen**) noch eine Parkmöglichkeit zu ergattern. Von ihm aus führt der Wanderweg ‹1 A› steil bis zum **Tscharser Waal** hinauf.

WOMO-Spaziergehtipp: Tscharser Waal

Gehzeit: beliebig.
Schwierigkeit: leicht.
Höhenunterschied: 50 m
Strecke: Vom Ort auf ‹1A› steil durch Apfelplantagen bis zum Waal, dort nach rechts auf ‹3› aussichtsreich und beliebig lang, max. bis Schloss Juval (1 Std.).

Tschars und Tscharser Waal

Dort, bei einer Gruppe großer Edelkastanien, schwenkt man nach rechts in den **Waalweg** ein und folgt dem Wan-derweg ‹3› bis zur **Burg Juval**. Der prächtige Bau in schwindelerregender Lage wurde 1278 erbaut und 1983 vom Bergsteiger Reinhold Messner erworben. Den Besucher erwartet eine Mischung aus Südtiroler Historie, Bergsteigerzubehör und asiatischer Mitbringsel des Extrembergsteigers.

Unterhalb des **Sonnenbergs** rauschen wir durch einen Tunnel. 500 m hinter ihm finden wir links den bequemsten Parkplatz [N46° 38' 52.4" E10° 58' 34.8"] zur **Burg Juval**, denn man kann von hier aus wandern oder durch einen Zubringerbus die Wanderstrecke auf 15 min. reduzieren (mi. geschl.).

100 m später biegen wir von der Meraner Hauptstraße zwischen bizarre Felswände hinein – das **Schnalstal** öffnet sich nur widerstrebend den Besuchern, bereits am Beginn der Straße passieren wir einen weiteren Tunnel, müssen 15 % Steigung überwunden werden.

Hinweis: Der Bürgermeister von UNSERE FRAU IN SCHNALS, verantwortlich fürs ganze Schnalstal, mag offensichtlich keine Wohnmobile. Sein WOMO-Parkverbot für ALLE Parkplätze im ganzen Tal überschreitet allerdings bei weitem seine Kompetenz (meinen wir!). Aber lesen Sie selbst!

Erst nach 4 km weichen die Felswände auseinander, machen Platz für Wiesen und Weiden. Dann, steil über uns, das fotogene KATHARINABERG mit seiner schönen **Kirche**. Nach 9 km zweigt die Stichstraße ins **Pfossental** ab und nach 14 km machen wir einen Stopp im Dörfchen UNSERE FRAU IN SCHNALS.

Bereits die ersten Häuser links, uralt und verwittert, dürfen in Ihrer Fotosammlung nicht fehlen. Aber auch die **Zirbelholzstube** (Bauernstube) im Gasthaus "Goldenes Kreuz" hinter der

UNSERE FRAU IN SCHNALS, Gasthaus "Goldenes Kreuz", Zirbelholzstube

Kirche ist einen Besuch wert (Sie müssen ja nicht gleich ein ganzes Ötzi-Menü verzehren). Vorbei am Gemeinschaftshaus und dem Archeo-Park kommen wir zum großen, ebenen Wanderparkplatz, von dem aus Sie in einer gemütlichen Stunde zur Mastaunalm (mit Jausenstation) hinaufwandern.

(033) WOMO-Wanderparkplatz: Unsere Frau in Schnals

GPS: N46° 43' 30.2" E 10° 51' 23.1"; 1508 m. **max. WOMOs:** 3-4. **Ausstattung/Lage:** Ebener Platz am rauschenden Bach, für Wohnmobile parken verboten (?)/Ortsrand.

Bequemere Zufahrt: Am Ortsende gegenüber dem Hotel "Schwarzer Adler" links.

Archeoparc: Archäologisches Aktivmuseum mit Freigelände, das den Lebensraum von ÖTZI und seinen Zeitgenossen vor 5300 Jahren erläutert. Texttafeln, Bilder, originalgetreue Rekonstruktionen der Bekleidung und der Ausrüstungsgegenstände. Im Außengelände drei rekonstruierte jungsteinzeitliche Hütten. Die Besucher sollen selbst "jungsteinzeitlich" aktiv werden, Brot backen, töpfern oder Leder verarbeiten ...
Öffnungszeiten: Mitte April - Oktober Di-So 10-18 Uhr.

Noch ein paar Serpentinen, und wir haben die Staumauer des **Vernagt-Sees** erklommen. Direkt daneben ist ein großer, ebener **Parkplatz** [**034:** N46° 44' 06.2" E10° 50' 57.7"; 1695 m], von dem aus Sie mehrere Wanderungen in Angriff nehmen können.

WOMO-Wandertipp: Rund um den Vernagt-Stausee

Gehzeit: 3 Std. **Schwierigkeit:** leicht. **Höhenunterschied:** 300 m

Strecke: Auf ‹2› von VERNAGT zum Tisenhof, auf ‹9› zum Finailhof und weiter bis Marchegg. Straße und Bach queren und auf ‹13A› zunächst talwärts und dann am südlichen Seeufer zurück nach VERNAGT.

WOMO-Wandertipp: Similaunhütte (3018 m)

Gehzeit: 7 Std. **Schwierigkeit:** mittel. **Höhenunterschied:** 1300 m

Strecke: Auf ‹2› durchs wildromantische Tisental mäßig steil zur privaten Schutzhütte, gleicher Weg zurück.

Blick über den Vernagt-Stausee

Wir rollen rechts des Stausees topfeben weiter, um dann in gemächlicher Steigung zum herrlichen Talschluss beim Skizentrum Kurzras hinaufzudampfen, umringt von mächtigen, vergletscherten Bergriesen – allen voran die hellglänzende Weißkugel (3739 m). Hier herrscht im Winter Ski total, aber auch im Sommer kann man sich mit der Gletscherbahn von 2011 m auf 3250 m hinaufliften lassen.

Hier hat "unser" eingangs genannter Bürgermeister seinen schönsten Bock geschossen! Die riesigen, im Sommer nur gering frequentierten Parkplätze, dürfen von Wohnmobilen, auch stundenweise, nicht angefahren werden! Sie werden gezwungen, nach links in den "Caravanpark" einzuschwenken.

Caravanpark Schnals

(035) WOMO-Stellplatz: Caravanpark Schnals

GPS: N46° 45' 13.3" E10° 47' 0.0"; 1990 m. **max. WOMOs:** > 20.
Ausstattung/Lage: Ver-/Entsorgung, Toilette, Dusche, Strom/außerorts.
Gebühr: Bis 4 Std. 6 €, bis 6 Std. 11 €, 24 Std. 22 €. **Zufahrt:** siehe Text.
Kurz-Wandertipps: Hasenkofel (2572 m), auf ‹1/12/3›, 1,5 Std.; Hotel Grawand/Schöne Aussicht, auf ‹3› (mit Gletscherbahn); Rotkofelsee, auf ‹3/3c›, 1,5 Std. Während dieser Tour hat man einen besonders schönen Blick hinab in den Kurzras-Talschluss, wo das WOMO auf dem Parkplatz immer kleiner wird. Am Rotkofelsee kann man auch im Juni noch die Frage beantworten: Wie viele Prozent einer Eisscholle liegen über – und wie viele unter dem Wasser (und wäre das im Meer anders)?

KURZRAS-Murmeltier

Von Kurzras aus finden auch geführte Wanderungen, z. B. zur Fundstelle des Ötzi, statt. Wer es eine Nummer kleiner haben möchte, der spaziert auf dem Wanderweg ‹1› oberhalb des Bergbaches bis ins Langgrubtal zu den ersten **Murmeltier**sied-

Rotkofelsee

lungen (gleich hinter dem zweiten Viehgatter) oder er folgt einem unserer Kurzras-Wandertipps, z. B. zum Rotkofelsee! Nach 24 km sind wir wieder auf der Hauptstraße, fahren Richtung MERAN. Nach 600 m beginnt der NATURNSer Tunnel, der das liebenswerte Örtchen vom Durchgangsverkehr entlastet. In der Ortsmitte, beim gebührenpflichtigen Parkplatz links, finden Sie das Bürger- und Rathaus, die Touristeninformation – und ein öffentliches **WC**. Biegt man hinter dem Parkplatz rechts, so landet man bei den beiden **Campingplätzen** "Adler" [**036:** N46° 38' 52.7" E11° 0' 18.2"] und "Waldcamping":

(037) WOMO-Campingplatz-Tipp: "Waldcamping Naturns"
GPS: N46° 38' 35.3" E11° 0' 28.5"; Dornsbergweg 8. **Öffnungszeiten:** 13.3. - 6.11.
Zufahrt: Auf der SS 40 bis Naturns, Ortsmitte rechts (ausgeschildert).
Ausstattung: Wenig Schatten, V/E, Bar, Schwimmbad, Hallenbad, W-Lan; außerorts.
Preise: WOMO + 2 Personen: 27-29 € Strom 3 €, Hund 3,50 €.

Biegt man links, so entdeckt man vor dem Friedhof links einen bequemen **Stellplatz** [**038:** N46° 39' 03.1" E11° 00' 28.2"; 527 m; Via San Procolo] und dahinter rechts die **St. Prokulus-Kirche**.
So wenig aufregend das Äußere scheint, beherbergt das Kirchlein doch die wohl ältesten Wand-

NATURNS, St. Prokulus

malereien im gesamten Alpengebiet (8. Jh.). Zudem war der Künstler offensichtlich nicht nur ein hochbegabter, sondern auch ein äußerst witziger Meister: Es ist wohl kaum anzunehmen, dass ihm beim "schaukelnden Mönch" die Handhaltung misslungen ist. Lassen Sie sich einfangen von den ausdrucksstarken

Fresken, die fast unverändert 1000 Jahre überstanden haben. 4,5 km nach NATURNS sind wir in RABLAND. Hier könnten Sie (beim Hotel "Rössl"), links auf direktem Wege (Wegweiser: Texelbahn) zu unserem nächsten Wanderparkplatz an der Texelbahn beim Partschinser Friedhof hinaufkurven.
Falls Sie die Abzweigung verpasst haben, biegen Sie mit uns knapp 2 km später links nach PARTSCHINS ab, schlängeln sich in den Ort hinauf (am Ortsbeginn rechts **Parkplatz** [N46° 41' 00.7" E11° 04' 30.8"] mit WC) und wenden sich oberhalb der Kirche nach links (rechts geht's zu einem weiteren **Parkplatz** [N46° 41' 05.5" E11° 04' 44.9"] beim Schwimmbad, dort dürfen WOMOs aber nur entlang der Straße parken).
Vermutlich entdecken Sie jetzt Schilder, die zurück nach RABLAND weisen oder den Straßennamen "Peter Mitterhofer". Dieser Fahrweg, benannt nach dem berühmtesten Sohn des Ortes, führt Sie direkt zu unserem Wanderparkplatz bei der Texelbahn (Peter Mitterhofer erfand noch vor dem Remington-Konzern die erste funktionstüchtige Schreibmaschine, ein neues Museum mit über 100 historischen Schreibmaschinen am Kirchplatz 10 erinnert an ihn).
Der **Wanderparkplatz** [N 46° 40' 43.7" E 11° 3' 49.1"] ist Eigentum der Texelbahn AG. Parken dürfen auf ihm WOMOs nur dann, wenn deren Besitzer auch Seilbahn fahren! Der benachbarte Friedhofsparkplatz ist mit einem 2,10-m-Balken für höhere Fahrzeuge versperrt.

WOMO-Wandertipp: Partschinser Wasserfall

Gehzeit: 2 Std. **Schwierigkeit:** leicht. **Höhenunterschied:** 350 m
Strecke: Vom Texelbahnparkplatz Richtung Partschins zum Zielbach, 50 m davorlinks unbeschildert durch den Wald mit Blockmeer. Am Waldende nicht rechts zum "gefährlichen" Wackelbrückchen, sondern links. Links des Baches bis zum Haus "Amesauer", dann möglichst immer rechts des Baches rot-weiß markiert recht steil hinauf (andere Wanderwegweiser missachten!) zum Fuße des Wasserfalles.

Wackelbrückchen am Weg zum Partschinser Wasserfall

Partschinser Wasserfall

Zurück auf der Hauptstraße Richtung MERAN durchqueren wir FORST mit der gleichnamigen Brauerei (direkt links der Straße) und schwenken sofort hinter dem Ort rechts nach ALGUND/MERAN Nord. Fährt man Richtung MERAN hinein, und hält sich hinter dem Ortsschild "Meran" (und der dritten Ampel) rechts (Straße 4. November), so erreicht man nach weiteren 500 m den Friedhofsbereich von MERAN. Direkt vor dem Friedhof geht's rechts in die Langgasse, wo die Fa. Spitaler (Nr. 9) auch deutsche Gasflaschen in 1 Std. auffüllt.

Der erste Friedhofsbereich ist ein deutsch-österreichisch-ungarischer Soldatenfriedhof. Wie friedlich ist es zwischen hunderten von kleinen Kreuzen ...
MERAN ist keine wohnmobilfreundliche Stadt! Die Parkplätze in Citynähe sind kostenpflichtig – und zudem meist mit dem berühmten 2-m-Balken verziert ...
Aber Sie können den Stadtvätern eine Nase drehen! Biegen Sie einfach hinter dem Friedhof rechts und Sie finden

MERAN, in der Kurpromenade

Parkplätze in der Viehmarktstraße und an ihrem Ende rechts in der Schießstandstraße – und machen Sie sich zu Fuß ins Zentrum auf! Gerade einmal 1000 m marschieren Sie über den Mazzini-Platz und weiter die Freiheitsstraße entlang – und schon sind Sie an der **Passer**, im Kurbereich und bei den Lauben!

(039) WOMO-Stellplatz: Meran/Schießstandstraße

GPS: N46° 40' 00.8" E11° 08' 29.9", Schießstandstraße. **max. WOMOs:** 3-4.
Ausstg./Lage: Brunnen, Kinderspielplatz, Bolzplatz/Ortsrand. **Zufahrt:** siehe Text.
Altenative: Algund, Josef Weingartner Str. 31b [N 46° 40' 46" E 11° 7' 57"].
Hinweis: Fährt man vom Friedhof nach Süden über die Passer und dann rechts in die Piavestraße, so findet man den Campingplatz "Meran" [**040:** N46° 39' 50" E11° 9' 33"].

Einmal zu Fuß unterwegs, entpuppt sich MERAN als gemütliches Flanierstädtchen (mit Kultureinlagen).
Besonders zu empfehlen sind natürlich die gepflegten **Kurpromenaden** beidseits der Passer; durch das **Bozener Tor** (imposanter Quader mit den in Stein gemeißelten Wappen von Österreich, Tirol und Meran) schlendert man dann direkt auf die hochgotische **Pfarrkirche St. Nikolaus** am Beginn der **Lauben** zu. Sehenswert sind von der hochgotischen Pfarr-

kirche vor allem außen die Steinplastik des Hl. Nikolaus, die Turmvorhalle mit dem Tiroler Adler als Schlussstein des Kreuzgewölbes, im Kircheninneren wertvolle Fresken, die Sandsteinkanzel und der gotische Flügelaltar. In der Mitte der Lauben, der zweiten Bummelmeile MERANS, lohnt sich ein Abstecher nach rechts zur **Landesfürstlichen Burg** (die heutigen Stadtväter logieren komfortabler!). Sie wurde um 1480 mit Türmen, Holzsöller und ummauertem Hofraum erbaut. Im Inneren sind sehenswert gut erhaltene Einrichtungsgegenstände aus der Zeit der Erbauung und weitere, gotische Möbel. Die Burgkapelle beherbergt schöne Wandfresken.

Direkt rechts von der Landesfürstlichen Burg startet der **Küchelberg-Sessellift** hinauf nach Dorf Tirol – sicher die bequemste Möglichkeit, den Meranern auf den Kopf zu gucken.

Eine Stippvisite MERANS dauert etwa 2-3 Stunden – es sei denn, das Studium der bummelnden Touristen vom Straßencafé aus ist noch interessanter als der eigene Stadtrundgang!

MERAN, St. Nikolaus mit dem Obstmarkt

MERAN, Landesfürstliche Burg

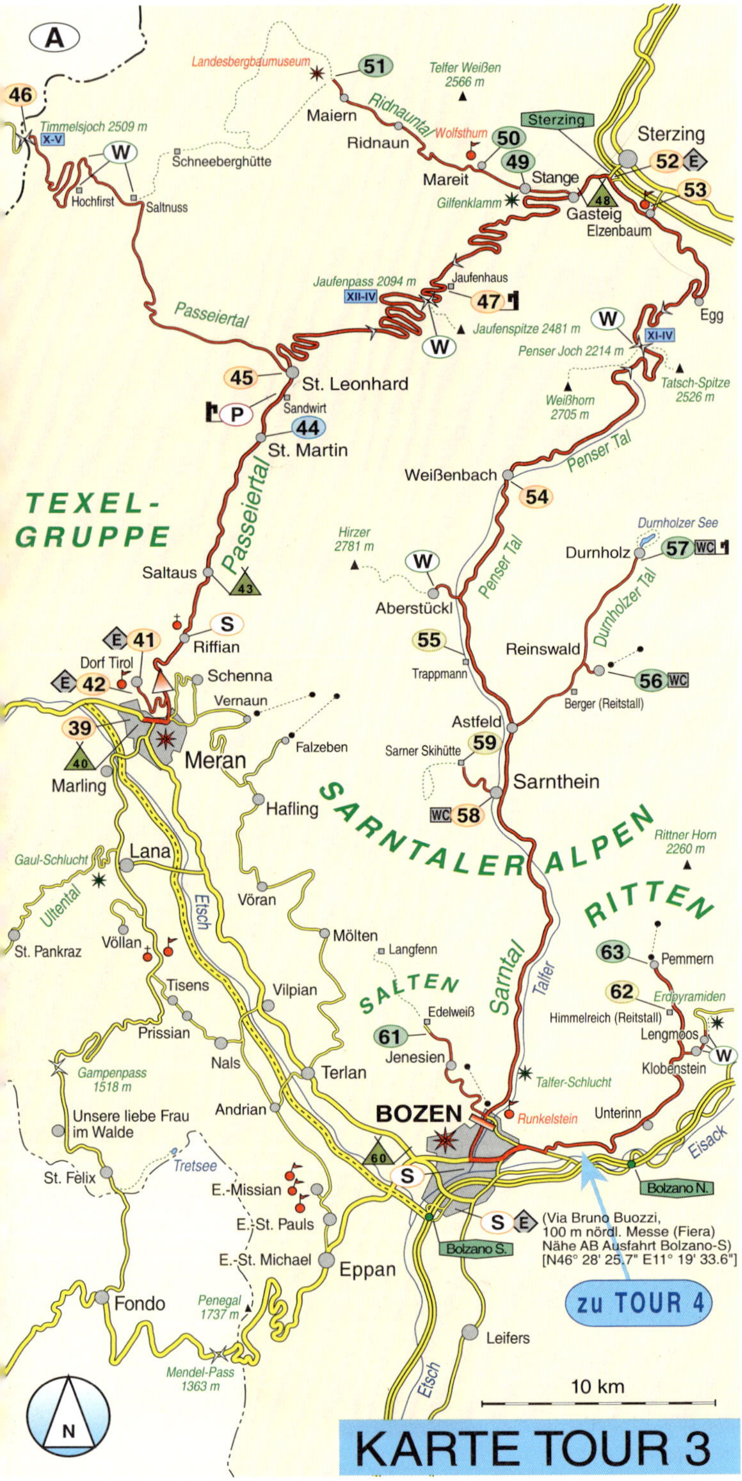

A
46
Timmelsjoch 2509 m
X-V
Hochfirst
Saltnuss
Schneeberghütte
Landesbergbaumuseum
51
Maiern
Ridnauntal
Ridnaun
Telfer Weißen
2566 m
Wolfsthurn
50
49
Mareit
Stange
Gilfenklamm
Sterzing
Sterzing
52
E
53
48
Gasteig
Elzenbaum
Egg
Passeiertal
Jaufenpass 2094 m
XII-IV
Jaufenhaus
47
W
Jaufenspitze 2481 m
W
XI-IV
Penser Joch 2214 m
Tatsch-Spitze
2526 m
Weißhorn
2705 m
45
St. Leonhard
P
Sandwirt
44
St. Martin
Passeiertal
Weißenbach
54
Penser Tal
TEXEL-
GRUPPE
Hirzer
2781 m
W
Aberstückl
Penser Tal
Durnholzer See
Durnholz
57
WC
Durnholzer Tal
Saltaus
43
S
Riffian
E
41
Dorf Tirol
E
42
Schenna
55
Trappmann
Reinswald
56
WC
Berger (Reitstall)
Vernaun
39
Meran
40
Marling
Falzeben
Astfeld
59
Sarner Skihütte
Sarnthein
Hafling
WC
58
SARNTALER ALPEN
Rittner Horn
2260 m
Lana
Gaul-Schlucht
Ultental
St. Pankraz
Etsch
Vöran
Völlan
Mölten
Langfenn
RITTEN
63
Pemmern
Tisens
Vilpian
SALTEN
Sarntal
Talfer
62
Erdpyramiden
Himmelreich (Reitstall)
Lengmoos
W
Prissian
Nals
Edelweiß
61
Jenesien
Klobenstein
Gampenpass
1518 m
Terlan
Talfer-Schlucht
Unsere liebe Frau
im Walde
Andrian
BOZEN
Runkelstein
Unterinn
Eisack
60
S
Bolzano N.
St. Felix
Tretsee
E.-Missian
E.-St. Pauls
S
E
(Via Bruno Buozzi,
100 m nördl. Messe (Fiera)
Nähe AB Ausfahrt Bolzano-S)
[N46° 28' 25.7" E11° 19' 33.6"]
Bolzano S.
E.-St. Michael
Eppan
Fondo
Penegal
1737 m
zu TOUR 4
Leifers
Mendel-Pass
1363 m
Etsch
10 km
N

KARTE TOUR 3

TOUR 3 (230 km / 3-4 Tage ohne Wanderungen)

Meran – Dorf Tirol – St. Leonhard – Timmelsjoch – Jaufenpass – Gasteig – Ridnauntal – Penser Joch – Durnholzer Tal – Sarnthein – Sarntal – Bozen

Freie Übernachtung:	u. a. Timmelsjoch, Jaufenpass, Stange, Mareit, Maiern, Penser Joch, Weißenbach, Durnholz, Sarnthein, Jenesien.
WOMO-Gaststätten:	Sarntal-Essenberg: "Trappmann-Hüttl", Sarnthein: "Sarner Skihütte".
Campingplätze:	Meran: "Meran", Gasteig: "Gilfenklamm", Bozen: "Moosbauer"
Besichtigungen:	u. a. Dorf Tirol (Schloss Tirol), St. Martin (Sandwirt), Timmelsjochstraße, Stange (Gilfenklamm), Mareit (Schloss Wolfsthurn), Maiern (Landesbergbaumuseum), Elzenbaum (Burg Reifenstein), Durnholz (Pfarrhaus, Pfarrkirche, See), Sarnthein (Gasthaus "Zum Hirschen", St. Cyprian), Bozen (Burg Runkelstein).
Wanderungen:	siehe Wanderblöcke im Text.

Wir verlassen MERAN gen Norden, den Wegweisern **Jaufen-Pass/Timmelsjoch** folgend. Bereits nach 2 km muss man links zum DORF TIROL hinauffahren, wenn man **Schloss Tirol** nicht bereits kennt. Die alte Stammburg der Grafen von (ganz!) Tirol muss ein Südtirol-Urlauber natürlich gesehen haben!

Blick auf Schloss Tirol

Sie parken das WOMO am besten auf dem ersten Parkplatz des Ortes rechts (mit lauten Straßengeräuschen):

(041) WOMO-Stellplatz: Dorf Tirol

GPS: N46° 41' 11.6" E11° 09' 30.1"; 548 m; Dorf Tirol Landstraße.**max. WOMOs:** > 5.

Ausstattung/Lage: Ver-, Entsorgung, WC/Ortsrand. **Gebühr:** 12 € (von 10-10 Uhr)

Fährt man am Ortsbeginn (100 m nach dem Ortsschild) links und wieder den Berg hinab, so kommt man zum WOMO-Stellplatz beim Hotel Schneeburghof. Dort steht man zwar wesentlich

RIFFIAN, Vorbereitung zur Prozession

komfortabler, zum Lift hinab nach Meran marschiert man nur 5 min. Dies ist also eher ein Plätzchen zum Urlauben als ein Zwischenstopp für eilige Besucher.

(042) WOMO-Stellplatz: Schneeburghof

GPS: N46° 40' 33.7" E11° 10' 02.3"; 486 m. **max. WOMOs:** >5.
Ausstattung/Lage: Ver-, Entsorgung, WC, Schwimmbad, Strom/außerorts.
Gebühr: 20 € (all incl.)

Ansonsten gäbe es nur noch die Möglichkeit, durch den Ort zum **Hochmuther-Lift** hinaufzudampfen. Dort lässt man Sie aber auch nur (kostenlos) parken, wenn Sie mindest eine Fahrkarte für den Lift kaufen (immerhin könnten Sie vom "Hochmuter" aus bequem die Mutspitze (2295 m), den Hausberg Merans, besteigen).

Hinter der Kirche von DORF TIROL beginnt eine bequeme Promenade (auf der Sie nicht ganz allein sein werden), die über der **Brunnenburg** auf Schloss Tirol zuführt. Das **Knappenloch** (ein vor 300 Jahren angelegter Tunnel) und die Erdpyramiden im **Köstengraben** sind kleine Sehenswürdigkeiten am Rande, bis Sie die gut erhaltenen, romanischen Tore des Schlosses (Palas- und Kapellenportal) erblicken. Die mit vorzüglichen Fresken ausgemalte, zweigeschossige Burgkapelle mit der riesigen Kreuzigungsgruppe ist der künstlerische Höhepunkt Ihrer Burgbesichtigung.

Heute keine Lust? Beeilen Sie sich lieber! Schloss Tirol ist zwar nicht auf Sand gebaut, aber auf einen nicht viel stabileren Moränenschutt (die repräsentative Lage war den Tirolern offensichtlich wichtiger als die Sicherheit). Bereits 1640 stürzte der Nordostteil der Burg in den Köstengraben ...

Vom chronisch überbevölkerten DORF TIROL sausen wir wieder hinab ins **Passeiertal**, um uns in der Ortsmitte von RIFFIAN, gegenüber dem Rathaus, links hinauf

RIFFIAN, Fresken der Friedhofskapelle

zur **Wallfahrtskirche** zu schlängeln. Das sollten Sie besser nicht nachahmen, denn wenn die paar Parkplätze unterhalb der Kirche besetzt sind, dann sehen Sie alt aus! Beehren Sie lieber den Parkplatz ein paar Meter weiter gegenüber der Feuerwehr [N 46° 42' 10.4" E 11° 10' 52.0"] und pilgern Sie die paar Schritte zu Fuß hinauf. Die Kirche, perfekt barockisiert, zählt mit Sicherheit zu den schönsten Barockkirchen Südtirols! Ziel vieler Wallfahrten ist die Skulptur der "Schmerzhaften Muttergottes" im Hauptaltar. Der Kunsthistoriker schwelgt jedoch in den Farben, Formen, ja der Gesamtkomposition der (wirklich beeindruckenden) Fresken in der benachbarten Friedhofskapelle. Aber waren die Barockbaumeister nicht Barbaren? Einige der schönsten Fresken wurden für den Durchbruch von Rundfenstern zerstört.

SALTAUS, Schildhof

In SALTAUS erwartet uns der bestens restaurierte **Schildhof**, einst die Residenz eines dem Landesherren zum Waffendienst verpflichteten Freisassen, jetzt ein Hotel.
Nebenan, von der Hirzer-Seilbahn nach Klammeben aus, hätten wir Ihnen gern eine Wanderung (mit Seilbahnbenutzung) empfohlen. Da der private Liftparkplatz jedoch nur für PKWs zugelassen ist, soll sich der Seilbahnbetreiber auch mit deren Insassen seine Brötchen verdienen!
Andererseits könnten Sie natürlich den **Camping "Passeier-Tal" [043:** N46° 43' 40.6" E11° 12' 05.4"] unterhalb des Liftparkplatzes beehren, denn dort können Sie sich nach anstrengender Wanderung im platzeigenen Schwimmbad erfrischen.

ST. MARTIN, Schwimmbadparkplatz

Auch das benachbarte ST. MARTIN hat ein Freibad – und einen schönen Parkplatz davor [**044:** N46° 47' 06.8" E11° 13' 49.6"]. Er liegt gegenüber der Tankstelle.

Ein Tankstelle ganz anderer Art finden Sie am Ortsende von ST. MARTIN. Dort können Sie in der Bergkäserei Psairer Ihre Vorräte an gutem Bio-Käse auffüllen (Mo-Sa von 8.30-12.30 Uhr).

BIO Psairer Bergkäserei

Freundlich ist der Empfang in der Regel bei einem Gastwirt – gilt das auch für den berühmtesten Gastwirt Südtirols?

Der "Sandwirt", Geburtshaus Andreas Hofers

Picknickplatz gegenüber vom Sandwirt

Wir parken links, gegenüber dem "Sandwirt", wo sich ein schmaler Parkstreifen bis zum komfortabel ausgestatteten **Picknickplatzes** [N46° 48' 03.8" E11° 14' 17.9"] des vorbeiführenden Radweges zieht. Das Camping-verboten-Schild stört uns in diesem Falle wenig, denn der verkehrsumtoste Parkplatz reizt keineswegs zur Übernachtung. Das gilt natürlich auch für den Gaststättenparkplatz rechts der Straße.
Gemütlich sitzt man in der alten Wirtsstube, in der sich seit vielen Jahren kaum etwas geändert hat.

Beim Sandwirt

Hier wurde 1767 **Andreas Hofer** geboren – und erlebte als Gastwirt die Niederlage des Habsburger Reiches gegen die französischen Revolutionstruppen. Als die stolzen Tiroler, von den Franzosen an die Bayern verschachert, nur noch "Südbayern" sein sollten, brach sich der Volkszorn Bahn. Zunächst von Österreich unterstützt, verjagten die Tiroler Bayern und Franzosen aus dem Land. Im Frieden von Schönbrunn wieder an Frankreich abgetreten, hatte das kleine Land keine Chance, eine letzte Schlacht bei Innsbruck brachte den Zusammenbruch – und in letzter Konsequenz 1810 die Hinrichtung Andreas Hofers in Mantua. Ein kleines Museum im Gasthof und die Andreas-Hofer-Kapelle links oberhalb erinnern an den tapferen Sohn Tirols.

Blick auf ST. LEONHARD von der Jaufenstraße aus, Stellplatz markiert

Wenig später sind wir an der Straßengabelung in ST. LEONHARD, biegen links zum **Timmelsjoch** (rollt man am Kreisverkehr hinab zum Sportplatz/Schwimmbad nahe der **Passer**, so findet man eine ganze Reihe von ruhigen **Stellplätzen** [**045:** N46° 48' 57.8" E11° 14' 25.8"; 678 m; Gänsboden]; Gaststätte, bei der Sportarena und am Tennisplatz sind keine Verbotsschilder).
Wir aber lassen uns gefangennehmen vom Reiz einer ganz außergewöhnlichen Passstraße! Zunächst geht es noch durch dichten Wald, durch den sich silberne Bänder von Sturzbächen und Wasserfällen schlängeln. Die steilen Felsen sind eingepackt wie einst der Reichstag, allerdings mit Maschendrahtnetzen,

Timmelsjochstraße

um sich lösendes Gestein festzuhalten. Hinter dem Örtchen MOOS beginnt die Serpentinenstrecke, die den Fahrer völlig in Anspruch nimmt. Aber in regelmäßigen Abständen kann er sich bei Gaststätten ausruhen, stärken – oder nur das anschauen, was ihm die Beifahrerin schon zeigen wollte.
Die erste Gaststätte heißt "Saltnuss" [N46° 52' 40.5" E11° 09' 25.0"; 1682 m]. Dort (und auch 1000 m später) gibt es genügend Parkraum. Eine aussichtsreiche Wanderung führt von hier hinauf zu den alten Bergwerksanlagen auf dem Schneeberg (über die wir später ausführlich berichten werden).

WOMO-Wandertipp: Schneeberghütte (2355 m)

Gehzeit: 3-4 Std. **Schwierigkeit:** leicht. **Höhenunterschied:** 750 m
Strecke: Vom Gasthaus "Saltnuss" auf ‹29› (oder von der letzten Serpentine unterhalb der Gaststätte auf ‹31›) ansteigend zur Schneeberghütte (bewirtschaftet). Von dort aus kann man Touren z. B. zur Gürtlscharte (2632 m) oder zur Schwarzseespitze (2957 m) beginnen, gleicher Weg zurück.

Einige Picknickmöglichkeiten und ein Parkplatz mit **Brunnen** beim Gasthaus "Schönau" [N46° 53' 12.5" E11° 8' 19.0"; 1715 m] tun sich auf, bevor wir beim Gasthaus "Hochfirst" unseren nächsten Stopp einlegen. Von hier aus können wir Ihnen, weil oberhalb der Baumgrenze gelegen, bereits eine aussichtsreiche Wanderung ohne Höhenunterschiede anbieten.

WOMO-Wandertipp: Seewersee (2056 m)

Gehzeit: 2-3 Std. **Schwierigkeit:** leicht. **Höhenunterschied:** < 50 m
Strecke: Vom Gasthaus "Hochfirst" [N 46° 53' 17.6" E 11° 7' 36.8"; 1819 m] evtl. noch 2 km bergan fahren, dort links in den Fahrweg einbiegen und nach 300 m parken [N46° 52' 45" E11° 6' 47"]. Auf dem Fahrweg zur oberen Glaneggalm. Nun auf unmarkiertem, aber nicht zu verfehlenden Almsteig stets eben zum See, gleicher Weg zurück.

Eigentlich wäre die Passstraße ganz einfach zu befahren – wenn es nur nicht den Gegenverkehr gäbe! Dann muss man an die rechte Straßenseite ausweichen, wo die Felsen leider nicht schön gerade abgesägt sind, sondern oft recht ungestüm in die Fahrbahn ragen!
Den ultimativen Aussichtspunkt erreicht man nach genau 27,8 km – unmittelbar vor dem großen Tunnel (555 m) – und nur noch wenige hundert Meter vor der Passhöhe. Hier [N 46° 53' 24.3" E 11° 6' 42.8"] kann rechts von der Straße das höchste Erinnerungsfoto geschossen werden.
Nach 30,0 km rollen wir in 2509 m Höhe zwischen hohen Schneewänden zum ebenen Stellplatz [**046:** N46° 54' 17.7" E11° 05' 46.5"; 2509 m] hinter dem Gasthaus "Timmelsjoch" und holen Erkundigungen ein: Der Pass ist von Juli-September von 7 - 20 Uhr geöffnet, auf österreichischer Seite gebührenpflichtig – und österreichische Kost gibt's hier auch auf "hohem Niveau".

Auf dem Timmelsjoch

Die meisten werden uns nun nach Österreich hinab verlassen – wir turnen den gleichen Weg wieder zurück, rollen ab ST. LEONHARD auf den **Jaufenpass** zu.

Dieser ist fast einen halben Kilometer niedriger als das **Timmelsjoch**, die Straße zu ihm wurde (zumindest im unteren Abschnitt) breiter ausgebaut, die Serpentinen sind gemütlicher. Das abstützende Mauerwerk bergwärts haben die Maurer mit ähnlicher Sorgfalt gefugt wie am Apollontempel in Delphi.

Auf aussichtsreiche Picknickplätze warten wir 14 km lang vergebens – erstens weil es keine gibt und zweitens, weil, wenn es sie gäbe, der dichte Wald zunächst keine Aussicht zulassen würde.

Aber nach 17 km haben wir die Baumgrenze überschritten – und schon präsentiert sich bei der **Jaufenalm** ein Baum-Tisch-Plätzchen mit viel Ausblick am Straßenrand.

Nach 18,5 km bietet das Gasthaus "Enzian" schräge Parkplätze, schöne Aussicht und warme Küche – wir halten jedoch noch 1500 m durch und erreichen in 2094 m die **Passhöhe** [N 46° 50' 22.1" E 11° 19' 15.4"; 2098 m] – wo man in der "Edelweißhütte" rasten und weit nach Süden gucken kann.

Edelweißhütte auf dem Jaufenpass

Aber Sie sollen nicht rasten! Direkt neben dieser Hütte sollen Sie parken – und unseren Wandervorschlag beginnen!

WOMO-Wandertipp: Jaufenspitze (2481 m)

Gehzeit: <2 Std. **Schwierigkeit:** mittel. **Höhenunterschied:** 380 m
Strecke: Von der Passhöhe auf schmalem Steig südlich erst über Rasen, dann über den felsigen Grat (Seilsicherungen) und den steinigen Steilhang zum Gipfel (mit großartiger Aussicht), gleicher Weg zurück.

Biegt man hinter der Passhöhe um einen Felsvorsprung, so entdeckt man die bewirtschaftete "Panorama-Hütte" mit Blick nach Norden.

Auf dem Jaufenpass, Blick von der Panorama-Hütte nach Norden

Weitere Parkplätze bieten sich nach 1000 m bei einem Skilift an – aber am schönsten steht man nach 1400 m beim **Jaufenhaus**, wo neben dem Parkplatz, übernachtungsgeeignet, die kleine Kapelle und die zwei Wildenten auf ihrem Privatteich fotografierenswert sind. Schöne (und bequeme) Fernguckeinsamkeit bietet die kleine Sitzbank auf dem Felsen über der Gaststätte.

(047) WOMO-Stellplatz: Jaufenhaus

GPS: N46° 50' 36.4" E11° 19' 40.2"; 1994 m. **max. WOMOs:** 3-4.
Ausstattung/Lage: Gaststätte, Sitzbank, Aussicht/außerorts.

Kapelle beim Jaufenhaus

Vom Jaufenhaus saust das WOMO befreit bergab, schwingt sich durch ein paar Serpentinen und stoppt an dem Kreisverkehr am Ortsende von GASTEIG. Ja, genau dort, wo dahinter im Lärchenwald der **Campingplatz** "Gilfenklamm" **[048:** N46° 52' 57.1" E11° 24' 28.1"] liegt (V/E auch für Nichtcamper).
Er legt mit seinem Namen unser nächstes Ziel fest: Links geht's ins **Ridnauntal**, wo bereits nach 2000 m, gleich nach dem Ortsschild vom Weiler STANGE, ein schmales Teerwegle zum Beginn der **Gilfenklamm** führt (Eintritt), knappes (!) Parkplatzangebot links der Straße. Viel besser steht man beim Sportplatz von Stange (300 m vor dem Ortschild rechts).

(049) WOMO-Wanderparkplätze: Stange

GPS Gilfenklamm: N46° 52' 53.2" E11° 22' 47.3"; 978 m. **max. WOMOs:** 1-2.
GPS Sportplatz: N46° 52' 57.5" E11° 23' 04.7"; 969 m. **max. WOMOs:** > 5.
Ausstattung am Sportplatz: WC, Gaststätte, Spazierweg (Gilfenklamm 800 m).

WOMO-Spaziergehtipp: Gilfenklamm

Gehzeit: 45 min. **Schwierigkeit:** leicht. **Höhenunterschied:** 100 m
Strecke: Auf gepflegtem Weg und über viele Brückchen und Steige durch die Klamm bis zum Höhepunkt, einem dramatisch schäumenden und brausenden "Hexenkessel", in den das Wasser milchig hinabstürzt, als solle es in der Hölle gekocht werden. Gleicher Weg zurück oder als Rundweg (Vorschläge beim Kassenhäuschen).

Gilfenklamm

MAREIT bietet dem Besucher schon am Ortsbeginn umfangreiche Parkplätze; der Andrang zum Besuch des Fischerei- und Jagdmuseums im Schloss **Wolfsthurn** muss manchmal gewaltig sein (9.30-17.30 Uhr, So 13-17 Uhr).

(050) WOMO-Wanderparkplatz: Mareit

GPS: N46° 53' 34.0" E11° 21' 09.4"; Kirchdorf. **max.**
WOMOs: 3-4. **Ausstattung/Lage:** Mülleimer, Kinderspielplatz, Sitzbänke, Wanderweg "Hoffmannsteg" beidseits des Ridnaunbaches, 1,5 h/Ortsrand.

MAREIT mit Schloss Wolfsthurn

Nach weiteren 6 km passieren wir RIDNAUN, ein eindrucksvoller Talschluss rückt auf uns zu. Dort liegen im Örtchen MAIERN die letzten Häuser des Tales, die bis vor 20 Jahren wohl nur von den Knappen des berühmten **Schneeberges** bewohnt waren. Weit in die Vergangenheit geht die Geschichte des "Argentum bonum de Sneberch", die Geschichte des "guten Schneeberger Silbers" zurück; die älteste schriftliche Erwähnung datiert vom Jahre 1237.

In 2000 m - 2500 m Höhe schürften zeitweise bis zu 1000 Knappen in siebzig Stollen nach dem silberhaltigen Bleiglanz, damit war das **Ridnauner Bergwerk** das höchste (und am längsten betriebene) Bergwerk der Welt!

Aber nichts währet ewiglich! Zuerst ging das Silber zur Neige, dann wurde auch der Abbau der Zinkblende unrentabel – und 1979 kam das endgültige "Aus".

Aber die Südtiroler waren so stolz auf ihr Bergwerk und die Leistung ihrer Knappen, dass sie die Ruinen nicht weiter vergammeln lassen wollten! Eine Museumsinitiative wurde gegründet – und das **gesamte** Bergbaugebiet des Schneeberges in ein einmaliges Bergbaumuseum umgewandelt.

Bereits heute kann man nicht nur Museumsräume besichtigen, sondern auch einen originalgetreu eingerichteten Schaustollen, die Erzaufbereitungs- und die Erztransportanlage.

Aber das ist nicht alles: Wer das Leben (und Leiden) der Knappen wirklich nachvollziehen möchte, der wird an einer der faszinierenden Tagestouren auf dem Knappenstieg zum Schneeberg teilnehmen, den 3,5 km langen Poschhausstollen befahren und zu Fuß durch den alten Karlstollen stapfen (offen: Di-So 9.30 - 16.30 Uhr, Infos: Tel.: 0039-0472-656346, Fax: 656404; www.ridnaun-schneeberg.it).

Landesbergbaumuseum, links der Bremsberg

Wie von der Timmelsjochstraße aus kann man auch ab MAIERN den Schneeberg auf eigene Faust erwandern – und die Tour zu einer eigenen Rundwanderung ausbauen!
Wanderparkplätze – auch für eine ruhige Übernachtung findet man reichlich direkt am Museumseingang bzw. auf der anderen Seite des Ridnaunbaches!

(051) WOMO-Wanderparkplatz: Maiern / Bergbaumuseum
GPS: N46° 55' 40.5" E11° 16' 19.2"; 1431 m; Maiern. **max. WOMOs:** 3-4.
Ausstattung/Lage: Wanderwege, Museumsbesuch/außerorts.

WOMO-Wandertipp: Schneeberg / Egetenjoch (2693 m)
Gehzeit: 8 Std. **Schwierigkeit:** mittel. **Höhenunterschied:** 1280 m
Strecke: Auf dem alten Knappenweg ‹28› vorbei am verfallenen Poschhaus bis zur Lazzacher Alm. Dort rechts auf gutem Steig ‹33› vorbei an mehreren wunderschönen Bergseen. An der Wegkreuzung (evtl. links kurz hinauf zur Einkehr in die Grohmann-Hütte) rechts auf ‹9› zurück nach MAIERN.

Zurück in GASTEIG biegen wir am Campingplatz links Richtung STERZING – und nach 1800 m, unmittelbar vor der Auto-bahn, wieder rechts zum **Penser Joch**.
1200 m später führt eine Stichstraße nach links zum ehemaligen Zollgelände. Dort haben sich auf den riesigen Betonparkflächen verschiedene Nachfolgebetriebe angesiedelt, einer davon ist der **Wohnmobilstellplatz** [**052:** N46° 52' 50.2" E11° 26' 19.1"; 939 m] "Sardobre / Top Stopp".
Für 11 € kann man hier, in unmittelbarer Nähe der Autobahn, entsorgen und (sicher nicht ruhig) übernachten.
Einen wesentlich erfreulicheren Anblick bietet die alte Ritterburg **Reifenstein**. Sie liegt knapp 1000 m später beim Weiler

ELZENBAUM. Wir kurven zwischen einigen schönen Ansitzen hinab, übersehen nicht den praktischen **Baumstammbrunnen** linkerhand und biegen vor dem Burgfelsen rechts. Dort findet man einen praktischen **Stellplatz** [**053:** N46° 52' 41.8" E11° 26' 43.4"] (allerdings in Hörweite der Autobahn, Gebühr) und kann sich endlich einmal den (schon lange gehegten?) Wunsch erfüllen, eine **richtige Ritterburg** mit allem Zubehör wie Vorwerk, Toranlage, Zugbrücke, Wehrgängen, Türmen mit Zinnen, Brunnen und Zisterne im Innenhof zu durchstreifen.

Auch die Einrichtung der Räumlichkeiten kann sich sehen lassen! Sie gipfelt in der Ausmalung des Grünen Saales, der über und über mit grünem Rankenwerk überzogen ist (in dem Jünglinge fliehenden Vögeln nachsteigen). Zur Besichtigung freigegeben ist der Kindheitstraum ab vier Personen bei Führungen um 10.30, 14.00 und 15.00 Uhr (außer samstags).

Nun ist wieder eine ordentliche Gebirgstour mit Pass angesagt – das **Penser Joch** ist immerhin 2214 m hoch! Die Straße lässt es uns gleich spüren; 13% (und folglich der 2. Gang mit 40 km/h) lassen uns in Ruhe den schönen Blick hinab ins **Eisacktal** genießen.

Bei EGG haben wir bereits 1500 m Höhe erreicht und kehren der Eisack den Rücken, aber unser "Höhenmesser" (eine große, leere Plastikflasche, die sich bei der Talfahrt knackend zusammenzieht – und bergauf genau so knackend wieder ausdehnt) lässt sich noch einigemal hören bis wir nach 14 km, deutlich über der Baumgrenze, die Passhöhe [N46° 49' 07.6" E 11° 26' 27.6"; 2211 m] erreicht haben. Hier ist Mitte Juni gerade der Frühling eingekehrt, und beim Spaziergang über die noch spärlichen Matten kann man sich an der sprießenden und blühenden Flora erfreuen. Aber auch Anspruchvolleres haben wir zu bieten, wenngleich der hohe Startpunkt kaum noch schweißtreibende Höhenmeter fordert.

Penser Joch, Beginn des Wanderweges

WOMO-Wandertipp: Sarntaler Weißhorn (2705 m)

Gehzeit: 4-5 Std. **Schwierigkeit:** mittel. **Höhenunterschied:** 490 m
Strecke: Vom Penser Joch stets auf ‹12A› meist eben oder mäßig ansteigend vorbei an den Steinwandseen zum gesicherten Felssteig auf den Gipfel (phantastischer Rundblick), gleicher Weg zurück.

WOMO-Wandertipp: Tatschspitze (2526 m)

Gehzeit: 4-5 Std. **Schwierigkeit:** leicht. **Höhenunterschied:** 320 m
Strecke: Von der Penser Alm (500 m südlich des Jochs) auf ‹14A› auf den Astenberg (2326 m) hinauf, hinab und hinauf aufs Niedereck (2306 m), hinab und durch Schrofen hinauf auf die Tatschspitze (herrliches Bergpanorama), gleicher Weg zurück.

Selbstverständlich hat das **Penser Joch** ebene Parkplätze (allerdings direkt neben der Straße) – und den "Alpenrosenhof" als Treffpunkt für Passjäger und hungrige Wanderer.
Mit dem Abstieg vom Joch beginnt das **Sarntal**, wobei sich

die Straße wesentlich großzügigere und bequemere Schleifen genehmigt als beim Aufstieg. Nach 5 km überqueren wir den Talferbach in der Nähe seiner Quelle; er wird uns bis zu seiner Mündung in die Eisack bei BOZEN begleiten. An seinen Ufern blühen bereits herrlich die Alpenrosen.
Erst nach 10 km seit dem Pass haben wir in PENS die oberste Talsohle erreicht. WEISSENBACH, 4 km später, liegt wiederum eine Etage tiefer. Dort können wir direkt hinter der Brücke über den **Weißenbach** links zum **Talferbach** hinabschwenken, immer weiter Richtung Sportplatz rollen und rechts und links des Weges auf grünen Matten rasten.

(054) WOMO-Stellplatz: Weißenbach

GPS: N46° 46' 4.0" E11° 22' 17.7", 1323 m. **max. WOMOs:** 2-3.
Ausstattung/Lage: Bänke, Wertstoffbehälter, Gaststätte/Ortsrand.
Zufahrt: Am Ortsbeginn von Weißenbach hinter der Weißenbachbrücke links.

Der Weiler ABERSTÜCKL, nochmals 5 km talabwärts, hat sich am rechten Hang versteckt (wir entdecken die Abzweigung bei »km 31«). Vor der Kirche [N 46° 43' 35.2" E 11° 19' 59.7"; 1308 m] kann man bequem parken und die anspruchsvolle, aber nicht schwere Wanderung zum Hirzer (2781 m), dem höchsten Berg der Sarntaler Alpen, beginnen.

WOMO-Wandertipp: Hirzer (2781 m)

Gehzeit: 7 Std. **Schwierigkeit:** mittel. **Höhenunterschied:** 1500 m
Strecke: Von ABERSTÜCKL auf ‹7› hinauf in den Kessel der Anteranalmen, wo man auf den Fernwanderweg E 5 trifft. Auf ihm rechts und steiler zur Hirzerscharte und dann über leichtes Felsgelände zum Gipfelkreuz, gleicher Weg zurück.

Nach der schweißtreibenden Tour braucht man natürlich einen bequemen Platz, wo man die Füße nur noch unter den Tisch zu strecken braucht. Den findet man genau 3 km weiter talwärts beim wohnmobilfreundlichen Gasthof "Trappmann/Hüttl".

Im Sarntal südlich WEISSENBACH

(055) WOMO-Gaststätte: "Trappmann/Hüttl" (Essenberg)

Max. Übernachtungen: 3-4. Max. WOMO-Zahl: 2-3. Ansprechpartner: Herr Unterkalmsteiner.
GPS: N46° 42' 08.5" E11° 20' 26.5"; 1119 m; SS 508. Tel.: 0039-0471-623461

Auch das **Penser Tal** hat ein liebliches Seitental, das wir aus mancherlei Grund nicht auslassen dürfen! Deshalb schwenken wir in ASTFELD links ins **Durnholzer Tal**.
Ich bin mir sicher, dass Sie mit Ihrem WOMO sehr glücklich sind, aber eigentlich liegt das wahre Glück der Erde doch auf dem Rücken der – richtig – Pferde (und weil wir in Südtirol sind, müssen's natürlich Haflinger sein).
Deshalb ist es auch kein Zufall, dass wir nach 4500 m im **Durnholzer Tal** mit Ihnen zum **Bergerhof** abbiegen, wo täglich kleine, aber auch ausgedehnte Ausritte auf den goldbraunen, trittsicheren Pferden angeboten werden.

Die Haflinger vom Bergerhof

1000 m weiter das Tal hinauf biegen wir rechts zum Skilift von REINSWALD; 14% Steigung machen Ihrem WOMO ja schon lange nichts mehr aus!
Der Lift liegt oberhalb des Ortes in 1570 m Höhe – und liftet Sie gerne bis auf 2460 m hinauf. Währenddessen steht das Wohnmobil recht komfortabel und waagerecht – und nach Ihrer Rückkehr können Sie auf dem Bolzplatz weitere Pfunde abtrainieren, das Clo entleeren – oder einfach nur die Aussicht vom WOMO-Fenster aus genießen.

(056) WOMO-Wanderparkplatz: Reinswald / Liftparkplatz
GPS: N46° 41' 17.1" E11° 25' 15.0", 1571 m. **max. WOMOs:** 3-4.
Ausstattung/Lage: WC, Wanderwege, Mülleimer, Gaststätte, Bolzplatz/Ortsrand.
Zufahrt: In Astfeld links hinauf Richtung Reinswald/Durnholz.

WOMO-Wandertipp: Latzfonser Kreuz (2300 m)
Gehzeit: 5 (4) Std. **Schwierigkeit:** leicht. **Höhenunterschied:** 890 m
Strecke: Vom Liftparkplatz REINSWALD auf ‹7› (oder mit Lift und dann auf ‹11›) bis zur Getrum-Alm. Weiter auf ‹7› über das Lückljoch (2370 m) und kurz hinab zum Latzfonser Kreuz mit der Wallfahrtskirche Heiligkreuz und Einkehrmöglichkeit, gleicher Weg zurück.

Die meisten Täler haben ihren optischen Glanzpunkt im Talschluss, umringt von den Bergriesen. Welch Genuss, wenn sie sich auch noch in einer Wasserfläche spiegeln – wie im **Durnholzer See**!
Am Ortsbeginn von DURNHOLZ werden wir zunächst freundlich, aber bestimmt aufgefordert, unser WOMO abzustellen. Der Parkplatz (mit öffentlichen **Toiletten** und einem **Brunnen**) gefällt uns aber so gut, dass wir ohne Widerspruch gehorchen und die 500 Schritte bis zum See "per pedes" zurücklegen (Zufahrt von 19-7 Uhr gestattet, dort weitere Parkplätze gegenüber vom (geschlossenen) "Fischerwirt".

(057) WOMO-Wanderparkplätze: Durnholz

GPS Ortsbeginn: N46° 44' 09.3" E11° 26' 09.4", 1514 m. **max. WOMOs:** 3-4.
GPS Fischerwirt: N46° 44' 38.3" E11° 26' 40.7", 1525 m. **max. WOMOs:** 1-2.
Ausstg./Lage: WC, Wanderwege, Mülleimer, Brunnen, oberer Teil Gebühr/außerorts.

Fein kann man um den See herumspazieren.
Im (fast autofreien) DURNHOLZ ist der Freskenzyklus in der gotischen Pfarrkirche sehenswert und das Pfarrhaus, das (wie praktisch) gleichzeitig als Gaststätte (Pfarrgasthof) dient.
Natürlich werden wir dem Ort im lieblichen Tal nicht den Rücken kehren, ohne Ihnen eine schöne Wanderung empfohlen zu haben!

WOMO-Wandertipp: Marburger Hütte (2481 m)

Gehzeit: 5 Std. **Schwierigkeit:** leicht. **Höhenunterschied:** 910 m
Strecke: Von DURNHOLZ links des Sees und des Seeb-Baches auf ‹16› an der Seeb-Alm vorbei zur Flaggerscharte, nahebei die kleine, bewirtschaftete Schutzhütte und ein kleiner Bergsee (von hier in weiteren 1 1/2 Std. auf das Tagewaldhorn (2708 m) hinauf), gleicher Weg zurück.

Der Hauptort des Sarntales ist SARNTHEIN. Wir nehmen nicht die erste, sondern die zweite Einfahrt in den Ort (scharf nach rechts zurück), folgen dem Bogen der Hauptstraße nach links, parken vor dem **Talferbach** rechts.
Per Fußgängerholzbrücke überqueren wir die Talfer nach links und ein paar Schritte flussaufwärts wieder nach rechts, erbitten uns dahinter links (bei Frau Herbst im Kranzelsteinweg Nr. 2) den Schlüssel zu Kirchhof und Kirchlein **St. Cyprian**.
Die beeindruckenden Fresken, die Leben und Leid vom Hl. Cyprian und der Hl. Justina beschreiben, sind ein Meisterwerk der ›Bozener Schule‹. Der von uns bereits benutzte Parkplatz ist

nur bedingt übernachtungsgeeignet, weil ab 5.30 Uhr dort Busse starten. Ruhiger steht man, wenn man den Wegweiser zum Schwimmbad folgt.

St. Cyprian

(058) WOMO-Stellplätze: Sarnthein

GPS Talferbach: N46° 38' 28.4" E11° 21' 25.2"; 969 m; Via Reinegg.
max. WOMOs: > 5.
Ausstattung/Lage: tags WC, Wertstoffbehälter, Gaststätte; Busverkehr ab 5.30 Uhr.
GPS Schwimmbad: N46° 38' 22.4" E11° 21' 12.9"; Via Ronco. **max. WOMOs:** 2-3.
Ausstattung/Lage: Brunnen, Schwimmbad, Sitzbank.

Bei der Fahrt zum Schwimmbad erspähten wir bereits die Wegweiser nach **Auen** und zur **Sarner Skihütte**; sie leiten uns fast 8 km hinauf in frische Höhen.
Bei der wohnmobilfreundlichen Gaststätte "Sarner Skihütte" gibt's genug Parkraum, eine Brotzeit und den Ausgangspunkt für die Wanderung zu den **Stoanernen Mandlen**.

(059) WOMO-Gaststätte: "Sarner Skihütte"

Max. Übernachtungen: 1-2. Max. WOMO-Zahl: 1-2. Ansprechpartner: Frau Rose Fink.
GPS: N46° 39' 05.1" E11° 19' 14.5"; 1606 m. Tel.: 0039-0471-622708

Sie wissen nicht, was **Stoanerne Mandlen** sind? Dann sind Sie in guter Gesellschaft, denn ganz genau weiß es niemand! Die eigenartigen Türme aus Sandsteinplatten stehen (gerichtlich belegt!) auf einem Hexentummelplatz, der im Juli aus einem Meer aus roten (hexenroten!) Alpenrosen herausragt.

WOMO-Wandertipp: Stoanerne Mandlen (2003 m)

Gehzeit: 3-4 Std. **Schwierigkeit:** leicht. **Höhenunterschied:** 300 m
Strecke: Von der Sarner Skihütte auf ‹2› an der Auener Alm vorbei zum Auenjoch (Aussicht!). Auf ‹4› unter den Stoanernen Mandlen hinab zum Möltner Kaser (bewirtschaftet). Zurück auf ‹P› vorbei an den Mandlen zum Auenjoch und der Sarner Skihütte.

4 km südlich SARNTHEIN verengt sich das **Sarntal** plötzlich dramatisch, die Straße stürzt hinab in die Sohle der Schlucht, weil sie an der steilen Wand keinen Platz mehr findet. Aber auch dort streitet sie sich so lange mit der Talfer herum, bis die Straßenbauer nachgegeben haben und in eine Unzahl von Tunneln ausgewichen sind (zwischen dem 6. + 5. sowie dem 2. + 1. Tunnel links – sie sind durchnummeriert – können Sie

parken und die Schlucht und die darüber thronenden Burgen in Ruhe betrachten).
Kurz darauf sind wir am Ortsschild von BOZEN und eigentlich am Ende unserer Tour 3. Die Sehenswürdigkeiten der Südtiroler Hauptstadt zeigen wir Ihnen am Beginn der Tour 4.
Campingplatz gefällig? Zum einzigen **Campingplatz** von BOZEN "Moosbauer" [**060:** N46° 30' 5" E11° 17' 56"] finden Sie ganz leicht, wenn Sie immer den Wegweisern Richtung MERAN folgen, denn er liegt an der (alten) Hauptverbindungsstraße BOZEN - MERAN.
Freier Übernachtungsplatz gewünscht? Dann schwenken Sie mit uns 200 m nach dem Ortsschild rechts in die "Schneckennudelbahn" Richtung JENESIEN. Schon allein, um die genial-spiralige Straßen- und Tunnelführung zu bewundern, lohnt sich die Bergfahrt.

JENESIEN, Dolomitenblick

Aber auch die immer schönere Dolomitenkulisse will bewundert werden, während uns die Hauptstraße oberhalb Jenesiens vorbei (Wegweiser: Salten) zum Wanderparkplatz am Sportplatz unterhalb der Gaststätte "Edelweiß" führt (eben, in Terrassen angelegt), Tagesgebühr.

(061) WOMO-Wanderparkplatz: Jenesien / Sportplatz

GPS: N46° 32' 32.0" E11° 19' 17.3"; Saltenweg. **max. WOMOs:** > 5.
Ausstattung/Lage: Wandertafel, Wanderwege, Tagesgebühr, am Sportgebäude WC und Wasserhahn (nur bei Veranstaltungen geöffnet)/außerorts.

WOMO-Wandertipp: Langfenn (1525 m)

Gehzeit: 4 Std. **Schwierigkeit:** leicht. **Höhenunterschied:** 200 m
Strecke: Am Gasthaus "Edelweiß" vorbei auf ‹1› = ‹E5› über die Hochfläche des Salten. Durch schöne Lärchenwiesen zum Bergkirchlein St. Jakob mit Gastwirtschaft; gleicher Weg zurück.

KARTE TOUR 4+5

TOUR 4 (260 km / 4-5 Tage ohne Wanderungen)

Bozen – Klobenstein – Ritten – Mendelpass – Fondo – Lago Smeraldo – Tret – St. Felix – Unsere liebe Frau im Walde – Gampenpass – Tisens – Prissian – Grissian – Völlan – Ultental – Lana – Meran

Freie Übernachtung:	u. a. Ritten (Pemmern), Mendelpass (Roen), Lago Smeraldo, Tret, Völlan, Kuppelwies, Weißbrunn-See (Ultental).
WOMO-Gaststätte:	Ritten-Klobenstein: "Himmelreich" (mit Reitstall).
Campingplätze:	Bozen: "Moosbauer"; Tisens: "Naturcamping", Völlan: "Völlan", "Lido"; Lana: "Schlosshof", "Arquin"; Meran: "Meran".
Besichtigungen:	u. a. Bozen (Museum, Lauben, Pfarrkirche, Dominikanerklos-ter), Ritten (Erdpyramiden), Tret (Wasserfall), U. l. Frau im Walde (Wallfahrtskirche), Grissian (St. Jakob), St. Hippolyt, Völlan (Kuratialkirche), St. Nikolaus (Ultental-Museum), Niederlana (Pfarrkirche, Obstbaumuseum).
Wanderungen:	siehe Wanderblöcke im Text.

Nach den vielen Pässen und Schluchten der Tour 3 wollen wir unserem WOMO ein paar Stunden Ruhe gönnen – und uns einen fröhlichen Stadtbummel durch BOZEN!
Das Vergnügen beginnt mit schweißtreibender Parkplatzsuche, die wir Ihnen gerne ersparen würden: Vom **Sarntal** (bzw. Jenesien) her kommend, rollt man rechts des Talfer-Baches

BOZEN, Liegewiesen am Talferufer

über den **Siegesplatz** und durch die **Quireiner Straße** bis zur **Drusus-Allee**. Auf dieser links direkt auf die **Drusus-Brücke** über die Talfer zu, die ins Zentrum führt und an der nächsten Kreuzung (nach 150 m) wieder rechts in die **Triester Straße** (Wegweiser: Lido/P 9) bis zum Parkplatz [N 46° 29' 34.7" E 11° 20' 44.5"; 264 m] am **Drusus-Stadion** (Gebühr Mo-Fr bis 18 Uhr, Sa bis 12 Uhr, bei Fußballspielen für WOMOs Parkverbot). Von hier aus ist das Stadtzentrum über die genannte Drusus-Brücke bequem mit wenigen Schritten zu erreichen.
Alt. mit VE: Bozen-Süd, Pfarrhofstraße [N46° 28' 22" E11° 20' 13"].
Wir spazieren geradewegs in die City hinein, passieren gleich hinter der Talferbrücke (Liegewiesen an seinem Ufer) das **Stadtmuseum** mit den zwei auffälligen Treppengiebeln und das **archäologische Museum** mit der Attraktion des Jahrhunderts: Ötzi!

BOZEN, Obstmarkt am Beginn der Lauben

Durch die Museumstraße (bald: Ötzi-Straße?) kommen wir zum Beginn der **Lauben**. Dort bewacht der bronzene Neptun auf seinem zweistrahligen Marmorbrunnen das Geschehen rings um die belebten Obst-, Gemüse-, Blumen- und Lebensmittelstände. Die Lauben sind durchschlendert, wenn man den Rathausplatz erreicht hat. Dort ertragen viele einfallsreich bemalte Häuserfassaden geduldig die digitalen Foto-Klicks; für die leiblichen Genüsse sorgen (links ab) zwei Straßencafés mit Pizzaverkauf und das traditionelle "Weiße Rössel", wo wir nicht nur die eindrucksvolle Hausfassade bewundern, sondern uns beim Verdrücken der Bauernplatte auch fast den Magen verrenken.
Schwenkt man hinter dem Rathaus zweimal rechts, so landet man auf dem repräsentativen **Waltherplatz** mit dem Marmor-

denkmal des Minnesängers von der Vogelweide, der (vielleicht!) nahe des benachbarten WAIDBRUCK im **Eisacktal** geboren wurde.
Kunstfreunde werden sich schnell vom Laaser Marmor ab- und der Pfarrkirche **Maria Himmelfahrt** zuwenden. Selbst wenn sie geschlossen ist, kann man sich an dem farbigen Ziegeldach, dem hochgotischen Turm und dem **Leitacher Törl** erfreuen. Dieses spätgotische Portal ist eindrucksvoll verziert und umrahmt von feingliedrigen Steinskulpturen.

BOZEN, Pfarrkirche

BOZEN, Ansitz Thurn

Parallel zu den Lauben geht es durch die Poststraße wieder zurück bis zum **Dominikanerkloster**, das bereits 1272 von Regensburger Ordensbrüdern gegründet wurde. Die Fresken im Kreuzgang, im Langhaus der Kirche, aber vor allem in der an den Chor angebauten **Johanneskapelle** sind einzigartige Kunstschätze aus der Bozener und italienischen Schule.

Fußgänger leben nicht ganz ungefährlich in Bozen! Sind Sie gerade einem der vielen rasenden Radfahrer erfolgreich ausgewichen, kann schon in der nächsten Sekunde ein selbstvergessener Handy-Telefonierer mit Ihnen in heftige Körperkommunikation treten.

Am Beginn des Klosters wendet sich der Bozener Altstadtrundgänger rechts und steht im Nu wieder bei Neptun und den Gemüsefrauen.

Es ist Abend geworden, wenn Sie über die Talferbrücke zum WOMO zurückschlendern? Beidseits des Flusses führen die **Wassermauer-Promenaden** auf den Hochwasserdämmen der Talfer entlang. Und was ihnen Kunst und Kultur in BOZEN auch bieten konnten: Wenn in der Abenddämmerung die Lichter der Stadt angehen, werden sie überstrahlt von einem geradezu überirdischen, glühenden Leuchten der Dolomitentürme des Rosengartens im Osten!

Die Laurinsage

In uralter Zeit wohnte im Inneren des Berges, der heute Rosengarten heißt, der Zwergenkönig Laurin. Er besaß unermessliche Schätze und konnte sich mit einer Tarnkappe unsichtbar machen. Des Königs besonderer Stolz war der Garten vor der Felsenburg. Dort wuchsen das ganze Jahr über unzählige rote Rosen, die von goldenen Seidenfäden umsponnen waren.

Eines Tages entdeckte Laurin auf einer Nachbarburg die wunderschöne Prinzessin

Simhild. Er verliebte sich in sie und raubte sie mit Hilfe seiner Tarnkappe. Aber Simhilds Bruder Dietleib verbündete sich mit dem Gotenkönig Dietrich von Bern, besiegte im ungleichen Kampf den König der Zwerge und befreite Simhild.
Durch einen Zauberspruch wollte der gedemütigte König seinen Rosengarten für immer zerstören; niemand sollte sich mehr an ihm erfreuen können – weder bei Tag noch bei Nacht! Doch Laurin vergaß, die Dämmerung zwischen Tag und Nacht in seine Verwünschung mit einzubeziehen.
So kommt es, dass vor Sonnenuntergang die bleichen Berge des Rosengartens auch heute noch für kurze Zeit in alter Pracht leuchten und erglühen.

Dabei fällt Ihnen natürlich ein, dass Sie (üblicherweise) nicht die ganze Nacht am Talferufer verbringen möchten. Deshalb folgt jetzt die nächste Attraktion des Bozener Umlandes mit guten Übernachtungs- und Wandertipps: **Ritten!**
Wir kehren mit dem WOMO zur **Drusus-Alle** zurück, überqueren nach rechts die Talfer und folgen, am Bahnhof vorbei, den Wegweisern zum **Brenner**! Am Ortsende von BOZEN zweigen wir dann von der Zufahrt zur Brennerautobahn nach links (Wegweiser: Ritten) auf eine klassische Serpentinenstrecke ab, deren porphyrverblendete Talmauern in schönem Farbkontrast zum grünen Weinbergslaub stehen. Unter uns versinken Fluss, Bahnlinie, Straße und Autobahn in der **Eisackschlucht**, während sich prachtvoll darüber die Türme des **Rosengartens** erheben.
Nach 9 km Bergfahrt passieren wir UNTERINN, und der Klotz des **Schlern** schiebt sich mehr und mehr vor die Rosengartenwand.
Bei KLOBENSTEIN gabelt sich die Straße. Wir folgen zunächst gerade-aus durch den Ort hindurch den braunen Wegweisern zu den **Rittener Erdpyramiden**. Am Ortsende von KLOBENSTEIN und wenig später, am Beginn von LENGMOOS, liegen große Parkplätze. Erdpyramidenbesucher rollen aber noch weiter bis zum großen, ebenen Parkplatz beim Restaurant "Spögler", der auch mit "Parkplatz

Rittener Erdpyramiden

Erdpyramiden" gekennzeichnet ist [N 46° 32' 36.1" E 11° 28' 6.4"; 1154 m]. Von dort aus wälzt sich der Besucherstrom rechts der Fahrstraße weiter, 200 m später sinkt der Wanderweg rechts von der Fahrstraße hinab, und bald sind die dekorativen Erosionskegel in Zuckertütenform sichtbar. „Guck' mal, da liegen Steine auf den Spitzen!“ Ich halte an mich, um nicht einen Vortrag über die Bedeutung genau dieser Steine bei der Kegelentstehung zu halten ...
Nach 10 min. sichtet man erstmals die Pyramiden, nach 20 min. Brünnlein (in der Talkehre), davor neue Brücke. Nach 30 min. kann man direkt von oben auf die Erdtüten hinabblicken. Wir kehren nach KLOBENSTEIN zurück, wenden uns bei der ESSO-Tankstelle rechts (Wegweiser: Rittner Horn). Dieser nur 5000 m kurze Abstecher führt zwar nicht direkt in den Himmel, aber immerhin in ein Himmelreich für Kinder, denn nach 2 km liegt linkerhand die "Alpenranch Himmelreich".

Diese (sehr gute) wohnmobilfreundliche Gaststätte verfügt über einen perfekt ausgestatteten Kinderspielplatz mit Streicheltieren – und natürlich über eine ganze Herde von lammfrommen Haflingern für kleine und große Pferdenarren.

(062) WOMO-Gaststätte: "Alpenranch Himmelreich"

Max. Übernachtungen: 3. Max. WOMO-Zahl: 3. Ansprechpartner: Herr Paul Tauferer
GPS: N46° 33' 14.3" E11° 27' 21.9"; 1333 m.
Tel.: 0039-0471-356300, Fax: 358363 www.alpenranchhimmelreich.com

Die Stichstraße endet am riesigen, ebenen Parkplatz **Pemmern**, der Seilbahn zur Schwarzseespitze und weiter zum Rittner Horn. Abseits, am Waldrand, kann man ruhig stehen, zwei Gaststätten sorgen für hungrige Wanderer.

(063) WOMO-Wanderparkplatz: Pemmern

GPS: N46° 34' 34.9" E11° 26' 47.0"; 1533 m. **max. WOMOs:** > 5.
Ausstattung/Lage: Seilbahn, Wanderwege, Mülleimer, Kinderspielplatz, Gaststätten, WC im Seilbahngebäude/außerorts.

WOMO-Wandertipp: Rittner Horn (2260 m)

Gehzeit: 3,5 Std. **Schwierigkeit:** leicht. **Höhenunterschied:** 200 m auf, 700 m ab.
Strecke: Mit der Seilbahn zur Schwarzseespitze, auf ‹1› am kleinen Schwarzsee vorbei zum Unterhornhaus und weiter über Almwiesen zum Gipfel. Abstieg auf ‹2› zur Gissmannhütte, dann auf ‹7› über Rosswagen zurück nach Pemmern.

Über KLOBENSTEIN kehren wir auf dem gleichen Weg nach BOZEN zurück. Wieder geht's am Bahnhof vorbei, über die Talfer und auf der Drusus-Allee genau nach Westen Richtung MERAN/EPPAN/**Mendelpass**.
Wir durchqueren EPPAN (das wir am Ende der Tour 5 besuchen werden), lassen KALTERN und die Weinstraße links liegen.
Ganz schön tapfer, was sich unsere Passstraße vorgenommen hat, denn eine senkrechte Felswand ragt vor dem WOMO-Bug in die Höhe. Bei Tornante N° 1 können wir noch einen Blick hinab auf den **Kalterer See** und den **Mitterberg** mit der **Ruine Leuchtenburg** werfen, dann nimmt uns der Hangwald auf. Gleichzeitig wird die Straße schmaler und beginnt einen serpentinenreichen Aufstieg. Jede Begegnung mit einem fröhlich durch die Kurven schwingenden Motorradfahrer lässt den Adrenalinspiegel hochschwappen; zwischen Serpentine 4° und 5° lässt sich ein Brunnen mit Steintrog links der Straße bequem anfahren.
Dann bleibt der dichte Wald unter uns zurück und wir können von der steilen Hangkante, in die die Straße hineingeschnitten wurde, über das **Etschtal** bis nach BOZEN blicken – ein herrliches Panorama! Bei Tornante 9° sichten wir kurz die Standseilbahn, die wandermüde Kalterer zum **Mendelpass** hinaufschleppt, den wir selbst nach Serpentine 15° in der bescheidenen Höhe von 1363 m erreicht haben.
Aber der **Mendelpass** [N46° 25' 01.2" E11° 12' 25.5"] ist nicht nur eine Senke zwischen den Bergen, sondern seit 1670 auch "internationaler Kurort". Seitdem wartet man offensichtlich auf entsprechendes Publikum. Der Trubel bei Andenkenbuden und Restaurants dagegen ist in erster Linie auf die gute Erreichbarkeit der Örtlichkeit mit der Standseilbahn zurückzuführen. Auch der 1,5 h kurze Wanderweg zum aussichtsreichen **Penegal** (1737 m) ist zur Massenrennstrecke verkommen.
WOMO-Fans flüchten deshalb mit uns nach links in die nur 1500 m lange Stichstraße (Wegweiser: Roen), die am **Ses-**

Parkplatz Roen beim Mendelpass

sellift zur Halbweg-Hütte mit riesigen, aber fast einsamen Parkplätzen am Waldrand endet (**Brunnen** beim Lift).

(064) WOMO-Wanderparkplatz: Mendelpass / Roen
GPS: N46° 24' 17.0" E11° 12' 23.2"; 1362 m. **max. WOMOs:** > 5.
Ausstattung/Lage: Seilbahn, Wanderwege, Sitzbank, Pizzeria/außerorts.

WOMO-Wandertipp: Monte Roen (2116 m)
Gehzeit: 4-5 Std. **Schwierigkeit:** leicht. **Höhenunterschied:** 750 bzw. 500 m
Strecke: Vom Mendelpass oder vom Liftparkplatz (direkt oder über die Enzianhütte) oder von der Halbweghütte auf ‹521› zur Roenhütte und weiter auf den Gipfel (herrlicher Blick nach Süden); gleicher Weg (oder eine der Varianten) zurück.

Seit dem **Mendelpass** sind wir nicht mehr in Südtirol, sondern in der autonomen Provinz Trient/Trentino (was man zunächst nur an der einsprachigen Beschriftung merkt). Sacht sinkt die Straße Richtung SARNONICO hinab, schwingt gemütlich durch dichten Nadelwald. Nach knapp 6,5 km kürzen wir in RONZONE rechts über MALOSCO nach FONDO ab. Dort halten wir nicht links aufs Zentrum zu, sondern rechts Richtung MERAN/**Lago Smeraldo**. Diesen bezaubernden See erreichen wir bereits nach weiteren 500 m [N46° 26' 38.6" E11° 08' 29.8"].

Die ersten Parkplätze liegen nach 300 m direkt am See, der mit zwei Gaststätten, Picknickplätzen, Liegewiese, Bänken und "Umrundmichweg" sowie einer bizarren, steilen Klamm mit Wasserfall an seinem Auslauf die Touristen lockt.

Den ultimativen Ausspann-, Wander- und Übernachtungsplatz in idyllischer Waldeinsamkeit entdecken wir 1500 m später; auch Kletterfreunde starten von hier aus mit Seil und Haken.

(065) WOMO-Wanderparkplatz: Lago Smeraldo + 1500 m
GPS: N46° 26' 58.7" E11° 09' 39.4"; 1033 m. **max. WOMOs:** 2-3. **Ausstattung/Lage:** Tisch & Bank, Grillstelle, Liegewiese, Wanderwege, Free-Climber-Kletterwand 7 min. entfernt, Gaststätten am See/außerorts.

An der Hauptstraße setzen wir nach rechts unsere Fahrt Richtung MERAN fort, sichten auf den nächsten 3,5 km vier bestens ausgestattete **Picknickplätze** links der Straße (ein weiterer Unterschied zu Süd-Tirol!), während unser Blick hinab fällt zu den senkrechten Felswänden der **Rio-Novella-Schlucht**.

Schnell schwenken wir links nach TRET, das Schild "Cascata Torrente Novella" hat uns neugierig gemacht. Der schöne **Picknickplatz** [N46° 28' 22.7" E11° 08' 33.4"; 1173 m] vor TRET liegt viel ruhiger als seine vier Vorgänger, seine Parkmöglichkeiten sind aber sehr beschränkt.

In TRET sind die Parkmöglichkeiten noch geringer (Ortsmitte **Brunnen**). Am günstigsten steht man beim Gasthof "Aurora" [N 46° 28' 43.1" E 11° 8' 8.3"] (sehr eng, privat). Der offizielle Parkplatz [N46° 28' 45.8" E11° 08' 18.1"] des Ortes (ausgeschildert) ist nur über eine schmale, sehr steile Zufahrt zu erreichen.

WOMO-Spaziergehtipp: Treter Wasserfall

Gehzeit: 35 min. **Schwierigkeit:** leicht.

Höhenunterschied: 200 m

Strecke: Von der Gaststätte "Aurora" markiert auf Wiesenweg talwärts, dann im Hangwald sehr steil auf Treppenweg hinab zum Wasserfall, gleicher Weg zurück.

Verlässt man TRET nach Westen, so kann man bereits nach 100 m Hauptstraße zu einem ersten Wanderparkplatz zum

Felixer Weiher (Tretsee)

Tret-See (Felixer Weiher) abbiegen [N 46° 28' 57.7" E 11° 8' 55.4"; 1314 m] bei der Gaststätte "Zum Eichhörnchen".
500 m später passieren wir das Ortsschild von ST. FELIX, der ersten Gemeinde von Südtirol und nach 1700 m kann man ein zweites Mal nach rechts einbiegen (Wegweiser: "Waldruhe/ Felixer Weiher") und noch 1000 m auf schmaler Teerbahn hinaufbrummen bis zum **Wanderparkplatz** [N 46° 29' 44.9" E 11° 8' 29.0"] am Waldrand (leider wie der vorstehende viel zu schräg für ruhigen Nachtschlaf!) – der Tret-See, einer der romantischsten Bergseen Südtirols, erwartet Ihren Besuch:

WOMO-Spaziergehtipp: Tretsee (Felixer Weiher)

Gehzeit: 2 Std. **Schwierigkeit:** leicht. **Höhenunterschied:** 300 m
Strecke: Auf ‹9› (oder ‹57›) durch Lärchenwald und über blühende Matten stets leicht bergan zum idyllischen Weiher mit Gaststätte "Waldruhe".

Knapp 3 km weiter biegen wir links hinab zum Wallfahrtsort UNSERE LIEBE FRAU IM WALDE (Ziel der Wallfahrer ist das Gnadenbild "Maria mit dem Kinde" auf dem Hochaltar). Wir rollen an der Kirche vorbei, dahinter scharf links hinab und entdecken eine ganze Reihe von Parkplätzen, ruhige auch etwas außerhalb beim Tennis- und Kinderspielplatz [**066:** N46° 30' 37.0" E11° 06' 26.2"]. Die Info-Tafel bei der Kirche verrät Ihnen eine Unzahl bequemer Spazierwege rings um das Örtchen.

WOMO-Wandertipp: Große Laugenspitze (2433 m)

Gehzeit: 5-6 Std. **Schwierigkeit:** mittel. **Höhenunterschied:** 1080 m
Strecke: Auf ‹10› ansteigend zur Laugenalm, über Weiden zur Legerhütte, zum Laugensee und auf die Große Laugenspitze; gleicher Weg zurück.

Lecker sehen die geräucherten Schinken aus in der Metzgerei gegenüber. Wir können nicht widerstehen und lassen uns einen Streifen abschneiden. „Nein, aus Südtirol stammen die Schweine nicht, aus denen wir "Original Südtiroler Schinken" machen, wir beziehen sie aus Österreich und Niederbayern!" erläutert uns der Meister unverblümt – und wir sind enttäuscht (aber geschmeckt hat der Schinken trotzdem!).
2500 m sind es noch, nur leicht ansteigend, bis zum **Gampenpass** (Passo Palade) in 1518 m Höhe – und dabei gibt's nicht

viel zu sehen, denn dichter Wald versperrt jegliche Aussicht. Die Passhöhe [N46° 31' 45.9" E11° 06' 44.6"] bietet einen langen Parkstreifen rechts der Straße mit Info-Bude, gegenüber startet man ebenfalls zur Laugenspitze, zum Laugensee – oder einfach in den nächsten Wald zum Pilzesuchen.
In Schleifen geht es wieder hinab, über den dichten Tannen blitzen ab und zu die weißen Spitzen der **Texel-Gruppe** im Norden auf, später können wir auch einen Blick auf BOZEN, den **Schlern** und JENESIEN erhaschen.
Nach 12 km gemütlicher Talfahrt erreichen wir NARAUN, machen nach rechts einen Abstecher von der Gampenpassstraße (**Hinweis:** Dieser Abstecher hat einbahnstraßenschmale Wege, die nichts für Dickschiffe sind!)

In TISENS sichten wir links der Straße einen bequemen **Parkplatz** [N46° 33' 53.9" E11° 10' 12.3"] und die Abzweigung zum **Naturcaravanpark [067:** N46° 33' 47.0" E11° 10' 17.0"], besichtigen das Netzgewölbe in und die **Lichtsäule** neben der Kirche, dann winden wir das WOMO durch PRISSIAN, rumpeln über die überdachte Holzbrücke (max. 3-m-Höhe) und übersehen nicht den neuen **Brunnen** dahinter rechts!

Viel wichtiger aber ist, dass Sie nicht 100 m später das schmale Sträßchen nach rechts Richtung GRISSIAN verpassen (weiterer Wegweiser: "Schmiedlhof"). Das Sträßchen ist nicht nur schmal, sondern auch bis zu 15% steil und endet für WOMOs bei der Gaststätte **"Schmiedlhof"**. Dort lassen wir uns schon mal Speck und Wein richten und spazieren in einem Viertelstündchen hinauf zur Kirche **St. Jakob** neben dem großen Pfarrgebäude (steiler Fahrweg ohne Wendemöglichkeit!).

(068) WOMO-Wanderparkplatz: Schmiedlhof

GPS: N46° 32' 18.3" E11° 10' 53.0"; 830 m; Grissian.
max. WOMOs: 2-3.
Ausstattung/Lage: Spazierwege, Sitzbank, Gaststätte/bei Einzelgebäude.

GRISSIAN, St. Jakob

Leider ist die Beleuchtung im kleinen Kirchlein immer noch nicht repariert, so dass wir die Farbenpracht der romanischen Fresken erst später auf unseren Fotos recht würdigen können. Aber auch im Dämmerlicht erkennen wir am linken Chorbogen Abraham, Isaak und einen Eseltreiber zur Opferstätte eilen – und im Hintergrund wahrlich die schneebedeckten Dolomiten – sicher die älteste Darstellung der Dolomiten in der Malerei – und in Ihrer Kombination mit einer Bibelszene einmalig.
Herrlich sitzt man vor dem **"Schmiedlhof"** auf der Wiese unter Walnussbäumen – wo nur Dummköpfe darüber streiten werden, ob der Wein, der Speck oder die Aussicht besser sind. Wir kehren zur Gampenjochstraße zurück, erblicken sofort vor uns eine porphyrrote Tunnelröhre, schwenken vor ihr nach links auf den **Wanderparkplatz** [N46° 34' 35.4" E11° 09' 48.0";

St. Hippolyt

655 m] zum Kirchlein **St. Hippolyt** . Es gibt wohl kaum einen Ort entlang des Etschtales, der einen schöneren Ausblick bietet als dieses Gotteshaus auf (fast) einsamer Höhe – und das "fast" werden Sie ebenfalls zu schätzen wissen!
Der (gesperrte) Fahrweg ‹5› führt angenehm schattig und erträglich steil in 20 min. auf den Gipfel. Noch schöner als der Blick auf St. Hippolyt ist der Blick **von** St. Hippolyt, denn er reicht wirklich von MERAN bis BOZEN – und auch der Biergarten in der gemütlichen Jausenstation (geschlossen?) ist nicht zu verachten!
Dann durchbrausen wir den bereits gesichteten Doppeltunnel und einen dritten, schwenken 1200 m hinter ihm links zum 2-km-Abstecher nach VÖLLAN. Das luftig gelegene Örtchen besitzt gleich zwei Campingplätze, nämlich **"Camping Völlan" [069:** N46° 35' 55.5" E11° 08' 39.4"] gleich links der Zufahrtsstraße und **"Alpinfitness Waldcamping" [070:** N46° 35' 49.7" E11° 08' 59.7"] unterhalb des Ortes mit schmaler Zufahrt.
Außerdem gibt's eine uralte Burgruine und oberhalb der Kirche (mit schönen Fresken) einen gemütlichen Stellplatz zwischen Bäumen und Büschen neben einem gepflegten Park. Falls die Kirche verschlossen sein sollte: Den Schlüssel bekommen Sie bei der Unterholzner Elisabeth im Messnerhaus unterhalb des Kirchenportals.

VÖLLAN, Kirchenfresken

(071) WOMO-Stellplatz: Völlan/Kirche

GPS: N46° 35' 26.5" E11° 08' 43.0"; 715 m.
max. WOMOs: 2-3.
Ausstattung/Lage: Wanderweg (Kastanienerlebnisweg), Keschtnrigglmodell, Gaststätte, WC bei der Kirche/im Ort.
Zufahrt: In Völlan dem Wegweiser zur Kirche folgen.
Hinweis: Noch ruhiger (Kirchenglocken!) steht man 300 m weiter am Sportplatz (ausgeschildert) mit großem, ebenen Parkplatz [**071a:** N46° 35' 29.7" E11° 08' 31.5"].

Der „Keschtnriggl“ ist ein aus Kastanien- und Haselnussholz hergestelltes Gerät, das man im Burggrafenamt seit Jahrhunderten zum Endschälen der gebratenen Kastanien verwendet. Die Herstellung eines Kastanienriggls erfordert einiges an Zeit und Geschicklichkeit. Hermann Weiss, Bauer am Steinweihof in Völlan, hat diese Technik von seinem Großvater gelernt und neu belebt. Seit Jahren lässt er beim Keschtnfestl in Völlan Interessierte bei der Herstellung eines Keschtnriggls zusehen.

2 km sind es noch auf der Hauptstraße bis LANA, das in drei Etagen vom Etschgrund den Hang hinaufsteigt. Wir folgen der Hauptstraße und biegen am Kreisverkehr links Richtung **Ultental** bis zur Brücke über die **Valschauer**, die von zwei Heiligenfiguren flankiert wird. Davor kann man rechts zu dem etwa 100 m entfernten Parkplatz P 1 [N 46° 37' 5.2" E 11° 8' 37.7"] abbiegen (geringe Gebühr). Er eignet sich gut als Ausgangspunkt für unseren WOMO-Spaziergehtipp:

WOMO-Spaziergehtipp: Gaulschlucht

Gehzeit: 1 Std. **Schwierigkeit:** leicht. **Höhenunterschied:** 30 m
Strecke: Links vor der Valschauer-Brücke bachaufwärts, an Kinderspielplatz und Wasserfall vorbei, durch Felsdurchbrüche, über Hängebrücke in der wildromantischen Schlucht (kinderwagengeeignet).
Hinweis: Zeitweise nach 500 m versperrt.

Hinter dem Valschauerbach wenden wir uns rechts, kurven steil empor ins **Ultental**. Vor Jahren weilte ich urlaubenderweise in LANA. Noch heute habe ich das "Tüta-tüta" des Postbusses im Ohr, der, mit lauter Fanfare warnend, Serpentine um Serpentine den Hang hinaufkroch. Die Straße ist heute breiter – aber die entgegenkurvenden Motorradfahrer sind nicht erfahrener geworden: Seien Sie vorsichtiger!
Nach 400 m passieren wir die Talstation des Liftes zum **Vigiljoch**, von dem aus reizvolle Wanderungen oberhalb LANAS beginnen (nur begrenztes Parkplatzangebot [N 46° 37' 13.3" E 11° 8' 24.8"; 330 m]).

WOMO-Wandertipp: Schwarze Lacke (1750 m)

Gehzeit: 3 Std. **Schwierigkeit:** leicht. **Höhenunterschied:** 400 m
Strecke: Mit Seilbahn zum Vigiljoch, durch Wald zum Gasthof "Gampl", am "Jocher" vorbei zum "Seehof" und zur Schwarzen Lacke (Biotop). Auf ‹9› hinab Richtung "Eggerhof" und auf dem Eggersteig zurück zur Seilbahn.

Unter Walnussbäumen und Edelkastanien, vorbei an steilen Weinbergen, schwingen wir uns weiter empor, genießen ein immer weiteres Panorama – so als säßen wir im Sessellift. Tief unter uns ahnen wir die schattige **Gaulschlucht**.
Nach 4 km ist der Steilanstieg geschafft, und auch der Fahrer kann die bestens ausgebaute Straße und das sich vor uns öffnende **Ultental** genießen. Wie ein einsamer Talwächter ragt links, auf hohem Kegel, der verbliebene Bergfried der **Ruine Eschenlohe** empor.
Kurz vor ST. PANKRAZ erweitert sich das Tal zu einer romantischen Postkartenidylle, Wiesen und Waldhänge gehen mit den verstreut liegenden Bauernhöfen eine paradiesisch wirkende Synthese ein. Der **Stauda-Stausee** liegt einsam unter uns, denn keine Zufahrt stört seine Ruhe.

Blick auf ST. PANKRATZ

Am Ortsbeginn von ST. WALBURG kann man links unter Ahornbäumen [N 46° 33' 0.8" E 11° 0; 19.7" 1102 m] oder 200 m später (links steil hinab) auf dem großen Platz [N46° 32' 53.8" E11° 00' 22.0"] beim weißen Kreuz parken und zu unserem Wandervorschlag starten:

WOMO-Wandertipp: Peilstein (2542 m)

Gehzeit: 6 Std. **Schwierigkeit:** mittel. **Höhenunterschied:** 1400 m
Strecke: Auf ‹10› durch Wald über Mitterhof und Gigglhirn zur Marschnell-Alm. Auf ‹P› zum Peilstein. Hinab über den Ostgrat auf ‹7P› bis Wegkreuzung, dann auf ‹1P› über Innerdurrach zurück nach St. Walburg.

Blick über den Zoggler Stausee

Bereits kurz nach dem Ort erreichen wir die Staudammkrone des **Zoggler Stausees**. Schon hier [N46° 32' 31.9" E10° 59' 22.3"] – und vor allem an seinem Ende, bei der Seilbahn "Schwemmalm", findet man reichlich Parkraum.

(072) WOMO-Wanderparkplatz: Zoggler Stausee/Schwemmalmlift
GPS: N46° 31' 41.8" E10° 57' 21.0"; 1150 m. **max. WOMOs:** >5.
Ausstattung/Lage: Wanderwege (mit und ohne Lift), WC beim Liftgebäude/außerorts.
Zufahrt: 4 km nach St. Walburg, am Ende des Zoggler Stausees rechts.

Eine Attraktion des Tales bietet ST. NIKOLAUS mit dem **Ultener Talmuseum**. Im ehemaligen Schulhaus (**P** bei der Feuerwehr [N 46° 30' 42.6" E 10° 55' 27.2"], bequemer beim Sportplatz am Ortsende) wurde alles zusammengetragen, was dem Besucher einen lebendigen Eindruck von der Lebensweise im **Ultental** vermittelt, zu Zeiten, als man im Winter völlig von der Außenwelt abgeschnitten war.

WOMO-Wandertipp: Seefeldsee (2168 m)
Gehzeit: 4-5 Std. **Schwierigkeit:** leicht. **Höhenunterschied:** 910 m
Strecke: Von St. Nikolaus auf ‹18› zur Auerbergalm und zur Seefeldalm, dann über Matten zum See, gleicher Weg zurück.

In ST. NIKOLAUS ist alles museal

Der Valschauer Bach neben uns bekommt langsam ein fotogenes Ungestüm, aber auch jedes Bauernhaus am Hang, stets mit benachbarter Uralt-Riesenscheune, gibt ein Postkartenmotiv ab. Am Ortsbeginn von ST. GERTRAUD parken wir bei der Sägemühle [N46° 29' 25.2" E10° 52' 35.2"; 1394 m] (mit WC) und marschieren auf dem geteerten Fahrweg zu den ältesten Bewohnern des Ultentales!

ST. GERTRAUD, alte Sägemühle neben dem Wanderparkplatz

WOMO-Spaziergehtipp: Ur-Lärchen

Gehzeit: 0,5 Std.
Schwierigkeit: leicht.
Höhenunterschied: 30 m
Strecke: Gegenüber der Feuerwehr von St. Gertraud den geteerten Fahrweg bis zu einigen Bauernhäusern, zwischen ihnen hindurch ein paar Schritte bis zum Waldrand. Die ältesten Lärchen sind über 2000 Jahre alt und haben einen Umfang von 7-8 m. In einer hohlen Lärche ist sogar eine Sitzbank aufgestellt. Weitere Picknickbank und Brünnlein vorhanden (von dort aus Wanderweg ‹3› zum Wasserfall des Klapfbaches).

Eigentlich ist ST. GERTRAUD der letzte Ort des Tales, aber dank der Elektrizitätsgesellschaft führt ein schmales (??) und steiles Sträßchen mit Serpentinen und nur knappen Ausweichstellen noch 6 km weiter hinauf zum **Weißbrunn-See** (frei für Fahrzeuge bis 7 m Länge).
Dort finden Sie in idyllischer Lage eine ganze Reihe von Park- und Picknickmöglichkeiten (ein Parkplatz ist gar für Wohnmobile reserviert), die beliebte Gaststätte "Knödelmoidl" – und natürlich einen zünftigen Wandervorschlag:

Blick über den Weißbrunn-See

(073) WOMO-Wanderparkplatz: Weißbrunn-See
GPS: N46° 28' 59.6" E10° 49' 36.4"; 1895 m. **max. WOMOs:** 2-3.
Ausstattung/Lage: Wanderwege, Gaststätte, Sitzbank, Gebühr/außerorts.

WOMO-Wandertipp: 3-Seen-Rundwanderung (2560 m)
Gehzeit: 3 Std. **Schwierigkeit:** mittel. **Höhenunterschied:** 600 m
Strecke: Vom Weißbrunn-See kurz auf ‹140›, dann links auf ‹107› über den Fischersee zum Langsee. Weiter auf ‹12› zur Höchster Hütte (bewirtschaftet) am Grünsee. Abstieg auf ‹140› zum Weißbrunn-See.

Zurück in LANA überqueren wir wieder den Valschauerbach, folgen am Kreisverkehr geradeaus den gelben Wegweisern zum Südtiroler **Obstbaumuseum** bzw. den braunen Wegweisern zum **Schnatterpeckaltar** in NIEDERLANA.
Wir parken bei der äußerlich schmucklosen **Pfarrkirche** [N 46° 35' 59.5" E 11° 9' 46.0"], die den mit über 14 m Höhe größten Flügelaltar beherbergt; zudem ist er eines der besten Werke des schwäbischen Meisters Hans Schnatterpeck. Für die 8-jährige Arbeit erhielt dieser 1800 Rheinische Goldgulden, was dem Wert von drei Bauernhöfen entsprach (sehr gute Führungen Mo-Sa 11/15/16 Uhr; nebenan **Brunnen**).
Wer sich anschließend weltlichen Dingen zuwenden möchte, findet hinter der Kirche den ehemaligen Ansitz **Larchgut**, jetzt stilvoller Rahmen für das **Südtiroler Obstbaumuseum**, in dem man garantiert alles erfährt, was mit der Geschichte des Obst- und vor allem Apfelanbaues in Südtirol zu tun hat (offen: Di-Sa 10-12/14-17 Uhr, So 14-18 Uhr).
Von der Kirche rollen wir Richtung Zentrum, lassen uns dann rechts zur Autobahn führen.
Über die "Autobahn" MERAN - BOZEN hinweg landen wir in BURGSTALL, wenden uns dort nach links und fahren auf der alten Landstraße Richtung MERAN (vor SINICH **Ver- und Entsorgung** hinter Shell [N46° 37' 22.3" E11° 11' 12.3"]).

TOUR 5 (90 km / 2-3 Tage ohne Wanderungen)

Meran – Schenna – Verdins – Hafling – Vöran – Terlan – Vilpian – Nals – Andrian – Eppan (Karte siehe Tour 4)

Freie Übernachtung: Verdins, Schenna, Vernaun, Falzeben, Hafling, Knottnkino, Vöran, Mölten (Kircheben), Andrian, Eppan-St. Michael.

Campingplätze: Meran: "Meran", Vilpian: "Ganthaler", Nals: "Zum gut. Tropfen"

Besichtigungen: u. a. Schenna (Schloss, Johanneskapelle), St. Georg (Rundkirche), Hafling (St. Kathrein), Terlan (Pfarrkirche), Missian (Schloss Hocheppan, Burgruine Boymont), Eppan-St. Pauls (Dom, Friedhof), Eppan-St. Michael (Ortsbild, Eislöcher).

Wanderungen: siehe Wanderblöcke im Text.

Wir durchqueren MERAN nach Osten Richtung **Timmelsjoch/ Jaufenpass**, verlassen diese Hauptrichtung jedoch bald, folgen nach rechts, bergan, den Wegweisern SCHENNA/HAFLING. Dort, wo man auf die Schenna-Landstraße trifft, lohnt sich unbedingt ein kurzer Abstecher nach Süden zu den Gärten von **Schloss Trauttmannsdorff**. Auf einer Vielzahl von **Parkplätzen** [N46° 39' 37.1" E11° 11' 03.5"] finden Sie auch ein Plätzchen für Ihr WOMO.

Der nach seinem Wahrzeichen – Schloss Trauttmansdorff – benannte botanische Garten der Kurstadt Meran nimmt eine Fläche von rund zwölf Hektar ein. Natur- und Kulturlandschaften aus aller Welt, botanische Raritäten, Themengärten sowie lokale Vegetationsbilder des Landes Südtirols bilden die Schwerpunkte in der Gartengestaltung.

Im Vergleich zu einem klassischen Botanischen Garten, dessen Bepflanzung sich vorwiegend auf ebenen Flächen gestaltet, erstrecken sich die Gärten rund um das Schloss über einen Höhenunterschied von rund 100 Metern.
Quelle: Wikipedia

SCHENNA ist nur ein kleiner Abstecher, also geht's an der nächsten Gabelung bereits wieder links. Weil wir aber gerade so schön am Rollen sind, ziehen wir den Abstecher zunächst bis zum Ende durch, passieren SCHENNA und VERDINS, stoppen schließlich am hübsch gelegenen Parkplatz der **Seilbahn Verdins-Tall**. Die Parkplätze sind zum Teil den Liftbenutzern vorbehalten – also Ihnen!

(074) WOMO-Wanderparkplatz: Verdins / Seilbahn

GPS: N46° 43' 0.5" E11° 12' 29.7"; Bergerweg. **max. WOMOs:** 3-4.
Ausstattung/Lage: Wanderwege (mit Lift)/Ortsrand.
Hinweis: Linker, unterer Parkstreifen übernachtungsgeeignet. **Zufahrt:** siehe Text.

WOMO-Wandertipp: Hirzer-Hütte / Hirzer (2781 m)

Gehzeit: 4 Std. **Schwierigkeit:** mittel. **Höhenunterschied:** 970 m
Strecke: Mit Seilbahn Verdins-Tall nach OBERKIRN, mit der nächsten Seilbahn (oder auf ‹3›) zur Gaststätte "Grube". Von dort auf ‹6› zur Liftstation Klammeben und eben hinüber zur Hirzer-Hütte. Von dort auf Bergsteig ‹4› ziemlich steil zur Hirzerscharte (2678 m) und links hinauf zum Gipfel, gleicher Weg (mit oder ohne Lift) zurück.

Wir rollen durch VERDINS zurück, ausgerechnet mitten auf einer Straßeninsel sprudelt ein kräftiger **Brunnen**.

In SCHENNA ist für Klatsch- **und** Kulturfans etwas geboten! Fährt man rechts hinab ins Unterdorf (wo man beim Friedhof parken kann), so führen die ersten Schritte an einem riesigen, neugotischen **Mausoleum** vorbei zur Pfarrkirche. Interessanter als deren Fresken sind die Wandgemälde in der **Johanneskapelle** (Zugang vom Chor der Kirche aus).

Jetzt aber zum Klatsch! Hätte sich das "unerhörte Verhältnis" zwischen dem österreichischen Erzherzog Johann und der Postmeisterstochter Anna Pochl nicht vor 150 Jahren, sondern heute abgespielt, die Regenbogenpresse wäre entzückt gewesen. Damals aber beschwor der in Tirol besonders

beliebte Erzherzog einen Skandal gewaltigen Ausmaßes herauf (der übrigens in einem Märchen-Happy-End mit Hochzeit und Annas Ernennung zur "Freifrau vom Brandhof" endete).
Johann allerdings musste auf alle "dynastischen Rechte" verzichten – was ihm die Zeit verschaffte, sich im **Schloss von Schenna** (offen: 10-12, 14.30-17 Uhr, So geschl.) mit seiner Anna prächtig einzurichten: Besonders angezogen werden die Besucher vom romantischen Innenhof sowie den Waffensälen und Folterkammern! Vielleicht werfen sie nach dem Blick auf Johanns Mausoleum auch einen in die Johanneskapelle (die allerdings einem anderen Johannes geweiht ist!).

Mausoleum von Erzherzog Johann

SCHENNA, Schloss

Das eigenwilligste (und sehenswerteste) Bauwerk SCHENNAS liegt im Oberdorf ST. GEORGEN. Wir passieren auf halbem Wege einen **Brunnen** und parken **nicht** gegenüber der romanischen **Rundkirche St. Georg** auf dem Parkplatz vom "Moserwirt", sondern fahren an ihm vorbei und an der nächsten Gabelung (mit **Brunnen**, links geht's zur Kirche) rechts zum (ebenen, kleinen) **Wanderparkplatz** [**075:** N46° 41' 3.9" E11° 11' 54.7"; 715 m] am **Waalweg** .
Von dort aus sind es nur wenige Schritte hinab zum einmaligen

SCHENNA; St. Georg

Kirchlein (offen: 10-12, 14-17 Uhr, So geschl., Schlüssel im Haus Nr. 42): Die große Kuppel des Kirchengewölbes wird von einer einzigen, zentralen Säule gestützt, Wände und Kuppel sind völlig von Fresken überzogen. Besondere Aufmerksamkeit verdient das grausige Ende des Hl. Georg, der mehrere schreckliche Tode sterben muss!

Bei der Weiterfahrt nach HAFLING passieren wir zunächst das Hotel "Einsiedler" mit dem **Campingplatz Hermitage** [**076:** N46° 40' 14.6" E11° 12' 06.5"].

Den nächsten Lift-Parkplatz "Meran 2000" sichten wir schon nach weiteren 1000 m. Dort steht man zwar nicht besonders lauschig, dafür ist die Parkfläche riesig und das Wanderangebot ab Meran 2000 überwältigend!

(077) WOMO-Wanderparkplatz: Vernaun / Seilbahn "Meran 2000"

GPS: N46° 40' 15.1" E11° 12' 39.5"; 641 m; SP 98/Naifweg. **max. WOMOs:** > 5.
Ausstattung: Wanderwege (mit Lift), Mülleimer, Bistro. **Hinweis:** Camping verboten.
Zufahrt: Von Meran den Wegweisern Schenna/Hafling folgen (ausgeschildert).

WOMO-Wandertipp: Rund um die Ifinger Spitze (2581 m)

Gehzeit: 6 Std. **Schwierigkeit:** mittel. **Höhenunterschied:** 550 m
Strecke: Mit Lift zum "Berghotel Meran 2000" und weiter zur Kirchsteiger Alm. Von dort auf ‹19› zur Kirchsteiger Scharte (2323 m, höchster Punkt der Tour) ansteigen, hinab zur Streitweider-Alm. Nun immer auf ‹40› vorbei am "Taser", "Egger" und "Gsteir" zur Mittelstation der Seilbahn. Mit ihr (oder zu Fuß auf ‹3›) zur Talstation.

HAFLING war noch vor wenigen Jahren ein autofreies Idyll! Urlauber mussten zu Fuß, mit dem Lift von Meran aus oder auf dem Rücken der (Haflinger) Pferde das Dörfchen ansteuern. Nicht alle Haflinger sind froh darüber, dass die Straßenbauer nun auch ihr Paradies "dem Fortschritt" geöffnet haben ...
Die moderne Straße bohrt sich durch viele Tunnel. Biegt man nach dem vierten links nach ST. KATHREIN, so findet man bereits nach 500 m einen schönen Parkplatz mit Blick auf das fotogene **St. Kathrein-Kirchlein** auf einem Hügelvorsprung (davor eine ebenfalls sehenswerte Kapelle).

ST. KATHREIN-Kirchlein

Das Schönste jedoch sind die Aussichtsbänke dahinter, die einen herrlichen Blick hinab nach MERAN und ins Vinschgau bieten.

(078) WOMO-Wanderparkplatz: St. Kathrein

GPS: N46° 38' 52.5" E11° 12' 34.5"; 1237 m.
max. WOMOs: 2-3. **Ausstattung:** Wanderwege, Bänke, Wertstoffcontainer, Baumschatten, Aussicht, Gaststätte.
Wandertipps: Auf dem Naturlehrpfad ‹N› zum Sulfner See oder der ‹2/2A› zum Schloss Fragsburg und dem sehenswerten Fragsburger Wasserfall. **Zufahrt:** Nach dem 4. Tunnel links.

Unmittelbar nach dem fünften Tunnel zweigt eine Stichstraße nach links zum Skigebiet von **Falzeben** ab. Dort finden auch Sie nach 5000 m auf dem riesigen, ruhigen **Wanderparkplatz** unter einzelnen Fichten und Lärchen "Ihr Plätzchen" (Gebühr 7 EUR/24 Std.).

(079) WOMO-Wanderparkplatz: Falzeben
GPS: N46° 39' 55.4" E11° 14' 27.1"; 1621 m. **max. WOMOs:** > 20.
Ausstattung/Lage: Wanderwege, Schatten, WC im Liftgebäude, Gebühr/außerorts.
Zufahrt: Nach dem 5. Tunnel links noch 5 km bergan.

Im Restaurant **"Falzeben"** (mit eigenem Parkplatz!) suchen wir uns einen Fensterplatz, denn heute ist nicht nur Sonntag, sondern ein ganz besonderer – der Herz-Jesu-Sonntag (erster Sonntag nach Allerheiligen)!
Nach Einbruch der Dämmerung erstrahlen wirklich hunderte von Lichtern auf den Bergkämmen und -gipfeln, an den Hängen flackern Kreuze und Herzen auf, ein einmaliger Anblick. Zigtausende von freiwilligen Helfern sind an diesem Tag auf zum Teil abenteuerlichen Pfaden unterwegs, um die traditionellen Feuer zu entzünden.
Nach dem sechsten Tunnel endlich ist man in HAFLING! Direkt hinter dem Tunnel parken wir und erkunden den **Tschöggelberg**, eine der schönsten Wanderhochflächen Südtirols!

(080) WOMO-Wanderparkplatz: Hafling
GPS: N46° 38' 39.5" E11° 13' 30.5"; 1275 m; Via Verano. **max. WOMOs:** >5.
Ausstattung/Lage: Wanderwege, Sitzbänke, geringe Gebühr/Ortsrand.
Zufahrt: Am Ortsbeginn von HAFLING (hinter dem 6. Tunnel) rechts.

WOMO-Wandertipp: Tschöggelberg / Leadner Alm (1530 m)
Gehzeit: 2-3 Std. **Schwierigkeit:** leicht. **Höhenunterschied:** < 200 m
Strecke: Von HAFLING auf ‹16› zur "Leadner Alm" (bewirtschaftet). Auf ‹11› über die Waldkuppe am Lenkhof vorbei zur "Alpenrose". Weiter auf ‹12› zurück nach HAFLING.

Freilich ist dies nur einer von vielen Spazierwegen, das i-Amt von HAFLING hält eine Karte der schönsten Touren für Sie bereit!
Die bestens ausgebaute Straße führt uns weiter durch die liebliche Wald- und Wiesenlandschaft des **Tschöggelberges**, bereits im Perm (vor 255 Mio. Jahren) durch Vulkanismus entstanden. Aschenregen formte weinrote, runde Kuppen, die **Knottn**, von denen einer **Rotenstein** heißt. Auf ihm wurde ein Naturkino geschaffen, zu dem man in 30 min., zunächst recht steil, hinaufwandern sollte (der Blick ist gigantisch!).

(081) WOMO-Wanderparkplatz: "Alpenrose" / Knottnkino

GPS: N46° 37' 34.7" E11° 12' 45.4"; 1325 m. **max. WOMOs:** 3-4.
Ausstattung/Lage: Wanderweg, Gaststätte/außerorts bei Einzelgebäude.
Hinweis: Oberer Parkplatz viel ruhiger als der untere bei Gaststätte und Straße.
Zufahrt: Von Hafling gut 4 km auf SP 98 nach Süden, dann links (ausgeschildert).

Knottnkino auf dem Rotenstein (1465 m)

Typische "Knottn" am Straßenrand

Auch in VÖRAN bemüht sich ein rühriger Herr im i-Amt (neben dem großen, ebenen **Wanderparkplatz [082:** N46° 36' 19.3" E11° 13' 33.4"] bei der Kirche), Ihre Wünsche zu erfüllen: Wandervorschläge? Kein Problem!

VÖRAN ist bestens in das Wegenetz des Tschöggelberges eingebunden, die ‹16› zum Beispiel führt über die Leadner Alm bis nach HAFLING – und die ‹12› wieder nach VÖRAN zurück!

Wanderparkplatz in Vöran bei der Kirche

Als nächstes passieren wir den Weiler ASCHL, dann kurvt die Straße durch eine Senke und zieht hinauf zu einem Kreuzweg auf der Hügelkuppe.

Dort geht es rechts nach MÖLTEN, wir schwenken kurz vorher nach links in den geteerten Jochweg ein (Wegweiser: Kircheben, gleichzeitig Wanderweg ‹K›).

Nach 600 m und 1100 m findet man verträumte Picknickmöglichkeiten mit **Wanderparkplatz** im lauschigen Tann und kann in vier verschiedene Richtungen davonwandern (z. B. weiter auf ‹K› zur bewirtschafteten "Sattlerhütte" und zum "Möltner Kaser").

(083) WOMO-Wanderparkplatz: Kircheben/Jochweg

GPS: N46° 35' 45.7" E11° 15' 12.2"; 1354 m **max. WOMOs:** 2-3.

Ausstattung/Lage: Wanderwege, Tisch & Bank/außerorts.

Zufahrt: Von Vöran 5 km bis zur Hügelkuppe, dann links (ausgeschildert).

Die Hauptstraße schwingt hinab nach MÖLTEN. Dieses beschauliche Dörfchen lebt inzwischen auch von den Touristen, die vor allem die Ruhe schätzen. Die romanisch/gotische Kirche (davor **Brunnen**) besitzt außen, weit oberhalb des Portals, die Statue einer **Mondsichelmadonna**.

Wir verlassen nun wieder den **Tschöggelberg** und turnen hinab ins **Etschtal**. Weit reicht dabei der Blick – auch zu den vielen Burgen auf der gegenüberliegen-

den Hangseite – unseren nächsten Zielen.
Das quirlige Wein- und Obstbaustädtchen TERLAN liegt in einer völlig anderen Welt als die Dörfchen im beschaulichen Tschöggelberg. Trotz der neuen Schnellstraße rauscht ein unaufhörlicher Touristenstrom zwischen den schönen Weinbauernhäusern hindurch, kaum einer beachtet die Kirche mit dem farbenfroh glasierten Ziegeldach. Dabei birgt sie zwei außergewöhnliche Kunstschätze: Unübersehbar sind die umfangreichen Freskenflächen, die fast die gesamte Kirche umfassen (man beachte besonders den "Bethlehemitischen Kindermord" links des Einganges). Ein dunkelblauer Sternenhimmel überzieht das gotische Gewölbe.

TERLAN, Kirchenfresko

Die Marienkrönungsgruppe, Sandsteinplastiken feinster Veroneser Arbeit aus dem 14. Jahrhundert, stehen auf dem Altar des Seitenschiffes.
Hinweis: Man parkt am Ortsbeginn links [N46° 31' 43.5" E11° 15' 04.5"]; von dort sind's nur 250 Schritte zur Kirche.
Von TERLAN fahren wir auf der alten Straße weiter Richtung MERAN bis VILPIAN. Auch dieses Örtchen liegt inmitten von Apfelplantagen. Zwischen ihnen schwenken wir links nach NALS ab, überqueren die Bahnlinie, die Etsch und die Schnellstraße. Vorbei an der großen Obstbaugenossenschaft kurven wir in den Ort hinein, besichtigen den **Campingplatz [084:** N46° 32' 43.0" E11° 12' 09.0"] hinter der Gaststätte "Zum guten Tropfen", eine kleine, grüne Wiese.

Auch am Ortsende Richtung LANA kann man beim Schwimmbad schöne, schattige **Stellplätze [085:** N46° 32' 57.6" E11° 12' 07.8"; 291 m; Via Piscina] (mit einem persönlichen Campingverbotsschild des Bürgermeisters) finden.

NALS, beim Schwimmbad

In NALS gibt es kaum ein Hinweisschild nach ANDRIAN, man möchte den Verkehr gern über die neue Schnellstraße leiten. Wenn Sie den Ort jedoch nach Südosten durchqueren, können Sie eigentlich nichts falsch machen und erreichen auf schmaler

Zwischen NALS und ANDRIAN

Straße durch Apfelplantagen den nächsten Ort. Dort kann man gleich am Beginn zwischen Tennisplatz und Schwimmbad schattig stehen – und ruhig übernachten.

(086) WOMO-Wanderparkplatz: Andrian Tennisplatz / Schwimmbad

GPS: N46° 31' 15.2" E11° 13' 36.9"; 295 m. **max. WOMOs:** 2-3 (Plätze meist schräg). **Ausstattung:** Schwimmbad, Wanderweg (ab Ortsmitte bei der Kirche), Gaststätte. **Hinweis:** Camping verboten; Übernachtung in der Tennisbar absprechen. **Zufahrt:** Von Nals nach Andrian, am Ortsbeginn rechts (ausgeschildert).

WOMO-Wandertipp: Ruine Festenstein (811 m)

Gehzeit: 3 Std. **Schwierigkeit:** leicht. **Höhenunterschied:** 500 m
Strecke: Von ANDRIAN auf ‹15› durch die Festensteinschlucht zur Ruine und weiter nach GAID. Auf dem Larchsteig ‹F› nach Norden bis zum "Bittnerhof". Darunter nach rechts und an der Ruine Wolfsthurn vorbei zurück nach ANDRIAN.

Die **Ruine Festenstein** soll nur ein kleiner Vorgeschmack auf das "Burgenangebot" im Bereich ANDRIAN-EPPAN sein. Die drei schönsten von ihnen haben wir in einer erlebnisreichen Wanderung mit Startpunkt MISSIAN zusammengefasst. Deshalb rollen wir unter der Burgruine **Hocheppan** weiter nach Süden, zweigen in UNTERRAIN rechts Richtung MISSIAN/ST. PAULS ab. Zwischen Weinbergen

Blick auf Hocheppan

und Obstbäumen brummen wir steil hinauf nach MISSIAN, das uns sofort mit einem schönen **Parkplatz** begrüßt.

(087) WOMO-Wanderparkplatz: Missian

GPS: N46° 28' 58.7" E11° 15' 16.9"; 352 m **max. WOMOs:** 2-3. **Ausstattung/Lage:** Wanderweg, Kinderspielplatz (Wasserhahn beim Fahrradständer), Bolzplatz, Sitzbänke, Mülleimer/Ortsrand.
Zufahrt: In Unterrain rechts nach Missian, am Ortsbeginn rechts.

Zu Fuß geht's weiter. 150 m später, beim Feuerwehrgerätehaus (mit **Brunnen**), schwenken wir links und nach 600 m, an der nächsten Straßengabelung (mit gut anfahrbarem Brunnen), wieder rechts. Bald stehen wir unterhalb des **Schlosses Korb** an einem aussichtsreichen, schrägen, geschotterten Parkplatz (der den Burgbewohnern vorbehalten ist), von dem aus wir die Drei-Burgen-Wanderung beschreiben wollen!

WOMO-Wandertipp: Drei-Burgen-Runde (628 m)

Gehzeit: 2 Std. **Schwierigkeit:** leicht. **Höhenunterschied:** < 200 m
Strecke: Von Schloss Korb der Beschilderung "Hocheppan" folgend auf ‹9› durch Weingärten hinauf zum Schloss Hocheppan (628 m) mit außergewöhnlich schönen, romanischen Fresken in der Burgkapelle, einer kleinen Burgwirtschaft und herrlicher Sicht. Abstieg auf ‹9A› in die Schlucht und über Holztreppen hinauf zur Burgruine Boymont (580 m), Abstieg nach Schloss Korb.

Zurück an der letzten Straßengabelung fahren wir nach rechts weiter und sind im Nu in EPPAN-ST. PAULS mit seiner riesigen **Kirche**, die nicht nur wegen ihrer Dimensionen "Dom auf dem Lande" genannt wird.
Am Ortsbeginn rechts oder in der Ortsmitte kann man parken (Vorsicht! Vorwitzige Balkons über der Durchgangsstraße!). Biegt man hinter der Kirche links, so kommt man zum ersten

EPPAN - ST. PAULS, die Ortsdurchfahrt macht Freude

Parkplatz [N 46° 28' 18.6" E 11° 15' 44.7"; 404 m] (mit **WC**) des Ortes beim **Friedhof**, aber die meisten Parkbuchten sind für Wohnmobile zu kurz.

200 m weiter geht's bei der Feuerwehr rechts zum besten Parkplatz mit **Brunnen** (Camping verboten).

(088) WOMO-Stellplatz: Eppan-St. Pauls/Feuerwehr

GPS: N46° 28' 12.1" E11° 15' 49.0"] **max. WOMOs:** > 5.

Ausstattung/Lage: Wanderwege, Brunnen, Gaststätten/im Ort.

Zufahrt: siehe Text.

EPPAN - ST. PAULS, Arkadenfriedhof

Der **Friedhof**, einem italienischen **Arkadenfriedhof** nachempfunden, ist unbedingt sehenswert! Toskanische Säulen tragen die Bogengänge, reich verzierte Grabplatten verkleiden die Grabmäler in der Wand und im Boden; sehen Sie die realistische Darstellung des Skeletts mit dem Spaten, aus dessen Brustkorb die Würmer kriechen?

EPPAN - ST. PAULS, "Dom auf dem Lande"

Gegenüber des Friedhofes geht es weltlicher zu, denn dort ist die Winzergenossenschaft ST. PAULS zu Hause. Dürfen wir Ihnen (zugegeben, ein recht abartiger Gedanke) den örtlichen Riesling empfehlen?
Der Besuch des dreischiffigen **Domes** mit seinen goldverzierten Altären und dem Triumphkreuz, das hoch oben über dem Chor hängt, ist natürlich ein Muss. Anschließend darf ein Bummel durch den Ort mit seinen Arkaden und lauschigen Innenhöfen nicht fehlen! An der Kirche vorbei führt die Hauptstraße weiter nach EPPAN-ST. MICHAEL.
Wir biegen an der Vorfahrtsstraße links hinab zum Parkplatz Nr. 1 (ebene, große Dauerplätze auch für Wohnmobile).

(089) WOMO-Stellplatz: Eppan - St. Michael (P 1)
GPS: N46° 27' 29.4" E11° 15' 38.9"; 409 m; Via Bolzano. **max. WOMOs:** > 5.
Ausstg./Lage: Groß, schön angelegt mit Busch und Baum, WC, Imbissstand/Ortsrand.
Zufahrt: Am Ortsbeginn von St. Michael links hinab zum P 1.

Wer sich in den engen (?) Ortskern hineinschlängelt, muss sich mit einer Parkdauer von max. 2 Std. begnügen. Diese werden aber nicht ausreichen, um lustvoll durch einen der schönsten Orte Südtirols zu schlendern, die ineinander verbauten Ansitze zu begucken und hinaufzusteigen durch die Weinhänge zu den drei Burgen **Gandegg**, **Englar** und **Moos**. In letzterer präsentiert sich Ihnen alte Südtiroler Wohnkultur in einem sehenswerten **Museum**, die beiden anderen sind nur von außen zu begucken.

EPPAN - ST. MICHAEL, Ansitz Tschindlhof

Nahe bei den Schlössern liegt auch der "**Stroblhof**", eine noble Weinwirtschaft mit Hotel. Mit dem WOMO kommt man folgendermaßen zum **Stroblhof**: Unterhalb von P1 fährt man 1200 m nach Süden, also Richtung GAND, bis eine Abzweigung rechts schmal (?) hinauf zum Stroblhof führt. Von dem praktischen Parkplatz vor dem Tor aus kann man in einem Viertelstündchen zu den ungewöhnlichen **Eislöchern** spazieren (in den Porphyrspalten des Berges sinkt Luft hinab, kühlt sich dabei immer weiter ab und tritt in einer Gebirgsmulde zutage. Dort kann die kalte, schwere Luft nicht aufsteigen, lagert auf dem Boden und bewirkt das Wachstum einer hochalpinen Vegetation)!

(090) WOMO-Wanderparkplatz: Eppan - St. Michael (Stroblhof)

GPS: N46° 27' 00.0" E11° 14' 59.1"; 513 m; Via Piganò. **max. WOMOs:** 3-4.

Ausstattung/Lage: Eben, schattig, ruhig, Wanderweg, Gaststätte/bei Einzelgebäude.

Hinweis: Nur die WOMO-Gäste, die sich in der Hotelrezeption anmelden und im Restaurant einkehren, dürfen auf dem Hotelparkplatz übernachten.

WOMO-Spaziergehtipp: Eppaner Eislöcher

Gehzeit: 1/2 Std. **Schwierigkeit:** leicht. **Höhenunterschied:** < 100 m.

Strecke: Vom "Stroblhof" auf ‹7› nach oben und dann links (rechts geht's zum Schloss Moos), fast eben, auf der ‹15› durch den Wald zu den Eislöchern, gleicher Weg zurück.

EPPAN - ST. MICHAEL, Eislöcher

Nach einem gemütlichen Glas Wein im Stroblhof verlassen wir ST. MICHAEL nach Süden; am Vorfahrtsschild sind wir schon an der **Südtiroler Weinstraße**.

Dort könnten Sie nahtlos in unsere Tour 6 einsteigen – oder die Tour 4 zum romantischen **Lago Smeraldo** machen – oder in BOZEN bummeln gehen oder in KALTERN eine Weinprobe machen, oder, oder ...

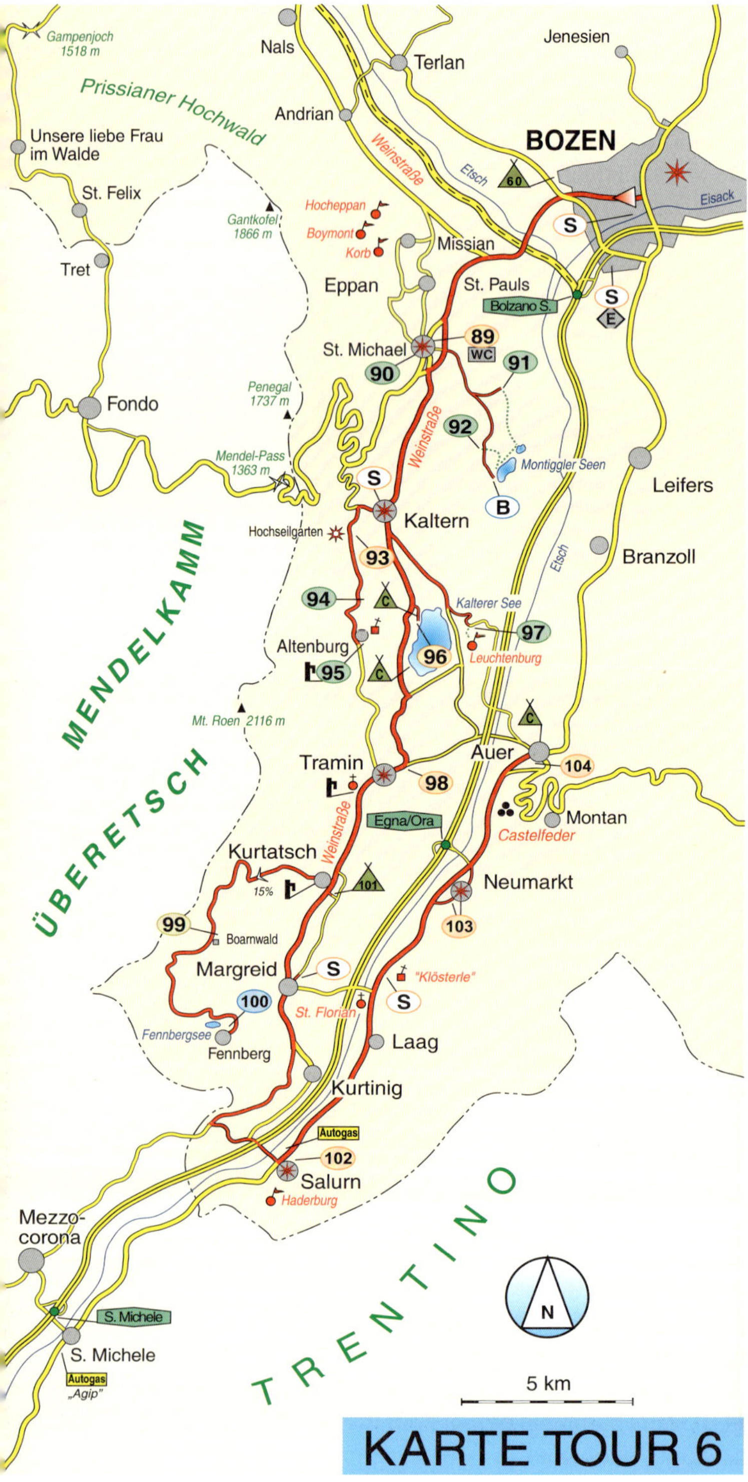
Gampenjoch 1518 m
Nals
Terlan
Jenesien
Prissianer Hochwald
Andrian
Unsere liebe Frau im Walde
BOZEN
Weinstraße
Etsch
60
St. Felix
Gantkofel 1866 m
Hocheppan
Boymont
Korb
Eisack
S
Missian
Tret
Eppan
St. Pauls
Bolzano S.
S
E
St. Michael
89
WC
90
91
Fondo
Penegal 1737 m
92
Weinstraße
Mendel-Pass 1363 m
Montiggler Seen
S
Leifers
B
Kaltern
Hochseilgarten
93
Branzoll
Etsch
MENDELKAMM
94
C
Kalterer See
97
Altenburg
96
Leuchtenburg
95
C
Mt. Roen 2116 m
C
Auer
Tramin
104
98
ÜBERETSCH
Montan
Egna/Ora
Castelfeder
Weinstraße
Kurtatsch
Neumarkt
15%
101
99
Boarnwald
103
Margreid
S
"Klösterle"
100
St. Florian
S
Fennbergsee
Fennberg
Laag
Kurtinig
Autogas
102
Salurn
Haderburg
Mezzocorona
TRENTINO
N
S. Michele
S. Michele
Autogas
„Agip"
5 km

KARTE TOUR 6

TOUR 6 (120 km / 3-4 Tage ohne Wanderungen)

Bozen – Montiggler Seen – Kaltern - Altenburg – Kalterer See – Tramin – Kurtatsch – Fennberg – Margreid – Salurn – Laag – Neumarkt – Auer

Freie Übernachtung:	u. a. Montiggler Seen, Kaltern (Sportplatz), Altenburg, Tramin (Schwimmbad), Margreid (Tennisplatz), Auer.
WOMO-Gaststätte:	Oberfennberg: "Boarnwald".
Campingplätze:	Bozen: "Moosbauer", Kalterer See: "Gretel am See", "St. Josef am See", Leifers: "Steiner", Auer: "Markushof", "Wasserfall".
Besichtigungen:	u. a. Kaltern (Weinmuseum, Maria Himmelfahrt, Mitterdorf: St. Katharina, Oberdorf: St. Nikolaus); Altenburg (St. Vigilius, St. Peter), Tramin (Pfarrkirche, St. Jakob, St. Valentin), Salurn (Ortsbild), Laag (St. Florian, "Klösterle"), Neumarkt (Ortsbild).
Wanderungen:	siehe Wanderblöcke im Text.

Wir beginnen die Tour 6 in BOZEN, damit sich Neueinsteiger besser zurechtfinden: Ganz egal, ob Sie das Stadtzentrum nach Westen verlassen oder von der AB-Abfahrt Bozen-Süd kommen, auf der SS 42 Richtung Mendelpass/Eppan/Kaltern/Weinstraße sind Sie richtig!
Etwa 4 km nachdem wir die **Etsch** überquert haben, leiten uns in EPPAN-ST. MICHAEL an einer Ampel auffällige Wegweiser nach links zu den **Montiggler Seen**. So viel Service ist stets verdächtig – wie wir bald erfahren: Immerhin gibt es einen

Großer Montiggler See

roßen, gebührenfreien Parkplatz (schön gelegen und angelegt mit komfortablen Parktaschen zwischen ...uschreihen links im Wald beim Sportplatz RUNGG). Am Rande des riesigen Parkareals sitzt man schön auf dem Wiesenstreifen und kann sich von einer ganzen Schar von Nachtigallen in den Schlaf zwitschern lassen.
Am nächsten Morgen kann man die optischen Freuden vertiefen, indem man den Spaziergang Richtung **Kleiner Montiggler See** beginnt.

(091) WOMO-Wanderparkplatz: Montiggler See / Sportplatz Rungg

GPS: N46° 26' 34.1" E11° 17' 11.7"; 511 m. **max. WOMOs:** > 5.
Ausstattung/Lage: Wanderweg zum See/außerorts.
Zufahrt: Von St. Michael Richtung Montiggler See, 1. Abzweigung links (ausgeschildert).

WOMO-Spaziergehtipp: Kleiner Montiggler See

Gehzeit: 3/4 Std. **Schwierigkeit:** leicht. **Höhenunterschied:** 50 m.
Strecke: Am Beginn des Parkplatzes nach rechts auf ‹2›, ab Wegspinne (mit Marienbild) weiter auf ‹M› bis zum See mit Gaststätte.

Der bequeme Gast jedoch wird zur Kasse gebeten: Parken auf dem nächsten Waldparkplatz P 1 [N 46° 25' 20.8" E 11° 16' 55.3"] ist gebührenpflichtig, mit 2 € für den ganzen Tag indes ausgesprochen preiswert.
Direkt am See sind die Gebühren richtig saftig (1 €/Std.). Das kann Sie aber nicht schocken, denn der Platz ist ohnehin für WOMOs tabu. Der Eintritt in die Badeanstalt kostet übrigens nochmals. Kostenlos ist nur der hübsche Spazierweg rund um den See.

(092) WOMO-Wanderparkplatz: Montiggler See / P 1

GPS: N 46° 25' 20.8" E 11° 16' 55.3" **max. WOMOs:** > 5.
Ausstattung/Lage: Wanderweg zum See, Gebühr von 8-19 Uhr/außerorts.
Zufahrt: Von St. Michael Richtung Montiggler See, 2. Abzweigung rechts (ausgeschildert).

Von EPPAN-ST. MICHAEL ist es nur ein kleines Stück bis KALTERN, wohl dem bekanntesten Ort der Südtiroler Weinstraße. Folglich passiert man am Ortsbeginn auch gleich die Kellerei (mit Weinverkauf). Kurz darauf kann man nach rechts ins Ortszentrum hineinfahren; ein geschickter Parkplatz ist **P 5** [N46° 24' 47.1" E11° 14' 36.7"] im Ortskern (nur für kurze

KALTERN, P 5 mit Rottenburger Keller

WOMOs, große parken auf **P 2** [N46° 24' 50.0" E11° 14' 52.7"] an der Hauptstraße). Ein paar Schritte von **P 5** hinab sind es zum großen Marktplatz mit Touristeninformation, schönem Brunnen und dem dekorativen Gasthaus zum "Weißen Rössl". Kunstbeflissene werfen zunächst einen Blick in die **Pfarrkirche** Maria Himmelfahrt, einem der wenigen Beispiele des Klassizismus in Südtirol. Besonders sehenswert sind der prächtige Hochaltar (der aus dem Dominikanerkloster Bozens stammt) und die schönen Deckenfresken (u. a. das Martyrium des Hl. Vigilius). Dann folgen sie dem Strom der Touristen, die den Marktplatz nach Süden verlassen, um sich im **Weinmuseum** altes Gerät aus der Weinbauhistorie, kostbare Trinkgefäße – und das Südtiroler Pendant zum schwäbischen Wengerthüter, den "Saltner", in farbenprächtiger Phantasieuniform zu betrachten. Auch die Verbindung von Wein und Christentum wird anhand alter Gemälde deutlich gemacht.

KALTERN, Weinmuseum

Zurück am Parkplatz empfehlen wir körperliche Stärkung im "Rottenburger Keller", um die weiteren Kulturschätze von Kaltern (**St. Katharina** im Mitterdorf und **St. Nikolaus** im Oberdorf) zu Fuß angehen zu können. **St. Katharina** beeindruckt mit schön bemaltem Netzgewölbe und Fresken zur Legende der Hl. Agnes im Chor. Auch in **St. Nikolaus** ist das Netzrippengewölbe herrlich mit Tieren, Blumen und Ornamenten ausgemalt vom Sohn des berühmten Tilman Riemenschneider.
Wie ich meine Leser kenne, haben Sie jedoch bereits das WOMO ins Oberdorf hinaufgewuchtet!? Dann können sie gleich mit uns den Abstecher nach ALTENBURG machen.
Die Straße führt an der Talstation der Standseilbahn vorbei, wenig später erreichen wir die Sportanlagen von KALTERN/

ST. ANTON mit einem Hochseilgarten, wo man unter schattigen Buchen zwar übernachten, aber nicht campieren darf.

(093) WOMO-Stellplatz: Kaltern / Sportanlagen

GPS: N46° 23' 47.5" E11° 14' 09.2"; 547 m **max. WOMOs:** 2-3.

Ausstattung/Lage: Sportplatz, Hochseilgarten/außerorts.

Zufahrt: Von Kaltern bergwärts Richtung Altenburg bis zur Sportzone (ausgeschildert).

Wanderfreunde parken 2000 m später oberhalb der **Rastenbachklamm [094:** N46° 22' 48.5" E11° 14' 17.4"; 570 m], um von dort aus in die Tiefe zu steigen.

Wer Kunst und Natur miteinander verbinden möchte, rollt 900 m weiter bis ALTENBURG und stellt das WOMO auf dem

ALTENBURG, Blick hinab zum Kalterer See, dortiger Stellplatz markiert

ALTENBURG, Rastenbachklamm

Parkplatz links hinter dem winzigen Örtchen ab (bei der **St. Vigilius-Kirche** mit dem buntglasierten Ziegeldach und dem sehenswerten **Altar** ist kaum Platz). Links neben der Kirche beginnt unser Kurzwandertipp.

(095) WOMO-Wanderparkplatz: Altenburg

GPS: N46° 22' 36.6" E11° 14' 20.3"; 614 m.
max. WOMOs: 3-4.
Ausstattung/Lage: Tisch & Bank, Wanderweg, Kinderspielplatz, Gaststätte, Brunnen/ Ortsrand.
Hinweis: Altenburger Kirche sehenswert.

WOMO-Kurzwandertipp: St. Peter / Rastenbachklamm

Gehzeit: 0,5 Std. **Schwierigkeit:** leicht. **Höhenunterschied:** 100 m
Strecke: Von St. Vigilius auf ‹2› sofort zum herrlichem ***Aussichtsplatz auf den Kalterer See, dann auf schmalem Steig (mit Natursteinstufen, bei Nässe glitschig) hinab in die Klamm. Nach 10 min. rechts zur ältesten Kirchenruine Südtirols (IV. Jh.?). Rechts neben der Rundbogenapsis eine anthropomorphe Grabstätte, herausgemeißelt aus dem Muschelkalk. Weiter vorn die ultimative Aussichtssitzbank mit Blick über das Etschtal. Zurück zur Brücke und auf gesichertem Steig zur Sohle der Rastenbachklamm, dort links hinauf zur Straße und zurück nach Altenburg.

ALTENBURG, St. Peter

Zurück in KALTERN folgen wir den Wegweisern nach TRAMIN, zwischen beiden Orten liegt der **Kalterer See**.

Nun möchte ich Ihnen gewiss nicht den Spaß an dieser "klassischen Stätte" verderben, aber auch Sie werden vor Ort kein Bein bzw. kein WOMO-Rad ans Seeufer bekommen – es sei denn, Sie rollen auf den einzigen (privaten, gebührenpflichtigen) **Stellplatz**, der für WOMOs anfahrbar ist, direkt neben dem **Camping** "Gretl am See". Kurzparker finden links davon einen Parkplatz für 1 €/h.

ALTENBURG, gotische Kirche St. Vigilius

(096) WOMO-Stellplatz: Kaltern / Kalterer See

GPS: N46° 22' 59.7" E11° 15' 25.0" **max. WOMOs:** >5.
Ausstattung/Lage: V/E, Strom, Wasser, Gebühr 15 € all incl./außerorts.
Zufahrt: Von Kaltern auf der SP 14 nach Süden, dann links zum See (ausgeschildert).

Wir versuchen natürlich auch, an die touristenärmere Ostseite des Sees auszuweichen, indem wir hinter KALTERN links Richtung KLUGHAMMER/LAIMBURG abbiegen. Wenig später wissen wir ganz genau, dass die Ostseite des Sees zwar wirklich geradezu touristenleer ist, aber ebenfalls kaum einen Zugang zum See besitzt.
Wer weise ist, beherzigt auch hier den Rat, touristisches Gedränge aus der Ferne zu beäugen. Zweigt man nämlich nicht zur Seeumrundungsstraße ab, sondern fährt weiter Richtung LAIMBURG, so findet man nach weiteren 800 m rechts der Straße einen kleinen, blickgeschützten Wanderparkplatz.

(097) WOMO-Wanderparkplatz: Leuchtenburg

GPS: N46° 23' 01.8" E11° 16' 25.2"; 296 m; SP 162. **max. WOMOs:** 1-2.
Ausstattung: Wanderweg ‹13› zur Leuchtenburg auf dem **Mitterberg** (609 m). Sie überragt das Etschtal um immerhin 400 m und ist garantiert der einzige Aussichtspunkt, von dem aus man gleichzeitig zur **Etsch** und zum **Kalterer See** blicken kann.

Schnell ist der See umrundet (weiterer Camping "St. Josef" [N46° 22' 20.9" E11° 15' 08.8"] am Südwestende) und die Straße nach TRAMIN wieder erreicht. Auch in der Heimat des Gewürztraminers sind Wein und Kunst eng verquickt, hinzu kommt die heimelige Atmosphäre des Örtchens, die Besucher in Scharen anlockt.
WOMO-Urlauber finden gleich am Ortsbeginn links, bei der

Sportzone mit Schwimmbad eine Unzahl schön angelegter **Stellplätze** unter Kastanien mit Kinderspielplatz mit separatem Teil für WOMOs.

(098) WOMO-Stellplatz: Tramin / Schwimmbad

GPS: N46° 20' 38.0" E11° 15' 26.1"; Kalterer Moos. **max. WOMOs:** >5.

Ausstattung/Lage: Schwimmbad, Kinderspielplatz, Baumschatten/Ortsrand.

Zufahrt: Von Kaltern auf der SP 14 nach Süden, am Ortsbeginn links (ausgeschildert).

Auch in TRAMIN liegt die modern gestylte Kellereigenossenschaft [N46° 20' 43.3" E11° 15' 05.1"] mit praktischem Parkplatz gleich hinter dem Ortsschild, aber es gibt auch noch sechs weitere, private Winzer, die auf Ihren geschätzten Besuch warten.

Nicht nur Kunstfans sollten hinter der Q8-Tankstelle rechts zur Kirche **St. Jakob** abbiegen (gelbe Hinweisschilder). Die Fresken dieser vollständig ausgemalten Kirche sind ein absolutes Muss für jeden Südtirolurlauber.

Besonders möchten wir auf die Darstellung der Bestien an der Ostwand hinweisen – aber eigentlich ist der gesamte Kirchenraum ein optisches Ereignis höchster Qualität.
Wer ein größeres WOMO fährt (oder sowieso gern durch TRAMIN bummeln möchte), sollte erst 800 m später zu den zentrumsnahen Parkplätzen [N46° 20' 23.6" E11° 14' 28.5"] am Bürgerhaus (mit öffentl. **WC**) abbiegen und Kunst und Ortsatmosphäre miteinander verbinden.

Die letzte Kunstattraktion TRAMINS liegt bereits an der Landstraße Richtung KURTATSCH. Deshalb kann man hier, beim **Kirchlein St. Valentin** [N46° 19' 55.0" E11° 14' 16.8"], bequem vorfahren (und zudem an der Friedhofsmauer geschickt Wasser fassen).
Den Schlüssel zur Kirche erhält man 80 m zurück Richtung TRAMIN im ersten Haus rechts. Auch **St. Valentin** ist total mit Fresken überzogen,

TRAMIN, St. Valentin – die Kirche mit der Maus

Szenen aus dem Leben Jesu dominieren; aber wer findet die kleine, gemalte Kirchenmaus?
Viel ruhiger geht es in KURTATSCH zu. Wir passieren einen **Brunnen** in der Ortsmitte links (wo man bequem auf dem Hauptmann-Schweiggl-Platz parkt) und folgen dann den braunen Wegweisern zu unserem Abstecher nach FENNBERG.
700 m Höhenmeter sind zu überwinden – da kommt ein Rastplatz auf halbem Wege gerade recht! Im Gasthaus "Boarnwald" sind WOMO-Urlauber willkommen – und können sich für den Abend schon einmal eine gegrillte Schweinshaxe vorbestellen. Auch Wanderungen, zum Beispiel auf den aussichtsreichen **Corno di Tres (1812 m)**, sind von hier aus gut möglich.

(099) WOMO-Gaststätte: "Boarnwald" (Oberfennberg)

Max. Übernachtungen: 2-3. Max. WOMO-Zahl: 3. Ansprechpartner: Frau Ulrike Rigott
GPS: N46° 17' 35.8" E11° 10' 59.1"; 1027 m. Tel.: 0039-0471-880585

Weiter geht es durch dichten, alten Lärchenwald, der wie verzaubert erscheint. Hinter dem **Schlösschen Ulmburg** rollen wir ein Stückchen eben dahin – und dann schwingen wir hinab nach UNTERFENNBERG mit dem gleichnamigen See.
Wir parken beim Gasthaus "Zur Kirche" [**100:** N46° 16' 22.0" E11° 10' 52.7"; 1031 m], schnappen uns die Badetücher und

UNTERFENNBERG, Badeplatz

marschieren auf einem liebevoll angelegten Bohlensteg über die Biotopzone (mit Wollgras und Orchideen) zur Liegewiese, wo ein Badesteg ins warme Wasser hineinragt. Nur wenige Besucher haben das Paradies entdeckt – aber denen (und vor allem den Kindern) gefällt der **Fennberger See** prima.
Zurück in KURTATSCH machen wir südlich des Ortes einen Besuch beim Campingplatz "Obstgarten", der uns nicht nur wegen seines schönen Badeteichs besonders gut gefallen hat.

(101) WOMO-Campingplatz-Tipp: Kurtatsch "Obstgarten"

GPS: N46° 18' 14.4" E11° 13' 23.2"; Breitbach Nr. 9. **Öffnungszeiten:** 9.4.-6.11.
Zufahrt: Von Kaltern auf der SP 14 nach Süden, am Ortsende von Kurtatsch links.
Ausstattung: Wenig Schatten, V/E, Gaststätte 50 m, Schwimmteich, Minimarkt.
Preise: WOMO + 2 Personen: 22-26 € Strom 2,50 €, Hund 3-4 €.

Der nächste Ort an der Weinstraße ist MARGREID (ruhige Stellplätze links bei den Tennisplätzen [N46° 17' 25.0" E11° 12' 58.5"], wenn die Höhenschranke offen ist.
200 m später kann man bei der Ampel nach rechts zu einem bequemen **Parkplatz** [N46° 17' 14.0" E11° 12' 42.9"; 235 m] abzweigen. Wir bummeln durch den alten Ortskern und entdecken die **Vinothek im Paradeis**, die wir Ihnen für den Weineinkauf gehobenerer Qualität empfehlen können. Regelmäßig finden dort im romantischen Innenhof abendliche Musikveranstaltungen statt – da schmeckt der Wein noch besser.
Die **Südtiroler Weinstraße** geht nur wenige Kilometer südlich von MARGREID zu Ende, denn die steilen Felswände rücken immer näher aufeinander zu, lassen kaum noch Platz für Wein und Obst.

Salurner Klause

Hier, an der **Salurner Klause**, war in früheren Zeiten zur Schneeschmelze regelmäßig der Teufel los: Die Fluten konnten nicht abfließen, stauten sich zurück und überschwemmten das gesamte Etschtal (im "Klösterle" nördlich von SALURN werden wir nochmals darauf zu sprechen kommen).
Hinter der **Salurner Klause** öffnet sich das Tal wieder – und die **Etsch** strömt ungehindert hinaus in die italienische Ebene Richtung TRIENT.
Wir biegen vorher links nach SALURN ab, queren Bahn, Autobahn und **Etsch**, stoßen in SALURN auf die breite SS 12, die alte Hauptstraße zwischen BOZEN und TRIENT. Natürlich sollten wir uns hier links wenden, aber meine Beifahrerin (im Besitz geheimer Informationen) befiehlt "rechts" und bugsiert mich 300 m später auf den großen Parkplatz [N46° 14' 21.7" E11° 12' 21.1"] vor einem "Hundertwasser-Gebäude", das ich sofort als "Schuhfabrikverkauf" identifiziere. Wer qualitativ hochwertiges, italienisches Schuhwerk (allerdings keineswegs zu Schleuderpreisen) erwerben möchte, ist hier richtig.
Im alten Ortskern unterhalb der mächtigen Ruine der **Haderburg** gibt es dreierlei: Einen rauschenden **Wasserfall** an der senkrechten Wand, den Beginn der Bergstraße nach GFRILL (sehr schöne Wanderwege auf der Königswiese) und hinter der Kirche links einen bequemen Parkplatz [N46° 14' 21.9" E11° 12' 47.1"; 228 m] in Zentrumsnähe. Dieser ist eigentlich nur für PKWs gedacht. Wenn Sie sich also ganz korrekt verhalten wollen, dann düsen Sie auf der Staatsstraße noch 100 m nach Norden und dann rechts zum Schwimmbad/Sportanlagen. Dort finden Sie reichlich Parkraum, auch im Schatten.

(102) WOMO-Stellplatz: Salurn / Schwimmbad

GPS: N46° 14' 41.8" E11° 12' 50.2" **max. WOMOs:** >5.

Ausstattung/Lage: Schwimmbad, zum Zentrum 500 m/Ortsrand.

Zufahrt: In Salurn rechts der SS 12 (ausgeschildert).

Von dort aus kann man durch das Städtchen mit seinen alten Weinhöfen schlendern – oder zur **Haderburg** hinaufstapfen.

SALURN, Haderburg

Wieder auf der SS 12, diesmal Richtung BOZEN, passieren wir am Ortsende eine TAMOIL-Tankstelle mit **Autogas**.

Der nächste Kulturstopp beginnt ebenfalls an einer Tankstelle und zwar bei der ESSO-Tankstelle von ST. FLORIAN [N46°

St. Florian

17' 02.0" E11° 14' 26.3"] (hinter LAAG).
Von dort aus marschieren wir 250 Schritte weiter nach Norden bis zum Schild der Karosseriefirma Galvagni. Dort öffnet sich dem Besucher ein Eisengittertürchen – und gibt den Blick frei auf eine der schönsten romanischen Kirchenapsiden Südtirols mit zierlichem Rundbogenfries.
500 m später parkt das WOMO schon wieder rechts vor dem Tor eines Elektrizitätswerkes [N46° 17' 23.9" E11° 14' 37.3"]. Davor führt ein Waldweg rechts hinauf zum **"Klösterle"**, den Ruinen eines romanischen Pilgerhospizes aus dem 12. Jahrhundert.
Niemand weiß mehr genau, warum das Hospiz bereits 1317 aufgehoben wurde. Seitdem verfiel es, verkam zu einem Sammelplatz für Wegelagerer und andere "finstere Gesellen". Erst seit kurzer Zeit scheint man sich der kulturhistorischen Bedeutung des Bauwerkes wieder bewusst zu werden und möchte darin ein Museum errichten, das u. a. die Entwicklung des Transitweges durch das Etschtal (für Pilger und Touristen), aber auch die Probleme, die das Wasser der **Etsch** dabei bereitete, historisch genau dokumentiert (bei unserem letzten Besuch stand es immer noch leer!).
Sie kennen bereits die **Lauben** von Meran und Bozen – jetzt darf ich Ihnen meine Lieblingslauben vorführen!
Am Ortsbeginn von NEUMARKT verlassen wir die Schnellstraße nach rechts; Ihre Füße bestimmen, ob Sie mit den kostenlosen Parkplätzen rechts der Straße (vor der Q-8-Tankstelle) zufrieden sind oder bis zum Beginn der Fußgängerzone weiterrollen müssen (hier kostet's was).

(103) WOMO-Stellplätze: Neumarkt
GPS: N46° 18' 38.3" E11° 16' 21.4", Via Trento. **max. WOMOs:** > 5.
GPS: N46° 18' 51.6" E11° 16' 17.0", Largo Cappuccini.
max. WOMOs: > 5. **Ausstattung/Lage:** keine/Ortsrand bzw. Ortsmitte.
Zufahrt: Von der SS 12 die erste Zufahrt nach Neumarkt nehmen.

NEUMARKT, Lauben

Dann schlendern wir durch das Städtchen – und würden uns nicht wundern, wenn Pferdekutschen oder Damen in Reifröcken unseren Weg kreuzen würden – denn in NEUMARKT scheint die Zeit seit **Andreas Hofer** stehengeblieben zu sein. Wen wundert's, dass sogar das alte **Gefängnis**, in dem er auf der Fahrt zur Hinrichtungsstätte in Mantua einsaß, erhalten ist. Versäumen Sie auch nicht einen Blick in die romantischen Innenhöfe hinter den Laubengängen!
Unsere letzte Station im Etschtal ist AUER. Wir folgen dem Wegweiser CAVALESE in den Ort hinein, sichten auch den Campingwegweiser zum "Markushof" [N46° 20' 53.3" E11° 17' 58.2"]. Direkt am Ortsendeschild kann man rechts durch einen Mauerdurchbruch auf einen schönen, großen Stellplatz beim Freibad abbiegen.

(104) WOMO-Stellplatz: Auer / Schwimmbad

GPS: N46° 20' 35.2" E11° 17' 48.6"; Fleimstalstraße.
max. WOMOs: 3-4.
Ausstattung/Lage: Park, Kinderspielplatz, Gaststätte/ Ortsrand.
Hinweis: Camping verboten.

Von dort aus ist viererlei angesagt: Durch den beschaulichen Ort mit den alten Weinbauernhöfen schlendern, sich im benachbarten Park ergehen, das Schwimmbad besuchen – oder flussaufwärts zum Wasserfall spazieren. Die kulturhistorisch bedeutende und äußerst aussichtsreiche Tour zum Ruinengebiet von **Castelfeder** lassen Sie bitte dabei aus – denn die zeigen wir Ihnen am Beginn unserer Tour ins Hochgebirge!

TOUR 7 (115 km / 3-4 Tage ohne Wanderungen)

Auer – Montan – Pinzon – Truden – Radein – Cavalese – Lavazè-Joch – Grimm-Joch – Welschnofen – Karersee – Karerpass – Tiers – Prösels

Freie Übernachtung: u.a. Truden, Radein, Lavazè-Joch, Grimm-Joch, Obereggen, Karersee, Karerpass, Tschamintal, Prösels.

Campingplätze: Auer: "Markushof", "Wasserfall".

Besichtigungen: u.a. Castelfeder, Pinzon (St. Stephan), Radein (Bletterbachschlucht), Karersee, Weißlahnbad (St. Cyprian), Breien (St. Katharina), Burg Prösels.

Wanderungen: siehe Wanderblöcke im Text.

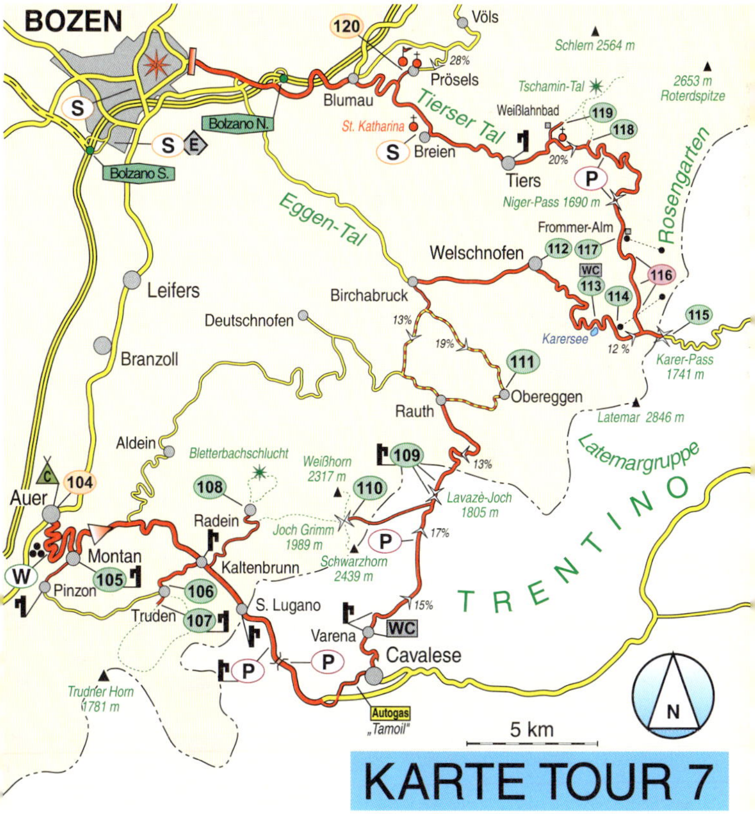

KARTE TOUR 7

Wir verlassen AUER Richtung CAVALESE. 300 m nach dem Ortsendeschild geht es links zum Campingplatz "Wasserfall" (z. Zt. geschlossen), und nach weiteren 500 m (direkt hinter einem kleinen Tunnel) parken wir rechts auf einem großen Schotterfleck [N 46° 20' 23.8" E 11° 17] 45.2" neben der Straße

Castelfeder

und direkt am Beginn der beiden Wanderwege ‹5A› und ‹5B› zum Biotop **Castelfeder**.

Auf ‹5B› spazieren Sie nur wenige Schritte bis – nach Griechenland! Es ist ein Wunder, wie der Lärm der Gebirgsstraße hinter uns verebbt und sich ein ländliches Idyll vor uns ausbreitet, dem nur ein Begriff gerecht wird: ARKADIEN!

Über liebliche Matten schreiten wir – und sind überhaupt nicht mehr erstaunt, als vor uns muntere Fohlen bockbeinig springend zu ihren Müttern eilen. Bereits nach einem Viertelstündchen erreichen wir die weitgespannte Kuppe "Kleingriechenlands",

Castelfeder, Blick ins Etschtal

wo zwischen Solitäreichen Ruinen aus verschiedenen Epochen wie Stilmittel eines romantischen Parkes verstreut liegen. Die ältesten müssen wohl bereits zu einer vorgeschichtlichen Siedlung gehören. Seitdem kreisen Geschichten um Gespenster und unheimliche Ereignisse um den **Rabenkofel**, wie man die höchste Erhebung Castelfeders treffend taufte.
Wir lagern zwischen den weidenden Pferden und erfreuen uns an der einmaligen Fernsicht: Unter uns liegt das **Etschtal** ausgebreitet, und wie die schwarzen Raben können wir unseren Blick über die Weindörfer und -hänge schweifen lassen.
Beim Rückweg wenden wir uns am Seerosenteich links, auf ‹5A› werden wir, steil hinab durch Niederwald, direkt zu unserem WOMO zurückgeführt.
Jetzt folgen wir den jaulenden Motorrädern die Serpentinen hinauf; 3 km nach AUER sind wir in MONTAN und fahren in die Ortsmitte hinein, die dekorativ überragt wird vom **Schloss Enn**, schwenken in den großen, geschotterten Parkplatz ein.

(105) WOMO-Wanderparkplatz: Montan

GPS: N46° 19' 53.1" E11° 18' 05.3"; 452 m; Via San Bartolomeo. **max. WOMOs:** 3-4.
Ausstattung/Lage: Spazierweg nach Pinzon, Gaststätten, Kinderspielplatz/im Ort.
Spaziertipp: Nach 1400 m (herrlich, aussichtsreich) erreicht man PINZON unter den bemalten Mauern des "Pinzoner Kellers" direkt vor der Kirche **St. Stephan**. Den wohl bedeutendsten Flügelaltar des Südtiroler Unterlandes (Märtyrertod des Hl. Stephan) kann man nur während der Führungen (9.30-11.30 und 14.30-17.30) bestaunen.

In MONTAN brauchen Sie nicht weiter zum Dorfplatz hinaufzufahren, es sei denn, Sie wollen den schönen **Brunnen** dort beehren – oder Ihr WOMO ist niedriger als 2,60 m. Die direkte

Straße nach TRUDEN, unserem nächsten Ziel, wird nämlich bereits 300 m später durch einen zwar schönen, aber für die meisten WOMOs unpassierbaren Torbogen versperrt.
Folglich werden Sie wahrscheinlich mit uns zur Hauptstraße zurückkehren und weiter Richtung CAVALESE brummen.
Wir trösten uns von dort aus mit dem Jetblick hinab ins Etschtal, verabschieden uns von der Leuchtenburg auf dem Mitterberg. Noch 4 km geht es steil bergan, dann zockeln wir gemütlich zwischen bewaldeten Hügeln dahin, bis wir bei den paar Häusern von KALTENBRUNN den Weg rechts nach TRUDEN nehmen. Die schönen Wanderungen im **Naturpark Trudener Horn** können wir bereits nach 2000 m, am Ortsbeginn von TRUDEN, in Angriff nehmen (großer, ebener **Wanderparkplatz** [**106:** N46° 19' 25.1" E11° 21' 06.7"; Hauptstraße]).
Wohnmobile, die keinesfalls breiter als 2,30 m sein sollten, dürfen noch 150 m durch den Ort weiterfahren und dann links in den anfangs gepflasterten Fahrweg mit den Wanderwegweisern **Altrei/Peraschupf/‹5›** einbiegen. Nach 1000 m parkt man unterhalb des **Rungganö-Hofes** beim Beginn unseres Wandervorschlages.

(107) WOMO-Wanderparkplatz: Truden / Rungganö-Hof

GPS: N46° 19' 16.8" E11° 21' 48.9"; 1213 m; Via Rungganö. **max. WOMOs:** 1-2.
Ausstattung/Lage: Wanderweg, Tisch & Bank, Brunnen, Seerosenteich/außerorts.
Zufahrt: Am Ortsende von Truden nach links dem Wegweiser Altrei usw. folgen.

WOMO-Wandertipp: Naturpark Trudener Horn

Gehzeit: 3 Std. **Schwierigkeit:** leicht. **Höhenunterschied:** 250 m
Strecke: Auf ‹5› am Rungganöhof vorbei auf dem Forstweg, dann über Wiesen zur Pera-Schupf, über den Sattel zur Krabesalm. Weiter zum Cisa-Sattel, dort rechts auf dem Fernwanderweg E 5 nach TRUDEN und auf ‹5› zurück zum WOMO.

Zurück auf der Hauptstraße überzeugen wir uns davon, dass in KALTENBRUNN ein kaltes Brünnlein sprudelt.

Richtung CAVALESE sind es nur 600 m bis zur nächsten Abzweigung. Diesmal geht es links nach RADEIN, wo uns kein gemütlicher Wanderrundweg, sondern ein richtiges Abenteuer bevorsteht:

Die **Bletterbachschlucht**, der Gran Canyon Südtirols, wird einen würdigen Platz in unserer Schluchtensammlung bekommen, in der ***Namen wie Acheronschlucht

Bletterbachschlucht

(Nord-Griechenland), Congost de Montrebei (Ost-Spanien) oder Sorbmegorsa-Canyon (Nord-Norwegen) verzeichnet sind. Nach knapp 8000 m parken wir rechts der Kirche von RADEIN, gegenüber der Schule und beginnen das Abenteuer auf der ‹3›:

(108) WOMO-Wanderparkplatz: Radein / Schule
GPS: N46° 20' 47.0" E11° 23' 50.4"; 1559 m. **max. WOMOs:** 2-3.
Ausstattung: Wanderweg, Geo-Museum (in der Schule), Kinderspielplatz, Gaststätten.

WOMO-Wandertipp: Bletterbachschlucht (1555 m)
Gehzeit: 3-4 Std. **Schwierigkeit:** mittel. **Höhenunterschied:** 200 m
Strecke: Auf ‹3› hinab zur Bletterbachschlucht (Weltkulturerbe), bachaufwärts bis zum Butterloch, auf Eisenleiter neben dem Wasserfall hinauf, rechts ab auf ‹4› zurück zum Weg ‹3› und zum WOMO; Eintritt 5 €/Person, Helmpflicht.

Durch dichten Fichtenwald geht's zunächst sacht bergab, bei einer Hütte scharf rechts und dann über einen Wurzelstolpersteig links steil hinab zur Schlucht. Buschwindröschen blühen hier noch im Juli, Trollblumen und blaue Clematis, die man sonst nur aus der Gärtnerei kennt. Aber eigentlich sollten wir unser Auge der Geologie widmen, denn die **Schlucht** offenbart uns beim Hinabsteigen mit ihrem Wechsel von weißem Kalk über roten Porphyr bis zu altem Gneis und Schiefer einen Ausschnitt des Schichtenaufbaues der Südtiroler Alpen. Im Schluchtgrund stolpern wir zwischen senkrechten Felswänden bachaufwärts Richtung **Butterloch**, passieren einen ersten Wasserfall, einen Katarakt. Je weiter wir hinaufstapfen, desto größer werden die Geröllbrocken, die das Schmelzwasser mitreißen konnte, vermischt mit Ästen und Baumstämmen. Dann, im Butterloch, der große, zu uns hinabschießende Wasserfall und rechts davon eine Metallleiter, auf der wir

das steilste Stück der Schluchtkante überwinden. Oberhalb des Wasserfalles führt ein Jägersteig ‹4› nach rechts weiter steil hinauf, bis es dort gemütlich, auf und ab, durch Wald an der Oberkante der Schlucht zurück (und an einem steinernen Brunnen vorbei) zur ‹3› und zum WOMO geht.
Leserinfo: Leitern im Butterloch nicht mehr begehbar (zurück über Jägersteig).

Wir rollen von RADEIN hinab zur Hauptstraße Richtung CAVALESE (zwar gibt es von RADEIN aus einen viel kürzeren Fahrweg zu unserem nächsten Ziel, dem **Joch Grimm**, aber er ist nach Aussage der Einheimischen ein löcheriger Forstweg, der zudem am **Joch Grimm** durch eine Schranke versperrt ist). Auf dem genannten Umweg passieren wir SAN LUGANO mit einem **Brunnen** direkt am Straßenrand (bequem zum Anfahren), überqueren die Grenze zur Provinz Trient – und ähnlich wie bei

unserem Ausflug Richtung FONDO zählen wir zwei schön eingerichtete **Picknickplätze**, einer rechts (mit **Brunnen**) und einer links der Fahrstraße (hinter dem Tunnel) mit Müllcontainer [N46° 17' 36.6" E11° 25' 07.3"] auf den 7 km bis CAVALESE (auch die Tamoil-Tankstelle mit **Autogas** kurz vorher könnte für manchen von Interesse sein).
Am Kreisverkehr von CAVALESE, das durch das schreckliche Seilbahnunglück lange die Seiten der Sensationspresse füllte, zweigen wir nach links zum **Lavazè-Joch** ab.
Nach den ersten Serpentinen rollen wir durch VARENA (**Brunnen** links, am Ortsende Kinderspielplatz mit **WC**), dahinter turnen wir durch dichten Lärchen-, Kiefern- und Fichtenwald gemächlich weiter empor (ein **Brunnen** links nach 4 km, ein **Picknickplatz** nach 7,5 km).
Dann setzt die Straße zum Endspurt an, 15% Steigung sind angezeigt. Schnaufend kommt das WOMO nach 10,5 km neben dem schönen Bergsee am **Lavazè-Pass** zum Stehen – direkt vor einem **Brunnen** mit Holztrog. Links liegt ein großer Parkplatz am Waldrand, wo man herrlich kühl im WOMO übernachten kann, drei Gaststätten sorgen fürs leibliche Wohl.

(109) WOMO-Wanderparkplatz: Lavazè-Joch
GPS: N46° 21' 17.6" E11° 29' 27.9"; 1812 m. **max. WOMOs:** >5.
Ausstg./Lage: Wanderwege, Brunnen, Kinderspielplatz, Gaststätte, Mülleimer/außerorts.
Zufahrt: In der Ortsmitte von Cavalese am Kreisel links (ausgeschildert).

Bergsee auf dem Lavazè-Joch

Wir haben uns aber das **Joch Grimm** (Passo Oclini) in den Kopf gesetzt, folgen deshalb dem Wegweiser nach links und stoppen nach weiteren, fast ebenen 3400 m auf dem langen Parkstreifen vor bzw. unterhalb des Hotels "Schwarzhorn". Wirklich versperrt bei der Joch-Grimm-Gaststätte eine äußerst solide Schranke die Weiterfahrt nach RADEIN.

Joch Grimm, Blick zum Schwarzhorn

Ihren Vorwärtsdrang müssen Sie folglich nach rechts zum **Weißhorn** (2317 m, Dolomitgestein) oder nach links zum **Schwarzhorn** (2439 m, rotbrauner Porphyr) lenken:

(110) WOMO-Wanderparkplatz: Joch Grimm

GPS: N46° 20' 50.3" E11° 27' 11.9"; 1999 m. **max. WOMOs:** 3-4.
Ausstattung/Lage: Wanderwege, Gaststätten, Brunnen/außerorts.

WOMO-Wandertipp: Weißhorn (2317 m)

Gehzeit: 1 Std. **Schwierigkeit:** leicht. **Höhenunterschied:** 350 m
Strecke: Vom Parkstreifen nach rechts auf ‹H› über Wiesenhänge und zwischen Zwergkiefern zum Gipfel; gleicher Weg zurück.

Joch Grimm, Blick zum Weißhorn

Für den Abend stellen wir das WOMO mit der aussichtsreichen Hecksitzgruppe gen Osten, denn der Blick auf die beim Sonnenuntergang aufglühenden Wände der **Latemargruppe** stehen der gar so häufig angepriesenen **Rosengartenwand** in nichts nach!
Nach einer völlig einsamen Nacht rollen wir zurück zum **Lavazè-Joch**, wenden uns dort links (Bozen). Dabei entdecken wir 300 m später, bei der eigentlichen Passhöhe, besonders schöne Wiesenparkplätze [N46° 21' 26.1" E11° 29' 41.8"].

Durch dichten Wald geht es hinab in das **Obereggental**, das wieder zu Südtirol gehört. Im Weiler RAUTH gabelt sich unser Tourenvorschlag. Nur wer sich für unsere Wandervorschläge in OBEREGGEN begeistern lässt, sollte nach rechts abzweigen, denn hinter OBEREGGEN führt die Straße mit tierisch steilen 19% weiter zu Tale. Alle anderen rollen mit bescheideneren 13% ins **Eggental** und treffen uns bei BIRCHABRUCK wieder.
OBEREGGEN-Fahrer halten direkt auf die **Latemar-Gruppe** zu, dort warten zwei Lifte auf Winter- wie Sommerkunden. Unsere Wandertipps beinhalten die Benutzung des Liftes Obereggen-Oberholz, am Ortsende gibt es Parkplätze auch abseits des Trubels (Camping verboten).

(111) WOMO-Wanderparkplatz: Obereggen

GPS: N46° 23' 10.1" E11° 31' 28.0"; 1571 m; Obereggen. **max. WOMOs:** 3-4.
Ausstg./Lage: Wanderwege, Gaststätten, Sitzbänke, Waldlehrpfad/Ortsrand.
Zufahrt: Am Ortsende von Obereggen rechts.

WOMO-Wandertipp: Latemar-Höhenweg (2150 m)

Gehzeit: 4 (2) Std. **Schwierigkeit:** mittel/leicht. **Höhenunterschied:** 750/0 m
Strecke: Von Obereggen auf der Fahrstraße kurz Richtung Birchabruck, dann rechts auf ‹21A› bis zur Geroldsquelle. Dort wieder rechts auf ‹22› weiter bis zum Fuß der Erzlahn. Weiter auf ‹22› steil auf und ab über Geröll zur Bergstation des Sesselliftes (bis dahin auch alternativ mit Lift). Weiter zur Meierl-Alm und der Almstraße folgend vorbei am Gasthof "Epircher Lahn" zurück nach Obereggen.

WOMO-Wandertipp: Cima di Valbona (2691 m)

Gehzeit: 5 Std. **Schwierigkeit:** mittel. **Höhenunterschied:** 600 m auf, 1140 m ab.
Strecke: Mit Sessellift Obereggen-Oberholz bis zur Bergstation, dann eben gen

Süden auf ‹22›. Schließlich über die Karhänge auf Steigspuren über Fels und Geröll steil zur kleinen Latemarhütte (Rif. "Torre di Pisa"). Abstieg südwärts auf ‹516› zum Satteljoch, dort rechts über Rasenhänge auf ‹521› zum Reiterjoch und zurück nach Obereggen.

Wie angekündigt, sinkt die Straße hinter dem Ort durch Fichtenwald steil hinab, zweiter Gang und Intervallbremsungen sind angesagt! Vorbei an uralten Bauernhöfen, die zur Landschaft gehören wie Fels und Wald, aber auch Neubauten mit abenteuerlichen Stilentgleisungen, begleiten wir den Eggenbach bis BIRCHABRUCK. Dort verlassen wir die Bozener Richtung, schwenken rechts ab Richtung **Karersee/Karerpass**. In einer schönen Schlucht mit dem schießenden Locherer Bach und steilen Porphyrfelsen können sich die Bremsscheiben abkühlen, recht gemütlich tuckern wir auf die schöne **Rosengartenwand** zu. Diese ***Attraktion der Dolomiten werden Sie vermutlich nicht erklettern wollen. Aber an ihrem Fuße kann man aussichtsreich wandern – und sich dorthin sogar noch liften lassen.
Die erste Möglichkeit dazu besteht am Ortsende von WELSCHNOFEN; großer, sehr schräger **Wanderparkplatz [112:** N46° 25' 54.1" E11° 32' 41.3"; 1171 m]; Beginn vieler Wanderwege. Wir tuckern weiter zur nächsten Hauptattraktion unserer Tour – dem berühmten **Karer See**. Auf 5,5 km Strecke sind 440 m Höhenunterschied zu bewältigen, was statistisch weniger als 10% Steigung ausmacht. Nach 15 min. hat man den kleinen, aber herrlich türkisblauen Bergsee umrundet und dabei weder

Hinter Welschnofen, Blick auf die Latemargruppe

einen Zu- noch einen Abfluss entdeckt. Am Anfang blickt man gen Westen zur **Latemar-Gruppe**, gegen Ende zum **Rosengarten**, beide spiegeln sich höchst fotogen im See. Es ist nun an Ihnen zu entscheiden, welcher Blick der allerschönste ist! Der **Parkplatz** [**113:** N46° 24' 39.4" E11° 34' 32.0"] links der Straße bietet ein öffentliches **WC** – und genau 15 min. darf man kostenlos rasten (bis 2h/5 €, bis 12h/20 €/ bis 24h/30 €).

Karer See, Blick auf die Latemar-Gruppe

Weitere 1700 m bergauf wartet der nächste Lift beim Hotel "Alpenrose". Der **Paolina-Lift** transportiert seine Gäste bis auf 2130 m Höhe, wo der Hirzl-Steig am Fuße der Rosengartentürme entlangführt.

(114) WOMO-Wanderparkplatz: "Alpenrose" / Paolina-Lift

GPS: N46° 24' 29.1" E11° 35' 28.8" **max. WOMOs:** 3-4.
Ausstattung/Lage: Lift, Wanderwege, Gaststätten/bei Einzelgebäude.
Zufahrt: Vom Karersee auf der SS 241 noch 1,7 km bergwärts.

WOMO-Wandertipp: Rosengarten-Kölner Hütte (2337 m)

Gehzeit: 3-4 Std. **Schwierigkeit:** mittel. **Höhenunterschied:** 500 m abw.
Strecke: Mit dem Paolina-Lift zur Paolina-Hütte, von dort auf ‹539› fast eben nordwärts zum Fuß der gewaltigen Rotwand und weiter zur Kölner Hütte (Rosengarten-Hütte). Abstieg (auch mit Lift möglich) zur Frommer-Alm, dann weiter über die Moser-Alm zurück zum Hotel "Alpenrose".

900 m später passieren wir die Abzweigung nach TIERS/**Nigerpass**, zu der wir später zurückkehren werden. Zunächst machen wir jedoch den 900-m-Abstecher zum **Karer-Pass**.

Karer-Pass, Trollblumenwiesenparkplatz hinter der Passhöhe

200 m hinter dem Pass – wir haben die repräsentativen Natursteingebäude der Hotels (Savoy und Golfhotel) passiert, liegt links der Straße, abgelegen, ein idyllischer, ebener Parkplatz neben einer Trollblumenwiese – fast über uns thront der gewaltige Felsturm der **Rotwand**. Von hier aus bietet sich eine reizvolle Alternative zu unserem vorstehenden Wandervorschlag an, die keines Liftes bedarf.

(115) WOMO-Wanderparkplatz: Karer-Pass / Trollblumenwiese
GPS: N46° 24' 16.9" E11° 36' 47.6"; 1768 m. **max. WOMOs:** 2.
Ausstattung/Lage: Wanderwege, Gaststätten/außerorts.

WOMO-Wandertipp: Karerpass-Rosengarten-Kölner Hütte (2337 m)
Gehzeit: 5-6 Std. **Schwierigkeit:** mittel. **Höhenunterschied:** 590 m
Strecke: Auf ‹548›, später ‹552› in 1 Std. vom Karerpass zur Paolinahütte. Von dort auf ‹539› fast eben nordwärts zum Fuß der gewaltigen Rotwand und weiter nach Belieben, evtl. bis zur Kölner Hütte (Rosengarten-Hütte). Gleicher Weg zurück.

Wir rollen die 900 m zurück, biegen rechts zum **Niger-Pass**. Alle paar Meter könnte man anhalten und sich am Panoramablick

Picknickplatz »3600 m« Nähe Frommer-Alm mit Rosengartenblick

auf die Berggiganten weiden – eine Strecke für Genießer – und sicher einer der Höhepunkte unserer Südtirol-Touren. Speziell für Sie angelegt sind drei Picknickplätze nach 1600 m, 2300 m und 3600 m (mit **Brunnen** und Teich), an denen man glatt seine Filmvorräte verschießen könnte.

(116) WOMO-Picknickplatz: "3600 m"
GPS: N46° 26' 00.5" E11° 35' 45.7"; 1778 m. **max. WOMOs:** 2-3.
Ausstattung/Lage: Tisch & Bank/außerorts.
Zufahrt: Von der Straßengabelung 3,6 km links Richtung Niger-Pass.

Nach 5800 m sind wir auf dem großen **Wanderparkplatz** [**117:** N46° 26' 37.9" E11° 35' 18.4"; 1752 m] der **Frommer-Alm**, wo der **Laurinlift** zur **Kölner Hütte** startet. Einen besonders schönen Blick hat man von dort aus zur **Latemargruppe** und zu unserem Übernachtungsplatz zwischen **Weiß-** und **Schwarzhorn**.

WOMO-Wandertipp: Tschagerjoch (2630 m) - Vajolethütte (2243 m)
Gehzeit: 5 Std. **Schwierigkeit:** mittel. **Höhenunterschied:** 300 m
Strecke: Von der Frommer-Alm mit Lift zur Kölner Hütte. Von dort steil empor und rechts auf ‹550› zum Tschager-Joch. Von dort auf ‹541› nun leicht absteigend nach links zur weithin sichtbaren Vajolet-Hütte, gleicher Weg zurück.

Frommer-Alm mit Rosengartenblick

Von der **Frommer-Alm** (1740 m) bis zum **Niger-Pass** (1690 m) fahren wir ununterbrochen leicht bergab. Ein großer, geschotterter Parkplatz und ein gut besuchter Berggasthof sind dort das einzige Angebot (vom schon selbstverständlich herrlichen Blick auf den **Rosengarten** abgesehen).

Nun sinken wir mit 15% Gefälle weiter ab, Fichtenwald umgibt uns, die bizarre Gipfelpracht versinkt nach hinten. Der Blick vom nächsten **Picknickplatz** nach 3 km ist bereits talwärts gerichtet, dort hinab kurven wir neben einem Sturzbach.
Nach 3 km seit dem letzten Picknickplatz, bei »km 16,3«, kann man rechts in den "Forstweg Tschamintal" abzweigen und nach 200 m bei Tisch & Bank parken, sich auf einer Liegewiese aalen oder auf ‹3› zur wildromantischen Klamm des **Tschamintales** wandern, das bereits zum **Naturpark Schlern** gehört.

(118) WOMO-Wanderparkplatz: Tschamintal

GPS: N46° 28' 17.1" E11° 34' 12.5"; 1250 m. **max.WOMOs:** >5.

Ausstattung/Lage: Wanderwege, Tisch & Bank, Liegewiese/außerorts.

St. Cyprian/Weißlahnbad

Man kann aber auch 1800 m später, bei der kleinen Kapelle von **St. Cyprian** (Reste eines 1964 ausgeraubten Flügelaltars), nach rechts zum "Naturparkhaus" abbiegen. Angesichts eines hübschen Wasserfalls dröhnt man mit weit mehr als den angezeigten 15% hinauf und findet nach 1500 m, umrahmt von hohem Kiefernwald, ruhige und ebene Wanderparkplätze.

(119) WOMO-Wanderparkplatz: St. Cyprian

GPS: N46° 28' 42.3" E11° 33' 31.3" **max. WOMOs:** >5.
Ausstattung/Lage: Wanderwege, Tisch & Bank, Naturparkhaus 200 m/außerorts.

WOMO-Wandertipp: Tschamintal - Grasleitenhütte (2129 m)
Gehzeit: 4-5 Std. **Schwierigkeit:** mittel. **Höhenunterschied:** 950 m
Strecke: Auf ‹3› zur Tschaminschwaige (dorthin auch mit WOMO über Weißlahnbad). Weiter auf ‹3› im Tschamintal durch schöne Wiesen und an alten Almhütten vorbei bis zur Wegegabel. Nun auf ‹3A› rechts durchs Grasleitental steil hinauf zur Grasleitenhütte (oder nach links weiter auf ‹3› zum wilden "Bärenloch"); gleicher Weg zurück.

Auch hier beginnt eine Gabel des Wanderweges ‹3› ins **Tschamintal** – und zudem kann man auf dem Areal eines Informationszentrums = Naturparkhaus (**Naturpark Schlern**) die erstaunlichen wassertechnischen Fertigkeiten der "alten Bergbauern" anhand perfekter Nachbauten studieren. Am Kirchlein **St. Cyprian** zurück geht es weiter Richtung BOZEN. Wir durchqueren TIERS mit seiner schönen Kirche, der Zwiebelturm kunstvoll mit Holzschindeln gedeckt (in der Ortsmitte rechts ein Parkplatz mit kräftig schüttendem **Brunnen**).
2000 m nach einem Tunnel – wir haben sie schon lange vorher gesehen – können wir zu der Kirche **St. Katharina** von BREIEN hinabkurven. Die Abfahrt ist steil und sehr schmal. Folglich sollten nur Freskenfans das WOMO hinabquälen und in der Unterführung kräftig hupen – oder noch besser oben an der Straße parken!
Diese werden jedoch begeistert sein von den leuchtenden Außenfresken unter dem schützenden Holzdach. In zehn Bildern wird die Legende der Hl. Katharina anschaulich erzählt.

Blick auf Schloss Prösels

4 km später verlassen wir die BOZEN-Strecke nach rechts (Wegweiser: Prösels). Dort, an dem ruhigen Parkplatz einer der eindrucksvollsten Burgen Südtirols, endet unsere Tour 7 mit der Besichtigung der historischen Räume, die u. a. eine Schützenscheiben-, eine Waffen- und eine Mineraliensammlung beherbergen.
Auch ein Blick in die romanische Kirche **St. Nikolaus** im Ort PRÖSELS kann empfohlen werden.
Wer sich nach der "Großstadt" BOZEN sehnt, kehrt danach zur Hauptstraße zurück. Wer jedoch mit Tour 8 gleich den zweiten Teil unserer Dolomitenreise anschließen möchte, rollt gleich weiter hinab nach VÖLS (falls er nicht vorher burgherrlich bei **Schloss Prösels** nächtigen möchte).

(120) WOMO-Stellplatz: Schloss Prösels

GPS: N46° 30' 13.9" E11° 29' 46.2"; 845 m.
max. WOMOs: 3-4.
Ausstattung/Lage: Schlossbesichtigung, Schatten, Mülleimer, Gaststätte im Ort/ Ortsrand.
Zufahrt: 4 km nach Breien rechts abbiegen (ausgeschildert "Prösels").

136
WC
137
Bruneck
Kiens
St. Lorenzen
St. Martin
Moos
Montal
Puster-Tal
Gader-Tal
Furkel-Sattel
1737 m
E 133
134
Zwischenwasser
Rau-Tal
St. Vigil
Kreide-See
Mautstraße
nach Pederü
135
Mühlbach
131
St. Martin
Wengen
S
Thurn
W
Pederoa
Telegraph
2504 m
Würz-Joch
2006 m
Campill
Brixen
Brixen
132
Gader-Tal
St. Leonhard
130
Pedratsches
129
St. Kassian
Stern
Eisack-Tal
St. Peter
Sass Rigais
3025 m
Puez-Sp.
2913 m
Sassongher
2665 m
Kollfuschg
Grödner-Joch
2137 m
W
Corvara
128
W
126
127
Klausen
Klausen
Raschötz 2282 m
Wolkenstein
P
St. Ulrich
St. Christina
Plan de Gralba
Grödner-Tal
123
124
Langkofel
Sella-Joch
2240 m
Grödner-Tal
Waidbruck
Puflatsch 2174 m
125
Pordoi-Joch
2239 m
WC W
Kastelruth
W
Seiser Alm
Canazei
Seis
122
St. Oswald
Aichach
121
Schlern 2564 m
Roterdspitze
2653 m
St. Konstantin
Völser Weiher
TRENTINO
Eisack-Tal
B
WC
Völs
Rosengarten
28%
Prösels
Pozza di Fassa
120
Niger-Pass
Blumau
Tiers
nach
Bozen
Welschnofen
Karer-Pass
Moéna
Eggen-Tal
Birchabruck
Obereggen
10 km
Deutschnofen
Rauth
KARTE TOUR 8

TOUR 8 (180 km / 4-5 Tage ohne Wanderungen)

Prösels –Völs – Seis – Seiser Alm – Kastelruth - St. Ulrich – St. Christina – Wolkenstein – Sella-Joch – Grödner-Joch – Corvara – St. Leonhard – St. Vigil – Pederü – St. Martin – St. Lorenzen – Bruneck

Freie Übernachtung: Prösels, Seis, St. Christina, Plan de Gralba, Sella-Joch, Grödner-Joch, Stern, St. Leonhard, St. Martin, Campill, St. Vigil.

Campingplätze: Völs/St. Konstantin: "Seiser Alm", Corvara: "Corvara", St. Kassian: "Sass Dlacia", St. Vigil: "Al Plan", St. Lorenzen: "Ansitz Wildberg".

Besichtigungen: u. a. Burg Prösels, Völs (Pfarrkirche, St. Konstantin), Seis (St. Valentin), Seiser Alm, Kastelruth (Kofelkapellen), St. Christina (Fischburg), Corvara (St. Katharina), St. Leonhard (Pfarrkirche, Wallfahrtskirche Hl. Kreuz), Wengen (Barbara-Kapelle), St. Martin in Thurn (Schloss Thurn Ladinisches Museum), St. Vigil (Kirche), St. Martin (Kirche, Michelsburg).

Wanderungen: siehe Wanderblöcke im Text.

Die direkte Verbindung von PRÖSELS nach VÖLS hat es in sich, denn mit satten 28% geht es auf schmaler Spur hinab! Schnell ist jedoch die Hauptstraße BOZEN - VÖLS erreicht und wir biegen erleichtert nach rechts ein.

In der Ortsmitte von VÖLS halten wir uns links, sichten am ersten Parkplatz rechts einen **Brunnen**, kurven hinauf bis zum Parkplatz zwischen Rathaus und Schule. Jetzt sind es nur noch ein paar Schritte bis zur großen **Pfarrkirche** mit der schönen Rokokokanzel und dem überwältigend-riesigen Flügelaltar.

Wir kehren zur Hauptstraße zurück, verlassen VÖLS Richtung KASTELRUTH. Unter kleinen Urlaubern ist VÖLS gleichbedeutend mit **Völser Weiher**. Zu ihm biegen wir 900 m später, in ST. ANTON, rechts ab.

Aber die Berühmtheit hat ihren Preis! Nach 2200 m steilem

VÖLS, Kanzel der Pfarrkirche

Völser Weiher, Schlernblick

Aufstieg werden wir vor dem ersten Parkplatz [N 46° 31' 15.2" E 11° 31' 12.8"] zur Kasse gebeten (PKW 3 €, WOMOs fünfmal soviel!). Für diesen (Wucher-)Preis darf man noch nicht einmal nachts stehen bleiben (immerhin ist eine Toilette vorhanden).

Baden im See ist kostenlos, seine Umrundung ebenfalls – aber vom Parkplatz aus kann man auch zu richtigen Wanderungen starten.

WOMO-Wandertipp: Schlern (2564 m)

Gehzeit: 6 Std. **Schwierigkeit:** mittel. **Höhenunterschied:** 1500 m

Strecke: Vom Parkplatz auf ‹1› zur Tuffalm, weiter zum Schlernbachgraben (Wegkreuz "Peter Frag"). Hier weiter auf ‹1› über die Sesselalm oder auf direktem Wege über die ‹3› zu den Schlernhäusern. Von dort aus in weiteren 20 min. zum Petz, dem höchsten Gipfel des Schlern; gleicher Weg zurück.

Zurück an der Hauptstraße fahren wir rechts bis ST. KONSTANTIN, denn das gleichnamige Kirchlein ist der obligatorische Vordergrund für Ihr Schlern-Foto. Man rumpelt direkt vor der Kirche das schmale Sträßchen hinab (und streift beim Einbiegen in den Parkplatz [N 46° 32' 8.9" E 11° 31' 29.6"] möglichst nicht die Felsbrocken am Straßenrand).

500 m weiter liegt der Camping "Seiser Alm", der seinem Namen im Sinne des Wortes nicht gerecht wird.

(121) WOMO-Campingplatz-Tipp: "Seiser Alm"

GPS: N46° 31' 59.8" E11° 31' 49.6"; 930 m. **Öffnungszeiten:** ganzjährig.

Zufahrt: Zwischen St. Konstantin und Seis links unterhalb der Straße.

Ausstattung: Kaum Schatten, V/E, Gaststätte, Minimarkt, Kinderspielplatz; Ortsrand.

Preise: WOMO + 2 Personen: 20-49 €, Strom 0,60 €/kWh, Hund 3,50-5,20 €.

St. Konstantin, Schlernblick

Wir rollen oberhalb des Campingplatzes hinüber nach SEIS. Noch vor dem Ortsschild geht es rechts zum Parkplatz bei der neuen **Umlaufbahn** zur **Seiser Alm** (die Tagestouristen von der Auffahrt mit dem PKW abhalten soll).

Seiser Umlaufbahn, kostenfreier Parkplatz

Hier kann man auch parken, um die ab SEIS ausgeschilderte Wanderung zur romantisch im Waldesdunkel liegenden **Ruine Wolkenstein** oder unseren Spaziergehtipp beginnen zu können (bei der Anfahrt links über die Brücke weiterer Parkplatz)!

(122) WOMO-Wanderparkplätze: Seis / Umlaufbahn
GPS: N46° 32' 24.8" E11° 34' 00.5"; 1021 m. **max. WOMOs:** > 5.
Ausstg./Lage: Wanderwege ab Zentrum/Ortsrand. **Hinweis:** Camping verboten.
Zufahrt: Am Ortsbeginn von Seis (3 km nach dem Campingplatz) rechts.

WOMO-Spaziergehtipp: St. Oswald/Aichach
Gehzeit: 2 Std. **Schwierigkeit:** leicht. **Höhenunterschied:** 250 m
Strecke: Auf dem schmalen Fahrweg ‹7› (aussichtsreich hinab ins Eisacktal) bis zum Kirchlein St. Oswald (Fresken), zurück auf ‹7A› vorbei an der reizvollen Ruine Aichach.

Vor dem Bau der Umlaufbahn war SEIS für die Tagestouristen nur Durchgangsstation zur **Seiser Alm**. 50 qkm herrlichster Almwiesen mit reichhaltiger alpiner Flora, umrahmt von einer einmaligen Gebirgskulisse, locken jährlich zigtausende von Besuchern an (nicht nur Sie!). Wunderschöne Spaziergeh- und Wanderwege durchziehen diesen Alpengarten in alle Himmelsrichtungen. Wohl dem WOMO-Urlauber, der das Paradies in der Vorsaison besuchen kann!
700 m nach dem Ortsendeschild von SEIS geht es rechts hinauf. Nach 2,8 km erreichen wir die angekündigte Straßensperre, die nur noch "Ermächtigte" (zu denen Sie nicht zählen!) weiterfahren lässt. Die Durchfahrtssperre gilt z. Zt. nur von 9-17 Uhr (wer weiß, wie lange noch!?). Ihr Aufenthalt ist allerdings auf die Zeit von 6-21 Uhr begrenzt.

Auf der Seiser Alm, Schlernblick

Nach 7,5 km, beim Gasthof **"Frommer"**, liegt der erste von drei Parkplätzen [N 46° 32' 16.9" E 11° 36] 18.3" (er ist gratis und heißt "Spitzbühel"). Auf dem nächsten ("Schlern") dürfen nur Busse Ihre Pneus ausruhen. "Compatsch" liegt am Ende der (erlaubten) Fahrstraße nach 9,2 km [N46° 32' 24.0" E11° 37' 02.4"; 1843 m] und ist gebührenpflichtig (15 €/Tag).

Auch von der **Seiser Alm** kann man zu den Schlernhäusern wandern (ab "Frommer" auf ‹5› in 6 Std. hin & zurück, evtl. mit Lift) oder sich bequem in der Pferdekutsche spazieren fahren lassen.

Unser Wandertipp zur bekannten **Tierser-Alpl-Hütte** kann zu einer (gesicherten) Klettertour auf dem "Maximiliansteig" erweitert werden.

WOMO-Wandertipp: Tierser-Alpl-Hütte (2438 m)

Gehzeit: 5 Std. **Schwierigkeit:** leicht. **Höhenunterschied:** 600 m

Strecke: Vom Parkplatz "Kompatsch" mit Lift oder auf ‹7› zum Hotel "Panorama" am Joch. Weiter eben zur Aussichtskuppe "Goldknopf" bzw. auf ‹2› um sie herum. Dann in Serpentinen zur Rosszähnscharte (2495 m) und hinab zur Hütte (ab hier evtl. Ausflug "gesicherter Maximiliansteig" + 2,5 Std.); gleicher Weg zurück.

KASTELRUTH, "Haus der Monate"

Direkt hinter der Abzweigung zur **Seiser Alm** beginnt KASTELRUTH. Vor der Kirche schwenken wir links und rollen an dem schön bemalten "Haus der Monate" vorbei zu den Terrassen des P 2 [N46° 33' 57.3" E11° 33' 30.0"]. Hoffentlich ist dieser schöne, neue Parkplatz von Dauer!???

Weitere Parkmöglichkeiten finden Sie am Busbahnhof (WC). Von dort aus führt ein bequemer Spazierweg hinauf zur **Burgruine** (am Campanile der

Kirche vorbei und durch den Torbogen des Rathauses, dann dem Wegweiser "Kofel" folgen).

Wenig ist von der Burg Kastelruths übriggeblieben, aber Spazierweg, Sitzbänkchen und die Aussicht von ihnen sind äußerst reizvoll. Innerhalb des Burgwalles zwei **Kapellen** und der **Kaiser-Jubiläums-Brunnen** aus dem Jahre 1908 (alles fein säuberlich im Jugendstil verzieret und bemalet) erfreuen zusätzlich das Auge.

Wenn Sie dann wieder nach KASTELRUTH hinabgestiegen sind, können Sie selbstverständlich erwarten, von den gleichnamigen Spatzen angesungen zu werden.

KASTELRUTH – die Spatzen singen

Richtung GRÖDEN schnauft das WOMO einen Hügel hinauf bis zum **Panider Sattel**, dann schwingt es sich mit 15% Gefälle hinab ins (allseits bekannte!) **Grödner-Tal**. Dort erwartet uns

bereits das an Touristen überquellende ST. ULRICH. Außer schlendernden Urlaubsfiguren ist es reich an kleinen, großen und riesigen Holzgestalten, denn der Urlaubsort ist auch bekannt für seine vielen Holzschnitzer (wenden Sie sich z. B. an der Einmündung in die Grödner-Tal-Straße links, so stoßen Sie sofort auf einen überdimensionalen Luis Trenker vor der Schnitzerei der Gebr. Bergmeister).

Absolut unterdimensioniert ist das Parkplatzangebot, noch nicht einmal bei den Liftstationen findet man ein Plätzchen.

Auch in ST. CHRISTINA, der zweiten Touristenhochburg des Tales, kann man von Holzschnitzer zu Holzschnitzer pilgern, zwei Lifte sorgen für den bequemen Start zu verschiedenen Wandertouren. Zunächst führt in der Ortsmitte (links hinauf mit 18% Steigung) ein Fahrweg zur Talstation des Umlaufliftes zum **Col Raiser**. Der große Parkplatz oberhalb des Ortes hat nur einen Nachteil: Er weist eine enorme Schräglage auf, da helfen auch keine Unterlegkeile!

Umfangreich ist das Wanderangebot (z. B. ab Col Raiser über die Panascharte zur Broglesalm, 4 Std. hin & zurück).

Einen völlig ebenen, großen **Parkplatz** findet man, wenn man nicht ins Zentrum abbiegt, sondern auf der Hauptstraße bleibend den ersten Stadtumfahrungstunnel durchquert und dahinter am Kreisel halblinks abbiegt. Dort, am rauschenden Grödner Bach, liegt die Talstation des **Sasslong-Liftes**.

ST. CHRISTINA, Parkplatz bei der Talstation des Sasslong-Liftes

Von dieser Stelle aus können Sie auf unserem Spaziergehtipp Kunst und Natur miteinander verbinden!

(123) WOMO-Wanderparkplatz: St. Christina / Sasslong-Lift

GPS: N46° 33' 24.8" E11° 43' 42.7"; 1400 m. **max. WOMOs:** ca. 25.
Ausstattung/Lage: Wanderwege, Gaststätten in der Nähe, tags Gebühr/Ortsrand.
Zufahrt: Nach dem ersten Stadtumfahrungstunnel am Kreisel halblinks.

WOMO-Spaziergehtipp: Fischburg

Gehzeit: 0,5 Std. **Schwierigkeit:** leicht. **Höhenunterschied:** 50 m
Strecke: Vom Sasslong-Lift auf markiertem Waldweg zur Burg; Sehenswürdigkeiten: Vieltürmige, freskengeschmückte Burganlage, schöne Innenhöfe mit Arkadengängen; leider innen nicht zu besichtigen.

Die Gemeinde WOLKENSTEIN, die dritte im Bunde der Touristenhochburgen, versuchte die fahrenden Touristen mit einem totalen WOMO-Parkverbot zu vergraulen. Unser Gespräch mit dem Leiter des Touristenamtes ergibt, dass auch hier nichts so heiß gegessen wird, wie es gekocht wurde (immerhin weist er zum Entsorgen auf das öffentliche **WC** im Kulturhaus rechts der Durchfahrtsstraße hin. Bei unserem letzten Besuch waren die Verbotsschilder verschwunden).
600 m nach dem Ortsschild biegen wir links ab ins **Langental**. Eine Scheunenzufahrt in 3,20 m (?) Höhe versperrt sicher manchem die Weiterfahrt zum 2500 m entfernten, idyllisch am Eingang zum **Langental** gelegenen Wanderparkplatz [N46° 33' 50.2" E11° 46' 24.2"; 1612 m], nachts für WOMOs verboten; tags 5 € Gebühr, überfüllt. Am steilen Abriss der Stevia-Wand links über uns entdecken wir die Ruinen der **Burg Wolkenstein**: Ein gewisser Randold von Villanders übte von dort aus Jahrzehnte lang eine Schreckensherrschaft über das Tal aus. Da bekanntlich Gottes Mühlen langsam aber unerbittlich mahlen, brach 1522 ein gewaltiger Felsblock von der Stevia-Wand ab und begrub **Burg Wolkenstein** unter sich.

Abmarsch ins Langental

Das bequem zu durchschlendernde **Langental** mit seinem Panoramablick auf Langkofel, Puez- und Sella-Gruppe ist bereits ein ***Erlebnis. Es lässt sich ganz einfach zu einer "richtigen" Bergtour erweitern.

WOMO-Wandertipp: Puezhütte (2475 m)

Gehzeit: 6 Std. **Schwierigkeit:** leicht. **Höhenunterschied:** 870 m
Strecke: Vom Parkplatz am Beginn des Langentales stets auf ‹4› an der St. Silvester-Kapelle vorbei taleinwärts, dann links durch Wald ansteigend zur Puezalpe und nach rechts auf dem Dolomitenweg ‹2› zur Puezhütte. Abstieg auf ‹14› zurück ins Langental und auf ‹4› zurück zum WOMO.

Am Ortsende von WOLKENSTEIN haben wir noch eine Parkmöglichkeit entdeckt: Man folgt nach rechts dem Wegweiser zum **Ciampinoi-Lift**. Dieser ist sommers geschlossenen, seine **Parkplätze** [N46° 32' 55.3" E11° 45' 58.7"; 1640 m] deshalb bei WOMOs beliebt.

Sofort hinter WOLKENSTEIN besinnt sich die Straße, dass sie zu einem Pass hinaufführen soll, macht sich ans Werk und kippt das WOMO abrupt in Schräglage. Serpentinen tun ein übriges, um den Fahrer gut zu beschäftigen, während der Beifahrer fasziniert auf die immer näher rückenden Wände der **Sella-Gruppe** starrt – und dabei hoffentlich nicht einen offiziellen und doch kostenlosen WOMO-Stellplatz übersieht:

(124) WOMO-Wanderparkplatz: Plan de Gralba

GPS: N46° 31' 56.0" E11° 46' 20.2"; 1790 m. **max. WOMOs:** > 5.
Ausstattung/Lage: Mülleimer, Wanderwege, Kinderspielplatz, Gaststätten, Plätscherbach/ bei Einzelgebäuden. **Zufahrt:** 2 km nach Wolkenstein rechts (ausgeschildert).

Plan de Gralba, Blick auf den Langkofel

1200 m später gabelt sich die Straße, weil sie ein doppeltes Passangebot im Programm hat. Um ja nichts zu verpassen, dampfen wir zunächst rechts zum **Sella-Joch** hinauf. Direkt unter den steilen Wänden, wo während der Schneeschmelze silberne Wasserfallfahnen über schwarze Felsen rauschen, geht's hinauf zum **Rifugio Passo Stella** mit schönen Wanderparkplätzen bei der Gondelbahn (die eigentliche Passhöhe in 2244 m Höhe erreicht man 1000 m später am Beginn des Pößnecker Klettersteigs).
So lange man das Bergpanorama vom WOMO-Fenster aus betrachtet, wirkt es gewaltig und ruhig. Verlässt man jedoch die schützende Alu-Hütte, so wird man hineingeschleudert in die rauhe Wirklichkeit der Dolomitenwelt: Kalte Böen zerren die Tür auf und lassen den verwöhnten Urlauber erschauern. Aber entsprechend gekleidet und alpin ausgerüstet, kann man hier eine Reihe aussichtsreichster Wanderungen beginnen!

(125) WOMO-Wanderparkplatz: Sella-Joch / Gondelbahn
GPS: N46° 30' 32.8" E11° 45' 27.3"; 2172 m. **max. WOMOs:** 3-4.
Ausstg./Lage: Wanderwege, Gaststätte, Gebühr (Tag & Nacht)/bei Einzelgebäuden.
Zufahrt: Von Plan de Gralba auf der SS 242 bis zum Pass.

WOMO-Wandertipp: Rund um den Langkofel (2679 m)
Gehzeit: 4 Std. **Schwierigkeit:** mittel. **Höhenunterschied:** 400 m
Strecke: Mit Lift zur Langkofelscharte (zu Fuß auf ‹525› zusätzlich 1 Std.). Über das steile Langkofelkar hinab zur Langkofelhütte (Rif. Vicenza). Nun auf ‹526› (Stradal-Weg) nördlich des Langkofels unter Felswänden zur Rif. Emilio Comici und weiter durch die "Steinerne Stadt" zurück zum WOMO.

Vor dem Sella-Joch bei der Gondelbahn, Blick auf den Langkofel

Wir kehren vom **Sella-Joch** zurück zur Straßengabelung und serpentinen hinauf zum **Grödner-Joch**, umfahren also die westliche Hälfte der **Sella-Gruppe**, wobei auch die im Norden emporragende **Geisler-Gruppe** Begeisterung hervorruft.
Von der Gabelung aus gerechnet kann man in Ruhe parken und schauen beim Restaurant **Gerard** nach 1,2 km, beim schönen, ebenen **Picknickplatz** nach 2 km [N46° 32' 18.3" E11° 46' 59.7"] ...

Blick auf den Langkofel vom Picknickplatz (2 km nach der Gabelung)

... und – natürlich – nach 6 km in 2137 m Höhe auf dem **Grödner-Joch** beim **Rifugio Alpino** [**126:** N46° 32' 58.9" E11° 48' 30.9"; 2124 m]; Gebühr 4 €/Tag. Hier beginnt der Wanderweg ‹2›, der direkt in die Puezgruppe hineinführt.

WOMO-Wandertipp: Crespeina-Joch (2528 m)

Gehzeit: 4-5 Std. **Schwierigkeit:** mittel. **Höhenunterschied:** 500 m
Strecke: Auf Dolomitenhöhenweg ‹2› an der Clarkhütte vorbei übers Cirjoch zum Crespeinajoch (Bergkreuz), hinab zum Crespeina-See und hinauf zum Ciampai-Joch. Dort auf ‹4› rechts hinab zum Ciampai-See (von hier aus kann man in 1 Std. den Sass Songher (2665 m) besteigen). Weiter nach Westen quer durch die Wiesenhänge, auf schmalem Steig zur Forcelles-Hütte und zum Grödner-Joch.

Grödnerjoch, Blick auf die Puezgruppe

Ein weiterer, guter Ausgangspunkt zur Ersteigung des **Sass-Songher** ist KOLLFUSCHG. Zu dieser Streusiedlung schraubt sich die Straße hinab wie eine verrücktgewordene Bandnudel, die den Fahrer voll in Anspruch nimmt.
Gut, dass bereits 2400 m unterhalb des Passes ein großer, ebener Parkplatz des Club Alpino Italiana mit einem kleinen Teich wartet (hier beginnt ein anspruchsvoller Klettersteig).

(127) WOMO-Wanderparkplatz: C.A.I. Via Ferrata Klettersteig

GPS: N46° 32' 49.3" E11° 49' 13.1"; 2124 m.
max. WOMOs: 3-4.
Ausstattung/Lage: Wanderwege (Klettersteig)/außerorts.
Zufahrt: Vom Grödner-Joch 2400 m talwärts, dann rechts auf Schotter.

Hinab geht's in ein liebliches Lärchental. In der Ortsmitte von KOLLFUSCHG rauschen wir hinauf bis zum **Wanderparkplatz** [N 46° 33' 15.8" E 11° 51' 20.5"] vor der Kirche. Dort ist bereits die Markierung für den Wanderweg ‹4› zum **Sass Songher** an die Wände gepinselt. Er ist ein echter Dolomiten-Wachturm, dessen Ersteigung "Normalsterblichen" unmöglich erscheint – aber er hat eine leicht begehbare Nordwestflanke ...

WOMO-Wandertipp: Sass Songher (2665 m)

Gehzeit: 5 Std. **Schwierigkeit:** mittel. **Höhenunterschied:** 950 m
Strecke: Von KOLLFUSCHG auf ‹4› ins Edelweißtal, dann auf ‹7› rechts steil und teilweise ausgesetzt zur Sass-Songher-Scharte. Nun auf gutem, z. T. seilgesichertem Steig zum Gipfel, gleicher Weg zurück.

Am Ortsende von KOLLFUSCHG passieren wir die Abzweigung zum **Campingplatz** "Colfosco" [**128:** N46° 33' 03.7" E11° 51' 47.4"] und wenige 100 m später haben wir in CORVARA die Talsohle erreicht. Am Ortsbeginn rechts liegen zwischen Eisstadion und Boè-Lift viele Parkplätze (5 €/Tag) ...

An der Vorfahrtsstraße müssten wir links nach BRUNECK abzweigen, machen aber den kleinen 700-m-Abstecher nach rechts bis zur alten **St. Katharina-Kapelle** [N 46° 32' 48.3" E 11° 52' 34.7"]. Freskenreste und ein schöner **Flügelaltar** (Gemälde: Enthauptung der Hl. Katharina auf den Flügelaußenseiten!) machen sie sehenswert.

CORVARA, St. Katharina

Blickt man nur nach vorn, ins **Corvara-Tal** hinein, so sieht man ein gemächlich an den Flanken ansteigendes Wiesental. Steigt aber der Blick nach oben, so ragen darüber die bizarren Wände der **Kreuzkofel-Gruppe** auf.

Nach 4 km sind wir in STERN. Am Ortsendeschild geht es links hinauf zu einem offiziellen WOMO-Stellplatz.

(129) WOMO-Stellplatz: Stern / Sosta Camper Odlina

GPS: N46° 35' 22.2" E11° 54' 02.1"
max. WOMOs: 50.
Ausstattung: Strom, Wanderwege; Schwimmbad, Skilift, Gaststätte je 300 m.
Gebühr: 20/24 €.
Ver-/Entsorgung auch ohne Aufenthalt für 10 € möglich; Gas-Service.
Zufahrt: Am Ortsende von Stern links (ausgeschildert).

Weitere 2 km talwärts, in PEDRATSCHES, zweigen wir rechts ab nach ST. LEONHARD. Bereits 300 m nach der Abzweigung geht's scharf rechts hinauf zum **Parkplatz** des **Heiligkreuzkofel-**

Liftes, der seine Bergstation nahe des **Heiligkreuz-Hospizes** hat. Mit oder ohne Lift – die Wanderung unter den Steilhängen des **Heiligkreuzkofels** mit dem weißen Hospiz davor ist "erste Sahne".

(130) WOMO-Wanderparkplatz:
St. Leonhard / Heiligkreuzkofellift

GPS: N46° 36' 31.6" E11° 53' 46.0"; 1335 m. **max. WOMOs:** 3-4.
Ausstattung/Lage: Wanderwege (mit und ohne Lift)/Ortsrand.
Zufahrt: Von Stern 2 km auf der SS 244 talwärts, dann rechts.

Blick über St. Leonhard auf den Kreuzkofel

WOMO-Wandertipp: Heilig-Kreuz-Hospiz (2045 m)

Gehzeit: 4-5 (2) Std. **Schwierigkeit:** mittel (leicht) **Höhenunterschied:** 670 (200) m
Strecke: Auf ‹7› (oder mit dem Sessellift) zum Hospiz, Abstieg auf ‹13› nach Südwesten, später über OIES zurück nach ST. LEONHARD.

"Große Kunst" finden Sie im **Pilgerhospiz** nicht, dafür aber in ST. LEONHARDS gleichnamiger **Kirche**: Prächtige Stuckarbeiten und schwindelerregende Großgemälde in den Flachkuppeln schmücken das typische Rokokobauwerk.
Besonders sehenswert das erste Kuppelgemälde (von der Tür aus): Der Hl. Jakobus erscheint dem König von Aragon im Krieg gegen die Mauren.
Weiter geht es bergab durch das idyllische **Gader-Tal**, das WOMO erholt sich zusehends von den anstrengenden Pässen und Serpentinen.
In PEDEROA bietet sich ein Abstecher nach WENGEN an.

Nach 2500 m, in der Ortsmitte, sollten Sie links der Kirche parken [N 46° 39' 28.0" E 11° 55' 25.7"] (rechts der Kirche **Brunnen**) und einen gemütlichen Spaziergang zur **Barbara-Kapelle** nicht weit von der verfallenen Pfarrkirche (nur der Turm steht noch) machen. Nur Faule turnen weiter rechts hinauf Richtung RE und parken schließlich bei einigen Bauernhäusern (das Kirchlein hat man dabei längst entdeckt), dann müssen die Füße doch noch 200 Schritte gehen!

WENGEN, Barbarakapelle

Die **Barbara-Kapelle** ist ein Schmuckstück in jeglicher Hinsicht: Die Lage ist einzigartig, die Architektur eine Augenweide, der Innenraum ist liebevoll ausgemalt – und das Kreuzigungsfresko an der Außenwand hat seit dem 15. Jh. kaum etwas an Leuchtkraft eingebüßt.

Wie gesagt: Der Wanderweg ‹3› führt garantiert an der Kapelle vorbei – und falls Sie für heute bereits zu müde sind, dann finden Sie im Talgrund beim Sportplatz [N46° 39' 16.3" E11° 55' 59.3"] ein ruhiges Plätzchen.

Übrigens sollte Ihnen im **Gadertal** längst einiges "spanisch" vorkommen, oder haben Sie noch nicht bemerkt, dass die Ortstafeln jetzt sogar dreisprachig beschriftet sind? Richtig, wir sind mitten im **ladinischen Sprachraum**. Diese Sprache, zum rätoromanischen gehörend, wurde in karolingischer Zeit im gesamten Alpenraum bis hinauf nach Süddeutschland gespro-

chen. Den schweizer Ableger des rätoromanischen nennt man auch "Churer Welsch" – und wenn Sie in WENGEN den Einheimischen zuhören, dann werden Sie das bereitwillig mit "Kauderwelsch" übersetzen.

Nach weiteren 4 km im **Gadertal** lohnt sich ein kurzer Abstecher nach ST. MARTIN IN THURN. Direkt hinter dem Gaderbach kann man nach rechts zu den Sportplätzen abzweigen und dort ruhig stehen.

(131) WOMO-Stellplatz: St. Martin in Thurn / Sportzone
GPS: N46° 41' 07.3" E11° 53' 43.7"; 1095 m. **max. WOMOs:** 3-4.
Ausstattung/Lage: Baumschatten, Sitzbänke/außerorts.
Zufahrt: Von der SS 244 links ab nach St. Martin, hinter der Brücke wieder rechts.

Turnt man durch das Dörfchen nach oben, dann kommt man zur **Burg Thurn**. Sie gibt nicht nur als Fotomotiv einen vorzüglichen Vordergrund ab, sondern beherbergt auch das sehenswerte Ladinische Museum (wo Sie alles gezeigt und erklärt bekommen, was Ihnen bisher "spanisch" vorkam; offen: Di-Sa 10-18, So 14-18 Uhr).

500 m unterhalb der Burg entdecken wir den Wegweiser zu einem Reitstall mit WOMO-Parkplatz. Wir schwenken ein ins Tal des Campiller Baches, durchqueren PESBACH, TIES, biegen hinter der Kirche von CAMPILL links und erreichen nach insgesamt 6,5 km die **"Sitting Bull Ranch"** [**132:** N46° 37' 55.1" E11° 51' 19.4"], wo Sie für immerhin 10 € (pro Person!) das WOMO auf einer Wiese abstellen, übernachten und kleinere oder tagelange Ausritte starten können.

In ZWISCHENWASSER machen wir den letzten Abstecher unserer Tour und biegen rechts nach ST. VIGIL. Nach 4 km kann man nach links zum Lift abzweigen, denn der große, geschotterte Parkplatz dahinter ist für Wohnmobile reserviert!

(133) WOMO-Stellplatz: St. Vigil / Ritterkeller
GPS: N46° 42' 23.4" E11° 55' 44.0" **max. WOMOs:** > 5.
Ausstattung/Lage: Skilift, Strom, Wasser, Ver-/Entsorgung, Pizzeria/Ortsrand.
Gebühr: 20 € / 25 € (Weihnachten/Silvester) all incl.
Tel.: 0039-0474-501418 **net:** www.ritterkeller.it **eMail:** ritterkeller2000@yahoo.it

Fährt man vor dem Lift rechts und rollt weiter Richtung **Pederü**, so passiert man als nächstes den wirklich idyllisch gelegenen **Campingplatz** "Al Plan" [**134:** N46° 41' 42.5" E11° 56' 16.9"]. Dort ist es viel gemütlicher als auf dem WOMO-Parkplatz (und im Winter gibt es einen kostenlosen Skibus zum Lift), aber der Komfort ist eben ein bisschen teurer.

Wer auch den Campingplatz links liegen lässt und immer weiter ins **Rau-Tal** hineinrollt, betritt nach 2,5 km, ab dem kleinen **Kreide-See** (mit Fontäne, Schwan und Gasthaus), den **Naturpark Fanes-Sennes-Prags**.

Im Sommer wird für die restliche Strecke (7,5 km) bis zum Talschluss bei der **Pederü-Hütte** Maut verlangt, unterwegs findet man reichlich Gelegenheit für ein gemütliches Picknick am Waldrand (eine Stelle auch mit Grill).

Pederü bietet Parkraum für hunderte von Wanderfreunden. Absolute Verweigerer kommen trotzdem zu höchsten optischen Genüssen, liegt doch **Pederü** direkt nordöstlich der **Kreuzkofel-Gruppe** und bietet entsprechende Ausblicke.

(135) WOMO-Wanderparkplatz: Rau-Tal / "Pederü"

GPS: N46° 38' 17.3" E12° 02' 30.3"; 1547 m.
max. WOMOs: 3-4.
Ausstattung/Lage: Wanderwege, Tisch & Bank, Gaststätte/außerorts.
Hinweis: Camping verboten.
Zufahrt: siehe Text.

WOMO-Wandertipp: Faneshütte (2060 m)

Gehzeit: 3-4 Std. **Schwierigkeit:** leicht. **Höhenunterschied:** 500 m
Strecke: Von Pederü auf ‹7› teils dem Jeepweg folgend bis Klein-Fanes. Beim zweiten See rechts zur Lavarella-Hütte (2042 m), in weitem Bogen an kleinen Seen vorbei zur Fanes-Hütte, auf ‹7› direkt wieder hinab nach Pederü.

Bevor wir das **Rau-Tal** ganz verlassen, ist in ST. VIGIL noch "Kunst angesagt". Die **Pfarrkirche** mit der bemalten Fassade scheint eine Schwester der Rokokokirche von ST. LEONHARD zu sein, denn auch hier wetteifern reiche Stukkaturen mit üppigen Deckengemälden, deren Scheinarchitektur auch Kenner verblüfft. Im Hauptbild wird der Hl. Vigilius gesteinigt – und man tritt unwillkürlich einen Schritt zur Seite, um nicht in das blutige Geschehen einbezogen zu werden.

Die nächsten 6 km **Gader-Tal** Richtung ST. LORENZEN waren eng mit steilen Felshängen, folgten kurvenreich dem gewundenen Lauf des **Gaderbaches**. Von ihm sieht man jetzt nicht mehr viel, denn die Tunnelbohrer haben ganze Arbeit geleistet. Erst beim Örtchen MONTAL verbreitert sich das Tal wieder. Hier führen zwei Brückchen nach rechts über den Gaderbach (die erste ist nur für Fahrradfahrer, das zweite mit Wegweiser: Gew.-Gebiet Aue) zum Weiler MOOS (wer's eilig hat, saust einfach geradeaus weiter über ST. LORENZEN nach BRUNECK).

MOOS bietet zweierlei: Uralte Bauernhäuser, einen prächtig sprudelnden **Brunnen** direkt an der Straße und beim Wassertanken einen Blick auf die dekorative Ruine der **Michelsburg**. Noch besser haben Sie's jedoch im benachbarten ST. MARTIN: In der Ortsmitte (es sind nur wenige Häuser) kann man bei der großen Übersichtstafel parken [N46° 46' 32.2" E11° 53' 41.9"] und rechts zur **Michelsburg** spazieren. Der Kulturbeflissene wendet sich vorher links zur Kirche, um die Fresken der **Gregoriusmesse** zu bestaunen (den Kirchenschlüssel erhält man im Bauernhaus rechts der Kirche).

St. Martin, Gregoriusmesse

Die Gregoriusmesse ist eine sehr selten dargestellte Legende, nach der dem Papst Gregor während einer Messe Jesus mit den Kreuzmalen erschienen sein soll. Der Freskomaler versteht es blendend, seine Beherrschung der perspektivischen Malerei in Szene zu setzen.
Wir rollen nun talwärts und über ST. LORENZEN nach BRUNECK, wo unsere Tour 8 endet – und die Touren 9, 10 und 11 beginnen.

KARTE TOUR 9a+10

TOUR 9 (220 km / 5-6 Tage ohne Wanderungen)

Bruneck – Amaten – Antholzer Tal – Staller Sattel – Welsberg – Gsieser Tal – Pragser Tal – Toblach – Innichen – Innerfeldtal – Fischleintal – Sextental (Karte 9b siehe Tourmitte)

Freie Übernachtung: u.a. Oberwielenbach, Staller Sattel, St. Magdalena, Pragser Wildsee, "Brückele", Innerfeldtal, Sexten (Lift), Fischleintal (Lift), Kreuzbergpass.

WOMO-Gaststätte: Amaten: "Amaten".

Campingplätze: Bruneck: "Schießstand", Rasen: "Corones", Antholz: "Antholz", Toblach: "Olympia", Sexten/Moos: "Caravanpark Sexten".

Besichtigungen: u.a. Bruneck (Ortsbild), Antholz-Niedertal (St. Walburg), Antholz-Mittertal (Wegerkeller), Antholzer Wildsee, Welsberg (Pfarrkirche), Taisten (Pfarrkirche, Georgskirche, Bildstock), Pragser Wildsee, Toblach (Ortsbild, Pfarrkirche), Innichen (Stiftskirche, Heilig-Grab-Kapelle), Sexten (Rundkapelle).

Wanderungen: siehe Wanderblöcke im Text.

BRUNECK ist ein gemütliches Städtchen – und es gibt dem einrollenden WOMO-Fahrer keine Probleme auf!
Zunächst passiert er (von ST. LORENZEN her kommend) in der Industriezone den Supermarkt "Inter-Spar", am folgenden Kreisverkehr biegt er links ab und nach 150 m (noch vor der **Rienz**-Brücke) wieder rechts in die Heilig-Kreuz-Straße/STEGEN. Nach weiteren 1000 m steht er auf einem riesigen, kostenlosen Parkplatz zwischen **Rienz** und Bahnlinie (und ins Zentrum sind's gerade mal 500 Schritte).

(136) WOMO-Stellplatz: Bruneck / Stegener Marktplatz

GPS: N46° 47' 43.4" E11° 55' 47.8"; 835 m; Stegener Straße. **max. WOMOs:** > 5.
Ausstattung: keine. **Zufahrt:** Am Kreisverkehr links Richtung Zentrum.
Hinweise: Bahnlinie unterqueren zum kostenpflichtigen **P** beim Busbahnhof (mit WC), Ver-/Entsorgung und GPL Tankstelle Nordring 3 [N 46° 47' 53.3" E 11° 55' 38.8"].

BRUNECK, Raintor

Wir beginnen unseren Stadtbummel beim Info-Amt (Ecke Fermistraße/Graben). Wir überqueren den **Graben**, passieren an seinem Beginn die **Ursulinenkirche** (mit vier Reliefs eines ehemaligen Flügelaltars). Hinter der Kirche links kommt man durch das **Ursulinentor** in die **Stadtgasse**, die Flaniermeile Brunecks. Beim Schlendern werfen Sie nach links einen Blick auf das **Floriani-Tor** (oder sitzen Sie bereits in einem der Straßencafés?).

Durch das bemalte **Rain-Tor** gelangt man in den Stadtteil Oberragen, die von der **Burg** überragte Oberstadt. Gleich hinter dem Tor steht mitten auf der Straße der **Ansitz Sternbach**, vor ihm eine Mariensäule und ein Brunnen, dahinter die prächtige **Pfarrkirche Maria Himmelfahrt** mit leuchtenden Deckengemälden und Hochaltar.

Die schmale Mühlgasse führt uns nach links über die **Rienz** (am letzten Haus vor der Holzbrücke Außenfresken); dahinter kann man am Fluss gemütlich schlendernd zum Kapuzinerplatz und durch den Graben zum WOMO zurückkehren.

Zur Weiterreise lassen wir uns von den Hinweisschildern gen Osten Richtung INNICHEN/TOBLACH auf die Pus-

BRUNECK, Pfarrkirche

BRUNECK, Burg

tertaler Hauptstraße führen. Kaum haben wir diese geentert, sichten wir die Abzweigung zum **Campingplatz** "Schießstand" [**137:** N46° 47 21.3 E11° 57 18.6], der recht gemütlich, aber nicht ganz geräuscharm oberhalb der Straße in einem Kiefern- und Lärchenwäldchen liegt.
2 km später sind wir in PERCHA und biegen links ab nach TESSELBERG. Nach weiteren 2 km passieren wir die Abzweigung nach OBERWIELENBACH, halten uns zunächst aber aus mancherlei Gründen links:
Der erste Grund? Auf halbem Wege nach TESSELBERG liegt in idyllischer Einsamkeit der wohnmobilfreundliche Berggasthof/ Hotel "Amaten" (mit exzellenter Küche)!

(138) WOMO-Gaststätte: "Amaten"

Max. Übernachtungen: 2-3. Max. WOMO-Zahl: 5. Ansprechpartner: Herr Peter Wolfsgruber
GPS: N46° 48' 51.3" E11° 57' 44.0"; 1263 m; Kinderspielplatz, Wasser auf Anfrage.
Tel.: 0039-0474-559993, Fax: 559999 www.amaten.it hotel@amaten.it

In TESSELBERG, nach steilen 7 km, findet man zwar vor und hinter dem Bach nur spärliches Parkangebot [N 46° 49' 43.1" E 11° 59' 8.5"; 1477 m], aber den Ausgangspunkt für eine schöne (und leichte) Wanderung!

WOMO-Wandertipp: Hühnerspiel (2136 m)

Gehzeit: 3-4 Std. **Schwierigkeit:** leicht. **Höhenunterschied:** 650 m
Strecke: Am Tesselberger Bach entlang auf ‹7A› taleinwärts zur Tesselberger Alm, dann im Rechtsbogen hinauf zum Hühnerspiel und von da auf ‹7› meist eben durch Wald. An der Gabelung auf ‹3› zurück nach Tesselberg.

Wir kurven, schmal und eben, weiter Richtung MÜHLBACH. Nach 2,8 km zeigt ein Wegweiser nach rechts zu einem 1,5 km entfernten Wanderparkplatz. Dort steht man sehr schön zwischen einem Wasserreservoir und einem schön angelegten, eingezäunten Picknickareal mit Brunnen und Bachlauf.

(139) WOMO-Wanderparkplatz: Mühlbach / Badl

GPS: N46° 51' 14.7" E12° 00' 20.0"; 1606 m. **max. WOMOs:** 3-4.
Ausstattung/Lage: Parkplatz z.T. schräg, Wanderweg, Tisch & Bank, Brunnen, restaurierter Kalkbrennofen/außerorts.
Zufahrt: Von Tesselberg 2,8 km Richtung Mühlbach, dann rechts 1,5 km.

Der bequeme Wanderweg ‹2› führt in 20 min. zur Jausenstation "Mühlbacher Badl" und wesentlich anspruchsvoller weiter zum Mühlbacher Jöchl und zur Windschar.
Nur noch 1000 m sind es nach dem Abstecher nach MÜHLBACH. Gleich am Ortsbeginn findet man links viele ebene **Parkplätze** [**140:** N46° 50' 53.6" E11° 59' 09.4"] und weitere vor dem Gasthof "Huber". Dann wird's eng – aber eine kurvige

MÜHLBACH, Blick hinab ins Tauferer Tal

Straße führt hinab nach UTTENHEIM imTauferer Tal.
Wir kehren zur Abzweigung nach OBERWIELENBACH zurück, wenden uns dort nach links. Nach 2 km passieren wir die Streusiedlung (Ortsende **Brunnen** links) und entdecken genau 200 m nach dem Ortsendeschild den Wanderweg ‹6A›.

WOMO-Wandertipp: Rammelstein (2438 m)

Gehzeit: 4-5 Std. **Schwierigkeit:** mittel. **Höhenunterschied:** 1000 m.
Strecke: Auf ‹6A› kurz den Wielenbach hinauf, jedoch bald nach rechts ziemlich steil zur Thaleralm. Ab dort auf ‹6› nordwärts über Almböden nur noch leicht ansteigend zum südlichsten Gipfel der Rieserfernergruppe, einem erstrangigen Aussichtspunkt; gleicher Weg zurück (Foto: Blick über Oberwielenbach, Wanderparkplatz markiert).

Parken könnten kurze WOMOs hier und (schön eben, groß und ruhig) 600 m weiter rechts der Straße (Erdpyramidenparkplatz).

(141) WOMO-Wanderparkplatz: Oberwielenbach / Erdpyramiden

GPS: N46° 48' 43.9" E12° 00' 20.8"; 1428 m. **max. WOMOs:** 3-4. **Ausstattung/Lage:** Reizender Wanderweg (30 min.) zu den schönsten Erdpyramiden die wir kennen im Litschbachgraben von Platten/außerorts, direkt an der Straße.

400 m weiter kommt mit P 2 der zweite Pyramidenwanderparkplatz, nur wenige Schritte vor dem Dörfchen PLATTEN, wo die Straße endet (deshalb sind die beiden P nachts ruhig). Zurück auf der Pustertalstraße geht es weiter nach Osten, aber nur bis zur nächsten Abzweigung und dann 1,8 km hinauf nach WIELENBERG. Dort steht am Ortsende das repräsentative Naturstammhaus des **Kräuterhofes** [**142:** N46° 47' 54.6" E11° 59' 41.7"; Übernachtung nach Rücksprache möglich], wo Sie

WIELENBERG, Kräuterhof

nicht nur Kräuter, sondern alles, was man aus oder mit ihnen machen kann, erwerben sollen (Heilkräuter, Tees, ätherische Öle, Liköre, Schnäpse usw.). Direkt neben dem Parkplatz führt der Wanderweg ‹16 A› hinauf nach PLATTEN und weiter zu den Erdpyramiden, oder reicht Ihnen schon ein Bummel durch den Kräutergarten oder über den Kräutererlebnispfad?

Die nächste Abzweigung von der Pustertalstraße führt uns nach links Richtung ANTHOLZ/**Staller Sattel**. Am Ortsende von NIEDERRASEN passieren wir die Abzweigung zum **Campingplatz** "Corones" [N46° 46' 33.0" E12° 02' 14.6"; 1002 m] und in OBERRASEN halten wir vor dem Schlosshotel! Nein, wir wollen nicht unserem WOMO untreu werden, sondern Ihnen nur den ehemaligen Ansitz **Heufler** zeigen, in dem nun auch Bürgerliche (mit entsprechendem Geldbeutel) nächtigen dürfen. Gegenüber, also links der Straße, beginnt der Wanderweg ‹1› zur Burgruine **Neurasen** und weiter zu den uns bereits bekannten **Erdpyramiden** von PLATTEN.

Schlosshotel im Ansitz Heufler

Die Straße führt nun durch eine weite, ebene Fläche, kein See könnte glatter sein. Und ein See war die **Rasner Möser** einst auch, jetzt ist er verlandet zu einem großen Hochmoor.
ANTHOLZ-NIEDERTAL liegt abseits der Straße. 150 m vor der Kirche führt uns der Wegweiser nach rechts zur Sportzone. Nachdem man das 15-to-Brückchen überquert hat, rollet man nach links, am Fischteich vorbei, zum reich ausgestatteten Picknickplatz im Fichtenwald.

(143) WOMO-Picknickplatz: Antholz-Niedertal / Sportzone
GPS: N46° 49' 48.3" E12° 05' 28.4"; 1100 m. **max. WOMOs:** 2.
Ausstattung/Lage: Tisch & Bank, Brunnen, überdachter Grillplatz, WC im Sportgebäude/ außerorts. **Zufahrt:** siehe Text.

Der Fischteich ist mit prächtigen Regenbogenforellen besetzt. Wer in der Bar 16 € über den Tresen reicht, darf bis zu vier Stück dieser Prachtburschen herausangeln.

Um das schöne **Christophorus-Fresko** an der Kirche St. Walburg zu betrachten, müssen Sie noch nicht einmal aus dem WOMO aussteigen, denn es ist direkt hinter der Friedhofsmauer zu sehen (auf dem sich auch ein Blick auf die Wandgemälde lohnt). Ausdauernde Wanderer zur **Amperspitze** (2687 m) finden gute Parkmöglichkeiten im Ort.

Antholz-Niedertal vor der Rieserferner-Gruppe

Auf A.-NIEDERTAL folgt A.-MITTERTAL. Rechts neben dem Hotel **"Wegerhof"** steht ein kleines Holzhäuschen, das es im wahrsten Sinne des Wortes in sich hat! Einst, die Winter waren hart und die Zufahrtswege ins Tal verschneit, wurden hier platzsparende (und entsprechend hochprozentige) Getränke ausgeschenkt. Lassen Sie sich

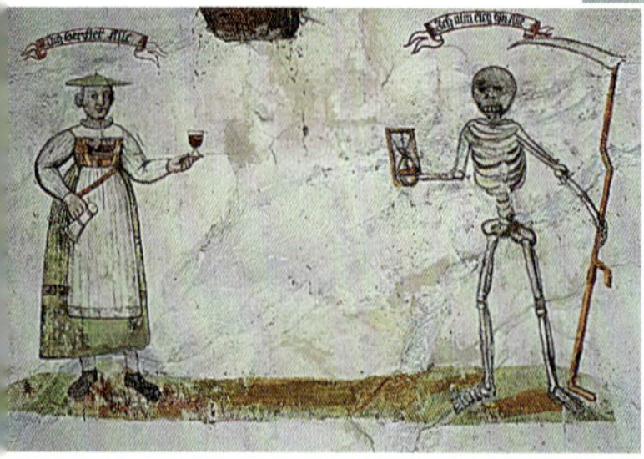

im Hotel den Schlüssel geben, steigen Sie die schmale Holzstiege hinauf und schmunzeln Sie über die acht Freskenfiguren mit den passenden Sprüchen "zum Leben, Trinken und Sterben": Sie reichen vom Bauern („Ich ernähr Alle!“) über den Geldverleiher („Ich verdörb eich Alle!") bis zum Gevatter Tod („Ich nim eich hin Alle!").

Der "Wegerhof" liegt vor der Kirche links – und hinter der Kirche rechts der Gasthof **"Bruggerwirt"** mit dem "Kontrastprogramm" – auf die Wandtäfelung der alten Gaststube sind die zwölf Apostel aufgemalt. Wo hat man wohl genussvoller gezecht?

Völlig alkoholfrei können Sie am **Brunnen** hinter dem Bruggerwirt Wasser zapfen, am Ortsende links parken und auf dem Wanderweg ‹3› zur **Rieserfernerhütte** starten.

(144) WOMO-Wanderparkplatz: Antholz-Mittertal / Sportplatz
GPS: N46° 51' 46.3" E12° 06' 09.3"; 1265 m. **max. WOMOs:** 2-3.
Ausstattung: Wanderweg, Kinderspielplatz mit Brunnen, Tischtennisplatte, Sportplatz.

WOMO-Wandertipp: Rieserfernerhütte (2800 m)
Gehzeit: 8 Std. **Schwierigkeit:** mittel. **Höhenunterschied:** 1550 m
Strecke: Auf ‹3› westlich anfangs steil, dann gemütlich durch Wald zur Graseralm, mäßig steil weiter und schließlich sehr steil über Geröll und Fels zu der neuen Hütte des Südtiroler Alpenvereins in einer tollen Gletscherwelt mit einem kleinen See; gleicher Weg zurück.

An A.-MITTERTAL schließt sich sofort ANTHOLZ-OBERTAL an, die Gehöfte sind über die gesamte Talseite verstreut. Falls Sie auf der Strecke den **Campingplatz** "Antholz" [**145:** N46° 51' 53.0" E12° 06' 33.8"; 1277 m] vermisst haben – er liegt an der Hauptstraße außerhalb und nordöstlich von MITTERTAL. Bald rollen wir am Ufer des herrlichen **Antholzer Sees** entlang, ein im Vergleich zu anderen Bergseen Südtirols noch

Blick über den Antholzer See von Süd nach Nord

kaum vermarktetes Kleinod. An seinem Beginn auf dem Riesenparkplatz vom **Biathlonzentrum** [N 46° 53' 4.3" E 12° 9' 9.5"] (Gebühr), beim Imbiss "**Tiroler Hütte**" [N 46° 53' 2.7" E 12° 9' 26.3"], beim Damwildgehege [N 46° 52' 57.8" E 12° 9' 48.5"] und an seinem Ende [N 46° 53' 13.1" E 12° 10' 25.5] beim **Seerestaurant** kann man das WOMO bequem parken, von der Terrasse des Seerestaurants über die schimmernde Wasserfläche unter der beeindruckenden Kulisse der **Rieserfernergruppe** blicken – oder ihn in einem knappen Stündchen auf dem "Naturerlebnisweg" mit 16 Stationen aussichtsreich umrunden.

Hinweis: Die Straße entlang des Sees ist einbahnstraßenschmal mit Ausweichstellen; alle evtl. Plätze außer den genannten sind mit Baumstämmen verbarrikadiert.

Wenige Meter später kommt man, völlig überrascht, an eine Ampel, die eine ungewohnte, aber äußerst praktische Einbahnstraßenregelung steuert: Ab jeder halben Stunde bis zur Dreiviertelstunde schaltet sie auf "Grün" und gibt die Straße zum **Stallersattel** frei (offen: 5.30 - 21.45 Uhr). Bis zur vollen Stunde hat man dann Zeit, um in 2015 m Höhe an der österreichischen Grenze anzukommen. Denn dort steht bereits der Gegenverkehr, der von der vollen Stunde bis zur ersten Viertelstunde lostouren darf – und wiederum bis zur halben Stunde am **Antholzer See** ankommen muss, um nicht in den Gegenverkehr zu geraten.

Wir haben Glück, es ist 10.43 Uhr – und rauschen bei "Grün" auf dem schmalen, steilen Sträßchen durch den Wald empor. Nach 1700 m passieren wir einen kleinen Tunnel, der nur bis 3 m Höhe freigegeben ist (aber einen wesentlich höheren Eindruck macht). Dann geht das Gekurbel an einigen sehr engen Serpentinen los, aber der Gedanke an den fehlenden Gegenverkehr beruhigt gewaltig. Auf der Passhöhe liegt frischer Schnee (Außentemperatur 2,7 °C). Vorbei an einer Gaststättenbude mit **Brunnen** und Wanderparkplatz rollen wir kurz hinab nach Österreich, wo bereits nach 300 m der **Obersee** mit schönen, ebenen **Parkplätzen [146:** N46° 53' 22.9" E12° 12' 11.6"; 2019 m] auf Besucher wartet und, am gegenüberliegenden Seeufer, das Alpengasthaus **"Oberseehütte"**. Sehr bequem lässt sich auch dieser Bergsee in einem halben Stündchen umrunden.

Staller Sattel, Blick über den Obersee

WOMO-Wandertipp: Rotwand (2817 m)

Gehzeit: 4 Std. **Schwierigkeit:** leicht. **Höhenunterschied:** 750 m
Strecke: Vom Stallersattel auf ‹7› nach Süden bis zur Weggabelung, weiter auf ‹7› nun steiler ansteigend bis zum Gipfel (prächtiger Fernblick auf die Rieserfernergruppe und den Antholzer See); gleicher Weg zurück.

Zurück auf der Pustertalstraße passieren wir den **Olanger Stausee**. Biegt man an seinem Beginn rechts nach OBEROLANG und schwenkt nach 400 m (noch vor der Bahnunterführung) scharf links zurück in ein schmales Sträßchen, so findet man nach 500 m neben der Staumauer eine kleine, schräge Parkmöglichkeit [N46° 45' 35.5" E12° 03' 11.1"; 1057 m] und kann sich per pedes oder Fahrrad am Seeufer ergehen und seinen Blick vom Wasserspiegel zu den **Sextener Dolomiten** im Osten erheben (größere WOMOs sollten an der Abzweigung parken!).

TAISTEN, Bildstock

Unser Abstecher ins **Gsieser Tal** beginnt am Kreisverkehr vor WELSBERG.
Bereits nach 1000 m im **Gsieser Tal** darf man den kurzen Abstecher nach TAI-STEN nicht auslassen, denn es wartet gleich mit drei kunsthistorischen Sehenswürdigkeiten auf! In der Ortsmitte, links gegenüber dem Verkehrsamt [N46° 46'

05.4" E12° 06' 53.6"], beginnt der Augenschmaus mit einem herrlichen **Tabernakelbildstock**, dessen typische Bogennischen kunstvoll ausgemalt sind. An ihm vorbei führt die Straße links hinauf zur **Pfarrkirche** (im Kirchhof [N46° 46' 4.2" E12° 6' 46.7"] mit **Brunnen** kann man bequem parken). Die perfekte Illusionsmalerei des Rokoko beeindruckt uns immer wieder.

Taisten, Rokokomalerei in der Pfarrkirche

Taisten, Georgskirche

Den Schlüssel zur **Georgskirche**, etwas weiter in den Ort hinein, bekommt man im Bauernhaus vor der Kirche rechts. Bereits der riesige Christophorus an der Außenwand ist sehenswert, die reichhaltige Freskenausstattung der frühromanischen Kirche mit der doppelgeschossigen Rundbogenapsis jedoch eine Augenweide – man beachte z. B. nur den Hl. Georg in seiner Kreuzritterrüstung ...

Rollt man unter der Kirche weiter, dem Wegweiser zur Sportzone aus dem Ort hinaus folgend, so findet man neben dem Fußballplatz einen großen, ruhigen Parkplatz.

(147) WOMO-Stellplatz: Taisten / Sportplatz

GPS: N46° 46' 23.5" E12° 07' 16.2"; 1243 m. **max. WOMOs:** 2-3.
Ausstattung: Sportplatz, Tisch & Bank (überdacht)/außerorts.
Zufahrt: An der Georgskirche vorbei dem Wegweiser "Sportzone" folgen.

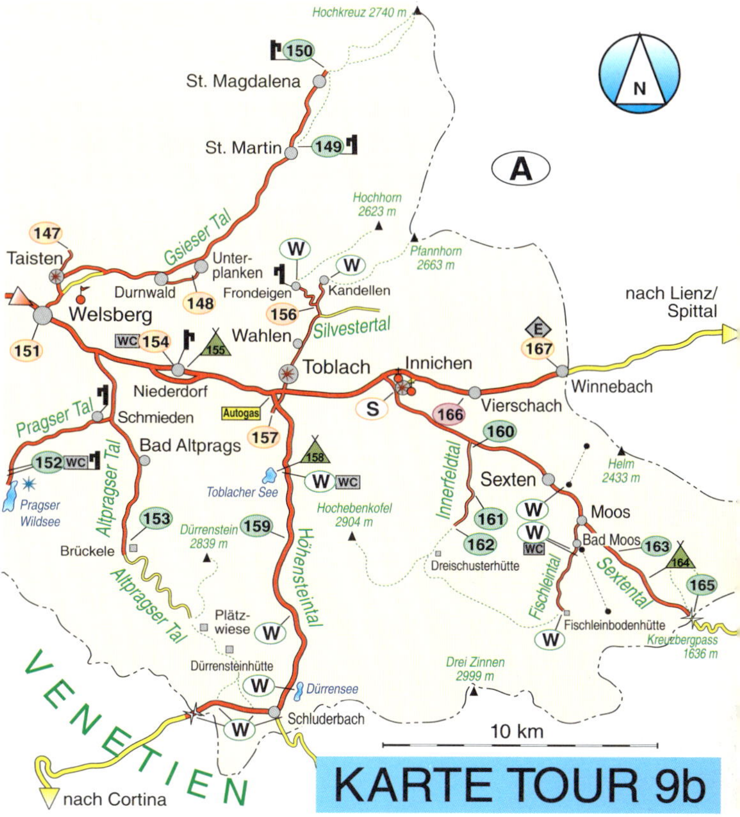

Bei der Weiterfahrt hinab ins **Gsieser Tal** präsentiert sich uns das **Schloss Welsperg** mit einem überdimensionierten Bergfried, bevor wir nach links taleinwärts abbiegen.

Gsieser Tal, typisches Bauernhaus

Das Tal öffnet sich uns nun, behäbig liegen die uralten Höfe mit ihren riesigen Scheunen im breitausladenden Wiesengrund, Waldstreifen ziehen die Hänge hinauf.
3,5 km nach TAISTEN biegen wir rechts zur Sportzone von DURNWALD. Der große, langgezogene **Parkplatz** [**148:** N46° 46' 10.8" E12° 11' 23.8"; 1213 m] bietet Raum für viele kleine Bäumchen und große WOMOs.
In ST. MARTIN findet man bei der Kirche und drumherum ebenfalls gute Spazier- und **Wanderparkplätze** [**149:** N46° 48' 44.3" E12° 13' 40.8"], z. B. kann man auf dem bequemen Talblickweg beliebig lang (oder kurz) entlangschlendern.
ST. MAGDALENA ist der letzte Ort im Tal, steil steigt die Straße bereits im Ort an. Am Ortsende, bei der "Talschlusshütte", findet das WOMO einen praktischen Stellplatz und kann in Ruhe abwarten, bis Sie nach ca. 6-7 Stunden vom **Hochkreuz** (2741 m) zurückkommen, aber auch zum bereits genannten Talblickweg kann von hier aus gestartet werden.

(150) WOMO-Wanderparkplatz: St. Magdalena / Talschlusshütte
GPS: N46° 50' 31.3" E12° 14' 52.0"; 1468 m. **max. WOMOs:** 2-3.
Ausstattung/Lage: Wanderweg, Tisch & Bank, Wasserhahn/Ortsrand.
Hinweis: Allerletzter Parkplatz 800 m nach dem Kreisel [N46° 50' 52.9" E12° 14' 43.1"].

WOMO-Wandertipp: Hochkreuz (2741 m)
Gehzeit: 6-7 Std. **Schwierigkeit:** mittel. **Höhenunterschied:** 1350 m
Strecke: Von der Talschlusshütte auf ‹12› kurz talein und dann rechts durch das Pfoital hinauf zur Uwaldalm. Weiter auf ‹12› über die sog. Platte und dann auf dem Südgrat zum Gipfel, einem der erhabensten im Gsieser Tal; gleicher Weg zurück – oder auf ebenfalls ‹12› direkt durchs obere Pfoital zur Talschlusshütte.

Zurück in WELSBERG, parken wir in der Ortsmitte links beim Supermarkt "Euro-Spin" neben dem **Brunnen** und marschieren nach rechts zur **Pfarrkirche** mit den drei sehenswerten Altarbildern von Paul Troger, einem Sohn der Stadt Welsberg. Große, ebene **Parkplätze [151:** N46° 45' 17.2" E12° 06' 14.0"] findet man beim Sportplatz (P 5 + P 6).
Am Ortsende, beim Kreisverkehr, entdeckt man die Zufahrt zum **Schloss Welsperg**. Nach einem steilen Stück bergauf parkt man das WOMO vor der Schule [N46° 45' 26.6" E12° 06' 32.5"] und marschiert die letzten 10 min. (zunächst ebenfalls steil, aber mit mehreren Ruhebänken) hinauf zum Schloss (1.7. - 11.9. Mo-Fr 10-13/15-18, So 15-18 Uhr geöffnet).

Schloss Welsperg in der Abendsone

Dann setzen wir unseren Weg nach Osten fort – das nächste der Südtiroler ***Highlights ist nahe! Bereits nach 3 km leitet uns ein braunes Hinweisschild, das immer eine Sehenswürdigkeit andeutet, ins **Pragser Tal**, dieses besitzt wiederum zwei Seitenäste. Nach weiteren 2,7 km kommt die Gabelung, wir rollen zunächst nach rechts zum **Pragser Wildsee**, werden empfangen von einer überwältigenden Gruppe von riesigen "Dolomiten-Türstehern" (macht man einen kleinen "Umweg" durch die Ortsmitte von SCHMIEDEN, so findet man dort zwei **Brunnen**). Drei Parkplätze sorgen dafür, dass die erwartungsfrohe Touristenschar nicht wieder umkehren muss, bevor das obligatorische Foto mit den sich im See spiegelnden Berggipfeln geschossen ist: Der erste (mit WC und Wasser gegen Gebühr) und zweite Parkplatz (beide kostenpflichtig; Übernachtung gestattet) liegen 600 m bzw. 300 m vor dem See.

(152) WOMO-Wanderparkplätze: Pragser Wildsee P1 + P2

GPS: N46° 42' 18.8" E12° 5' 13.0" + N46° 42' 3.9" E12° 05' 6.7"
max. WOMOs: > 5.
Ausstg./Lage: Wanderweg, Imbissbude, Toilette, Entsorgung (?), Gebühr/außerorts.
Zufahrt: 3 km östlich von Welsberg rechts und an der Gabelung wieder rechts.
Hinweis: Der 3. Parkplatz (direkt am See) ist für WOMOs gesperrt (Ausnahmen gibt es in der Nebensaison, wenn man direkt bei der Besitzerin des Seehotels vorspricht und sich auf die Autoren beruft. Traumplatz bei der Kapelle am See!).
Spaziergehtipp: Am Seehotel (mit Restaurant und Andenkengeschäften) beginnt der Rundweg um den in der Tat prächtigen Bergsee. In einem Stündchen hat man die spiegelglatte Fläche umrundet – man kann natürlich auch ein Ruderboot mieten ...

WOMO-Wandertipp: Pragser Seekofel (2810 m)

Gehzeit: 7 Std. **Schwierigkeit:** mittel. **Höhenunterschied:** 1300 m
Strecke: Auf dem Dolomitenhöhenweg ‹1› vom Südende des Pragser Wildsees weiter südwärts meist steil hinauf zur Egerer Hütte (Seekofelhütte). Von da auf Steig mit Seilsicherungen nordwärts zum Gipfel (großartiger Panoramablick, auch hinab zum See); gleicher Weg zurück.

Wir rollen zur Talgabelung zurück, jetzt geht's nach rechts Richtung **Plätzwiese**. Selbst wenn Sie es kaum noch hören bzw. lesen können, das näherkommende Gebirgspanorama ist wieder "eine Wucht"!
Nach 5,5 km biegen wir beim Gasthaus "Brückele" auf den großen Parkplatz ein. Ab hier ist im Sommer (und bei überfülltem Parkplatz vor der Plätzwiese) ein Bustaxidienst eingerichtet; WOMOs dürften lt. Hinweisschild nicht weiterfahren.

(153) WOMO-Wanderparkplatz: "Brückele"

GPS: N46° 40' 37.9" E12° 08' 55.3"; 1494 m. **max. WOMOs:** 3-4.
Ausstattung/Lage: Wanderwege, Gaststätte/bei Einzelgebäude.

Aber es ist früher Morgen und keine Menschenseele (geschweige denn ein Bus) zu sehen. Folglich turnen wir die 7 km steil hinauf bis zum großen Parkplatz vor der **Plätzwiese**, einer traumhaft schönen Hochalm, von der aus in 2 1/2 Std. auf ‹40› der **Dürrenstein** (ein "leichter" Dolomitengipfel) erstiegen werden kann. Aber man ist den 3000ern bereits so nahe, dass auch ein kleiner Spaziergang höchste optische Genüsse bietet!

Plätzwiese, Spaziergang zur Dürrensteinhütte

WOMO-Spaziergehtipp: Dürrensteinhütte (2040 m)

Gehzeit: 1 Std. **Schwierigkeit:** leicht. **Höhenunterschied:** 10 m

Strecke: Auf dem breiten Panoramaweg taleinwärts mit Blick auf die Zinnen rings um den Monte Cristallino, in der rechten Felswand ein Loch! (Vom Gasthaus "Dürrensteinhütte" links hoch zum Heimkehrerkreuz weitere 30 min.).

Bei der Rückfahrt kommen uns die ersten Touristen-PKWs entgegen und mancher Fahrer schleudert böse Blicke, wenn die Straße mühsames Ausweichen erfordert ...

Weiter geht's auf der Pustertalstraße nach Osten. Wer nicht die Ortsumfahrung von NIEDERDORF benutzt, entdeckt einen ruhigen **Übernachtungsplatz** [**154:** N46° 44' 26.8" E12° 09' 15.7"] beim außerhalb gelegenen Sportplatz (mit WC), fünf **Brunnen**, einen Kneipp-Kurpark mit zwei Parkplätzen, die sehr empfehlenswerte Pizzeria "Emma" in der Ortsmitte und den **Camping** "Olympia" [**155:** N46° 44' 03.7" E12° 11' 37.8"] am Ortsende. Nur wer's eilig hat, saust auf der Umgebungsstraße durch die Tunnel.

3 km später sind wir in TOBLACH, das im Mittelalter, an der Handelsstraße Venedig - Augsburg gelegen, seine Hochblüte hatte. Aus dieser Zeit stammen auch noch einige schöne **Ansitze**, der größte Kunstschatz der Stadt ist zweifelsohne die barocke **Pfarrkirche**!

Biegt man an der Ampel-

kreuzung nach links in die Ortsmitte hinein, so landet man direkt vor der lindgrünen Kirche, in der man unbedingt den prächtigen Hochaltar, die reichverzierte Kanzel, die kunstvollen Stuckarbeiten und natürlich die aufwendigen Kuppelgemälde betrachten muss.
Vor der Pfarrkirche (150 m dahinter links Parkplatz) biegt die Straße nach rechts ins **Silvestertal**. An WAHLEN vorbei rollen wir hinein in das idyllische Waldtal, bald jedoch wird die Straße schmaler und steiler. Nach 3,5 km gabelt sie sich (davor praktischer **Parkplatz** [**156:** N46° 45' 17.6" E12° 14' 26.2"] für große WOMOs); links geht's nach FRONDEIGEN, wir besuchen aber zunächst, steil (?) nach rechts, die Gaststätte **"Seiterhof"** in KANDELLEN. Dahinter liegt ein langer, aber schräger **Parkplatzstreifen** [N46° 45' 43.3" E12° 14' 54.9"; 1556 m]. Hoffentlich ist das Bier nicht warm, wenn Sie vom **Pfannhorn** (2663 m) zurück sind!

WOMO-Wandertipp: Toblacher Pfannhorn (2663 m)

Gehzeit: 4-6 Std.
Schwierigkeit: mittel.
Höhenunterschied: 1100 m
Strecke: Vom Gasthof "Seiterhof" auf dem Güterweg ‹25› hinauf ins Golfental, vorbei an der Bonner Hütte und weiter auf ‹25› zum Gipfel (großartige Rundsicht); gleicher Weg zurück.

Auch der Fahrweg nach FRONDEIGEN ist schmal (?) und steil. Nach 1700 m sprudelt links ein **Brünnlein**. Ein kleiner Parkstreifen wäre daneben frei, wenn die aussichtsreichen und ebenen Restaurantparkplätze [N46° 45' 49.5" E12° 13' 47.5"; 1636 m] bei Gasthof "Kurter" (700 m später) alle besetzt sein sollten. Dort beginnt die überaus lohnende, weil leichte, gefahrlose, aber zu einem prachtvollen Aussichtsgipfel führende Wanderung zum **Hochhorn** (2623 m).

WOMO-Wandertipp: Hochhorn (2623 m)

Gehzeit: 5 Std. **Schwierigkeit:** mittel. **Höhenunterschied:** 1000 m
Strecke: Vom "Kurter" auf ‹24› durch Wald aufwärts, dann über die Kuppe des Golfen und den anschließenden Südwestgrat zum Gipfel; gleicher Weg zurück.

Überquert man in TOBLACH die SS 49 an der Ampelkreuzung, so kommt man nach NEU-TOBLACH. Den Wegweisern zur **Nordic Arena** folgend entdeckt man nicht nur ruhige **Parkplätze** [**157:** N46° 43' 04.0" E12° 13' 24.0"] vor ihr, sondern auch den Hochseilgarten "Abenteuerpark" dahinter.
Bei der Zufahrt haben wir die SS 51 Richtung VENEDIG

unterquert. Auf ihr rollen wir wenig später nach Süden, machen einen ersten Stopp beim schönen **Toblacher See**. Oberhalb, an der Straße, kann man kostenpflichtig parken [N46° 42' 19.4" E12° 13' 13.0"] (mit WC) oder zu seinem Ufer hinabrollen und in den **Campingplatz** "Toblacher See" [**158:** N46° 42' 23.2" E12° 13' 06.1"] einschwenken.

Von hier aus zieht sich ein Rad- und Wanderweg durchs **Höhensteintal**, aber auch ein 2 1/2-Stunden-Seeumrundungsweg wartet auf Sie!

Wer in das Wander- oder Radelvergnügen kostenlos einsteigen möchte, rollt noch 3,5 km nach Süden, wo man auf dem **Parkplatz [159:** N46° 40' 34.1" E12° 13' 19.1"] des Kriegerfriedhofs "Nasswand" sein WOMO gebührenfrei abstellen kann.

Weitere Wanderparkplätze finden wir beim Restaurant "Dreizinnenblick", am **Dürrensee** [N46° 37' 49.5" E12° 13' 44.5"], in SCHLUDERBACH links vom Feriendorf "Ploner", davor rechts abbiegend nach 500 m links, bei der verfallenden "Cantoniera 119 km" [N46° 37' 26.1" E12° 11' 27.8"] und schließlich, schon auf der Seite Venetiens, auf dem **Passo Cimabanche**. Hier, in 1530 m Höhe, wenden wir das WOMO und kehren ins **Pustertal** zurück.

Von TOBLACH sind es nur noch 5 km bis INNICHEN mit seiner berühmten romanischen **Stiftskirche**. Auf diesem Straßenstück stellt nur der aufmerksame Beobachter fest, dass ihm nicht mehr der **Rienz-Bach** entgegenfließt, sondern ein kleines Rinnsal in seiner Fahrtrichtung gluckert. Es ist die junge **Drau**, die im fernen, kroatischen Osijek in die Donau und mit ihr ins Schwarze Meer fließen wird (während die Rienz bei Brixen die Eisack auffüllt, mit ihr bei Bozen in die Etsch fließt und (hätten Sie's gewusst?) südlich von Venedig in die Adria mündet). Somit liegt zwischen Toblach und Innichen die **Wasserscheide** zwischen Schwarzem Meer und Adria.

Bevor wir uns dem romanischen Kunstgenuss in INNICHEN hingeben, biegen wir am Ortsbeginn nach rechts in die SS 52 ein, die uns über SEXTEN zum **Kreuzbergpass** führen wird. Das Tal heißt folglich **Sextental** und hat auch noch zwei kleine Seitentäler, erst das **Innerfeldtal** und dann das **Fischleintal.** Nach 4500 m statten wir dem ersten Seitental einen kurzen Besuch ab. Unnötig zu sagen: Der Fahrweg ins Tälchen ist steil, schmal und führt auf das herrliche Bergpanorama der **Sextener Dolomiten** zu. Bereits nach 100 m wartet ein erster **Parkplatz** [**160:** N46° 42' 50.4" E12° 18' 42.7"], denn von 8.45 - 18.15 Uhr dürfen Sie nur per Shuttle-Bus weiter.

Kommen Sie also rechtzeitig - oder spät am Abend, den die Parkplätze nach 1900 m (**Wanderparkplatz** [**161:** N46° 41' 55.7" E12° 18' 48.8"; 1337 m]) und nach insgesamt 4000 m (**Picknick- und Wanderparkplatz Tonigenstein** [**162:** N46° 41' 05.0" E12° 18' 18.4"; 1511 m] zu Füßen der steil aufragenden **Schusterspitze**) sind auch bestens für den Nachtschlaf geeignet.

Die bewirtschaftete **Dreischusterhütte** ist in Verlängerung des nun gesperrten Fahrweges in 20 min. zu erreichen. Von dort aus führen verschiedene, anspruchsvolle Wanderwege z. B. zur **Drei-Zinnen-Hütte**, auf den **Hochebenkofel** (2904 m) und den benachbarten **Birkenkofel** (2922 m).

Zurück im **Sextental** passieren wir einen kleinen, eingezäunten Stausee und wenig später das Ortsschild von SEXTEN mit einem Campingverbotsschild (der Caravan-Park Sexten wirft seine Schatten voraus).

Wir parken unterhalb der auffälligen Kirche und spazieren 100 Schritte hinauf zum Friedhof. Eine Treppe führt in die **Rundkapelle** hinein, die mit Fresken (ausnahmsweise) aus dem 20. Jahrhundert ausgemalt ist. Ortsbezogen behandeln sie alle (sehr direkt) das Thema "Tod": „Holde Braut im Myrtenkranz, folge mir zum

Hochzeitstanz!“ ruft z. B. der Sensenmann einer Jungvermählten zu ...
800 m weiter sind an der Liftstation der Helm-Bahn einige **Parkplätze** [N46° 41' 48.0" E12° 21' 23.8"] ausdrücklich für Wohnmobile reserviert – und nachdem wir im Ortsteil MOOS rechts ins **Fischleintal** abgebogen, sichten wir am Rotwandwiesenlift wieder den WOMOs vorbehaltene **Parkplätze** [N46° 40' 57.0" E12° 21' 48.4"], allerdings sind es absolut zu wenige, die miesesten direkt an der Straße – und nur von 6 - 24 Uhr!
Es versteht sich von selbst, dass wir auch hier eine zünftige Wanderung **mit Lift** antreten (unsere einzige mit Einstufung: schwer!).

WOMO-Wandertipp: Burgstall (2168 m)

Gehzeit: 5-6 Std. **Schwierigkeit:** schwer. **Höhenunterschied:** 240 m auf/810 m ab.
Strecke: Mit Lift zur Rotwandwiesenhütte. Auf ‹15›, dann ‹15B› auf einer gesicherten Steiganlage zum Burgstall (ein im ersten Weltkrieg heiß umkämpfter Gipfel mit phantastischer Weitsicht); gleicher Weg zurück.

Die Fahrstraße des Tales endet bei der **Fischleinbodenhütte** mit einem großen Parkplatz, wo auch WOMOs tagsüber gegen Gebühr parken dürfen. Von hier aus führt ein klassischer Anstieg zu einer der bekanntesten Schutzhütten der Dolomiten, der Drei-Zinnen-Hütte (2405 m), die wir Ihnen bereits im **Innerfeldtal** vorgestellt haben.

WOMO-Wandertipp: Drei-Zinnen-Hütte (2405 m)

Gehzeit: 4-5 Std. **Schwierigkeit:** leicht. **Höhenunterschied:** 950 m
Strecke: Vom Parkplatz Fischleinboden auf ‹102› bis zur Talschlusshütte, weiter nach rechts auf ‹102› durch das prächtige Altensteintal etwas mühsam zur Bödenalm und der Drei-Zinnen-Hütte; gleicher Weg zurück.

Von MOOS fahren wir weiter zum **Kreuzbergpass**.
Nach 1,6 km sichten wir die **Terrassenparkplätze [163:** N46° 40' 49.5" E12° 22' 50.8"] des neuen **Signaue-Lifts**, noch ohne Verbotsschilder! Wer den Komfort eines Campingplatzes schätzt, fährt weiter Richtung **Kreuzbergpass**. Der **Caravan-Park Sexten** ist mit Sicherheit der ***Campingplatz Südtirols: Die Lage in frischen 1550 m Höhe ist herrlich, Komfort und Service sind unübertroffen. Eine spezieller **WOMO-Stellplatz [164:** N46° 40' 00.1" E12° 24' 00.5"] zum etwas günstigeren Preis wird auch angeboten.
Vom Campingplatz sind es nur noch 2200 m bis zum **Kreuzbergpass** (1636 m). Dort liegt Südtirols östlichste Ecke, dahinter

geht's hinab nach Venetien. Rechts und links der Passhöhe, beim einsamen Hotel/Restaurant "Kreuzbergpass", liegen große, ebene Parkplätze – und eine aussichtsreiche Wanderung offenbart Ihnen die Bedeutung der **Sextener Sonnenuhr**: Vor vielen Jahren, als es noch nicht auf die Minute ankam, gab man den auffälligsten Gipfeln, je nach Himmelsrichtung bzw. Sonnenstand, Namen wie Neunerkofel, Zehnerkofel, Elferkofel usw.

(165) WOMO-Wanderparkplatz: Kreuzbergpass

GPS: N46° 39' 21.6" E12° 25' 09.0"; 1632 m.
max. WOMOs: > 5.
Ausstattung/Lage: Wanderwege, Gaststätte/bei Einzelgebäude.
Hinweis: Zeitweise Gebühr, Ausweichplatz 200 m vorher links.

WOMO-Wandertipp: Nemesalpe (1944 m)

Gehzeit: 3 Std. **Schwierigkeit:** leicht. **Höhenunterschied:** 300 m
Strecke: Vom Kreuzbergpass auf der breiten ‹131› durch Wiesen und Wald zur Nemesalpe. Dann auf dem Höhenweg ‹13› bis zur Klammbachbodenhütte. Abstieg auf ‹133› bis zur Zufahrtsstraße zur Nemesalm. Auf dieser kurz links aufwärts und dann rechts wieder auf ‹131› zurück zum Pass.

Der letzte Punkt der Tour ist wahrlich ihr künstlerischer Höhepunkt! Wir haben uns nach INNICHEN hineingeschlängelt und links der romanischen **Stiftskirche** geparkt (wer vernünftiger

ist, parkt links der Hauptstraße beim Lift [N46° 43' 50.1" E12° 16' 41.0"] und hat zu Fuß auch nur 3 min. bis zur Innenstadt). Zunächst würdigen wir das Südportal mit der gotischen Figurengruppe im Tympanon.
Dann treten wir durch die Vorhalle und das große Rundbogenportal in das wuchtige Kirchenschiff und staunen über die 800 Jahre alte Kreuzigungsgruppe, deren archaische Strenge schon wieder eine Brücke zu moderner Holzplastik schlägt.
Die Kuppelfresken hoch oben über der Vierung sind das bedeutendste Kunstwerk der Kirche. Unter dem Chor hat man wieder die Krypta freigelegt, ihre zehn Granitsäulen (mit verschiedenen Kapitellen) tragen das Kreuzgewölbe.
Wesentlich später datiert die **Heilig-Grab-Kirche** in der Nähe des Bahnhofs. Der Gastwirt Georg Paprion aus INNICHEN war von einer Pilgerreise ins Heilige Land so beeindruckt (und als Wirt offensichtlich entsprechend betucht), dass er 1653 den einmaligen Bau stiftete.

INNICHEN, Heilig-Grab-Kapelle

An diesem herausragenden Beispiel Südtiroler Volksfrömmigkeit endet unsere Tour. Zur Fortsetzung müssen Sie nach BRUNECK zurückdüsen. Ohne Umwege durch die vielen Seitentäler ist das ein "Katzensprung" von gerade mal 27 km!
Nur für Österreichheimkehrer von Interesse:
500 m vor VIERSCHACH nach rechts zur Sportzone abbiegen. Dort findet man Tisch & Bank sowie einen Kinderspielplatz neben dem **Parkplatz** [**166:** N46° 43' 39.4" E12° 18' 59.6"].
Gebührenpflichtiger **WOMO-Stellplatz** [**167:** N46° 44' 21.3" E12° 21' 55.7"] mit Ver-/Entsorgung an der Grenze bei WINNEBACH, direkt links der Hauptstraße.

TOUR 10 (140 km / 2-3 Tage ohne Wanderungen)

Bruneck – Dietenheim – Mühlen – Mühlwald – Neves-Stausee – Winkel – Rein in Taufers – Sand in Taufers – Luttach – Steinhaus – Prettau – Kasern (Karte siehe Tour 9)

Freie Übernachtung:	Mühlwald, Lappach, Kematen (Wasserfallparkplatz), Reintal, Rein in Taufers, Luttach, Steinhaus, St. Jakob, Kasern.
WOMO-Gaststätte:	Mühlwald: "Meggima".
Campingplatz:	Bruneck: "Schießstand"
Besichtigungen:	u. a. Dietenheim (Volkskundemuseum, Pfarrkirche), Aufhofen (Kirchhof), St. Georgen (Pfarrkirche), Gais (Friedhofskapelle), Uttenheim (Burgkapelle), Neves-Stausee, Kematen (Reinbachfälle), Sand in Taufers (Pfarrkirche, Burg), Prettau (Besucherbergwerk), Kasern (Heiliggeist-Kirchlein).
Wanderungen:	siehe Wanderblöcke im Text.

Wir verlassen BRUNECK auf dem Nordring nach Osten, biegen aber bei dem Kreisverkehr links ab nach DIETENHEIM. Bereits nach 1000 m, hinter der Bahnlinie rechts, sind wir in dem kleinen Örtchen, das fast nur aus mittelalterlichen **Ansitzen** zu bestehen scheint. Bei der gotischen **Pfarrkirche** (schönes Portal und sehenswerte Fresken) folgen wir den braunen Wegweisern nach links zum **Volkskundemuseum**. Den schönenen **Parkplatz** [**168:** N46° 48' 10.1" E11° 57' 12.7"] wird Ihr WOMO vermutlich eine ganze Weile belegen, denn allein schon das Freilichtmuseum wird Sie eine Zeit beschäftigen!

DIETENHEIM, Volkskundemuseum

DIETENHEIM, Volkskundemuseum

Auf einem liebevoll angelegten Gelände wurden aus allen Landesteilen zusammengetragene, z. T. uralte Bauernhäuser, Almhütten, Mühlen, Scheunen, Backöfen, Ställe usw. wieder aufgebaut und möglichst original eingerichtet. Ja, es fehlen noch nicht einmal Sau, Schaf, Ziege und Kuh im Stall, die Mühle klappert, der Brunnen rauscht – und schöne Bänkchen laden zum beschaulichen Verweilen ein.

Der zweite Teil des Museums hat eher herrschaftliches Ambiente. Im ehemaligen Ansitz **Mair am Hof** erkennt man schnell, dass es in Südtirol auch "bessere Leute" gab; das Haus eines Gutsbesitzers liefert den Rahmen für eine umfangreiche Sammlung von Gebrauchs- und Einrichtungsgegenständen der "gehobenen Schicht".

Auch AUFHOFEN hat sehenswerte **Ansitze**. Besonders hervorzuheben ist das Portal der **Kirche** im Friedhof. Sein üppiges Marmorepitaph ist nur der Höhepunkt einer Unzahl prächtig gestalteter Grabplatten.

Der nächste Ort im **Tauferer Tal** ist ST. GEORGEN. Wir überqueren die Hauptstraße hinüber zur Kirche. Parkt man am Friedhofseingang, so findet man rechts davor einen **Brunnen** mit Wasserhahn. Links des Kirchenportals werfen wir einen Blick auf die großen Außenfresken: Ein Christophorus und eine Kreuzigungsgruppe.

Auf der Hauptstraße geht es weiter ins **Tauferer Tal** hinein. Parkt man vor der Ahrnbachbrücke, die nach GAIS hinüberführt, rechts [N46° 50' 15.2" E11° 56' 40.4"], so kann man aussichtsreich zur "Burgschänke" von **Schloss Neuhaus** spazieren.

WOMO-Spaziergehtipp: Schloss Neuhaus

Gehzeit: <1 Std. **Schwierigkeit:** leicht. **Höhenunterschied:** 150 m

Strecke: Vorbei am Gasthof "Sonne" auf ‹5› hinauf und durch Wiesen und Wald zur Burgschänke neben der Burg (privat, nicht zu besichtigen!); gleicher Weg zurück.

Überquert man den Ahrnbach und biegt nach 300 m links, so landet man am Spiel- und Erholungspark.

(169) WOMO-Stellplatz: Gais / Spiel- und Erholungspark
GPS: N46° 50' 14.7" E11° 56' 51.1"; 842 m; Via Talfrieden. **max. WOMOs:** 2-3.
Ausstattung/Lage: Park, Kinderspielplatz, Sitzbänke, Gaststätte, WC/Ortsrand.

Biegt man hinter dem Ahrnbach halb rechts, so kann man nach 600 m eines der bedeutendsten romanischen Gotteshäuser Tirols besichtigen. Betrachten Sie nicht nur die prächtig ausgemalte **Pfarrkirche**, sondern auch die originellen Fresken in der benachbarten gotischen **Friedhofskapelle**! Wer beim Jüngsten Gericht das Entsetzen in den Gesichtszügen der Verdammten erkennt (und das Entzücken in denen der Erlösten), der studiert vielleicht aufmerksamer die "Anleitung zum gottesfürchtigen Lebenswandel" (keineswegs zu verdammen ist sicher die Benutzung des kräftigen **Brunnen**strahls vor dem Friedhofsgelände).

Nun eilen wir auf UTTENHEIM zu. Sehen Sie links, weit oben, auf steilem Sporn, die **Ruine Schlösslberg** thronen? In der Ortsmitte von UTTENHEIM können Sie unterhalb der **Kirche** [**170:** N46° 51' 45.8" E11° 56' 45.7"] parken und auf ‹6› ca. 400 Höhenmeter bezwingend die Ruine erklimmen. Belohnt wird Ihr sportliches Tun vom Anblick der romanischen Fresken in der Apsis der **Burgkapelle** und einer phantastischen Aussicht. Allerdings können Sie sich auch bequemer in große Höhen transportieren! Dazu brauchen Sie mit uns nur 3 km weiter, in MÜHLEN, nach links ins **Mühlwalder Tal** abzuzweigen.
Der erste Stopp, in MÜHLWALD, empfiehlt sich in mancherlei Hinsicht: Am kleinen See finden Sie zwei schöne Parkplätze: Der am Beginn [**171:** N46° 53' 25.5" E11° 52' 27.5"] liegt noch außerhalb des Ortes und der am Ende direkt neben der wohnmobilfreundlichen Pizzeria "Meggima". Dort können Sie in rustikaler Atmosphäre eine riesige Pizza verdrücken, sich dann gemütlich zur Nacht betten und am nächsten Morgen direkt von ihrem Parkplatz aus die Wanderung zum **Weng-See**, einem der schönsten Bergseen Südtirols, beginnen.

(172) WOMO-Gaststätte: "Meggima"
Max. Übernachtungen: 2-3. Max. WOMO-Zahl: 5. Ansprechpartner: Herr Andreas Strauß
GPS: N46° 53' 28.0" E11° 52' 11.9"; 1132 m. Tel.: 0039-0474-653345

Blick vom ersten Parkplatz am Mühlwalder See zur Gaststätte "Meggima"

WOMO-Wandertipp: Weng-See (1881 m)

Gehzeit: 4-5 Std. **Schwierigkeit:** mittel. **Höhenunterschied:** 680 m

Strecke: Auf ‹2› zur Kaseralm und weiter zum Wengsee unterhalb der Donnerschlagspitze. Rückweg auf ‹66› hinab zur Wengalm und durch den Brugger Wald zum Oberstockerhof im Mühlwalder Tal. Man überquert die Fahrstraße und kehrt auf der nördlichen Talseite in 1000 m zum See zurück.

Noch einen ebenfalls großen **Parkplatz** [**173:** N46° 53' 21.5" E11° 51' 13.4"] mit Kinderspielplatz hat MÜHLWALD 1400 m später beim Sportplatz. Weiter geht's gemütlich taleinwärts, links von uns schäumt mächtig der Mühlwalder Bach. Gerade will ich anfangen, über die Energieverschwendung zu philosophieren, da tauchen nacheinander vier **uralte Mühlen** auf, die man als Fotomotiv oder auch nur aus technischem Interesse begucken sollte. Dann erfreuen wir uns an zwei glitzernden Wasserfällen, bis unser Blick gefangengenommen wird von den verschneiten Hängen des Talschlusses. Die Zufahrt nach LAPPACH, dem letzten Dörfchen im Tal, wurde durch einen Tunnel verbessert. Die Straße zum **Neves-Stausee** ist gebührenpflichtig und (zumindest in der Hauptsaison) für WOMOs gesperrt. Da parkt man doch lieber oberhalb der Kirche [**174:** N46° 55' 08.4" E11° 48' 13.1"] oder beim Tennisplatz und wandert von LAPPACH aus!

Alte Mühle im Mühlwalder Tal

Gut dran sind wieder die Urlauber in der Vorsaison, denn wegen Einzelner stellt sich natürlich niemand zum Kassieren auf – und wir brummen unbelästigt empor, einbahnstraßenschmal und **sehr steil**! Der rechte Straßenrand ist durch eine hohe Betonmauer abgestützt, in den engen Serpentinen kommt sie unserer zarten WOMO-Haut bedrohlich nahe (?). Immer steiler wird's; wer die ganze Strecke im 2. Gang schafft, hat sicher einen Turbo!

Belohnt wird der naturverbundene Kurbelprofi am Stausee mit einem langen, aussichtsreichen **Parkplatzstreifen** in 1878 m Höhe.

Neves-Stausee (1878 m)

Das reicht Ihnen nicht?

Dann rollen Sie weiter bis zur Mitte des Sees, dort, wo das Weiterkommen per Schlagbaum verhindert wird – und bestellen im original bayerischen Biergarten Maisels Weiße und Schweinshaxe (nur in der Hauptsaison geöffnet).

Ein herrlicher Spazierweg führt rings um den See. Während Sie ein Stündchen schlendern, werden Sie angedröhnt von den Wassermassen, die der **Neveser Ferner** aus seinem Gletschervorrat in Form von Wasserfällen und Sturzbächen hinabschüttet.

Aber eigentlich sollte man sich nach der Mühe der Anfahrt nicht mit einem kleinen Spaziergang begnügen. Der **Neveser Höhenweg**, einer der schönsten Höhenwege Südtirols, führt direkt unter den eisgepanzerten Gipfeln des Großen Möselers (3478 m) und des Hohen Weißzint (3371 m) entlang!

WOMO-Wandertipp: Neveser Höhenweg (2808 m)

Gehzeit: 6-7 Std. **Schwierigkeit:** mittel. **Höhenunterschied:** 690 m

Strecke: Vom Ende des Sees bei der Unteren Nevesalm auf ‹24› über die Obere Nevesalm zur Nevesjochhütte (Chemnitzer Hütte). Von hier aus auf dem Neveser Höhenweg ‹1› fast eben unter den Gletschern entlang zur Eisbruggjochhütte (Edelrauthütte). Auf ‹26› durch das Pfeifholder Tal zurück zum Stausee. Da beide Hütten im Sommer Nachtquartier anbieten, kann man die Pracht auch während einer Zweitagestour genießen.

Zurück im **Tauferer Tal** ist unser nächstes Ziel der Weiler WINKEL bei den berühmten **Reinbach-Wasserfällen**.

Wir biegen zunächst nach links in die Hauptstraße nach SAND ein, nach 500 m, in TAUFERS, an der Ampel wieder nach rechts

Richtung KEMATEN (Vorsicht, Hauseck!). Dort brauchen wir nur noch dem Wegweiser zu den Wasserfällen zu folgen, um zu einem idyllischen, liebevoll angelegten Parkplatz (mit Bar, WC, Wasser) am Waldrand zu kommen. Dort beginnt der Spazierweg zu den drei Wasserfällen, die wild schäumend, spritzend und brausend die **Reinbachschlucht** hinabstürzen (Beste Fotozeit: Später Nachmittag, Regenschirm mitnehmen).

(175) WOMO-Wanderparkplatz: Winkel / Reinbachfälle
GPS: N46° 54' 50.2" E11° 58' 12.0"
max. WOMOs: 3-4; zeitw. Gebühr.
Ausstattung/Lage: Wanderweg, Bar, WC (Gebühr), Wasser/außerorts.

WOMO-Spaziergehtipp: Reinbachfälle
Gehzeit: 1 Std. **Schwierigkeit:** leicht. **Höhenunterschied:** 150 m
Strecke: Auf markiertem, bequemem Waldweg mit Ruhebänken der Reihe nach zu den drei Fällen (bester Fototermin: später Nachmittag!); gleicher Weg zurück oder direkt auf dem besinnlichen Franziskusweg.

Die Weiterfahrt durch WINKEL direkt zur Straße ins Reinbachtal ist gesperrt. Wir müssen deshalb ein Stück zurückfahren und den (kurzen) Umweg über SAND machen. Dabei entdecken wir den Riesenparkplatz vor einem **Schwimmbad** [N46° 54' 46.5" E11° 57' 47.2"] der besonderen Art:
In den Naturbadeteichen von SAND sind Fauna, Flora und naturnahes Baden eine einzigartige Synthese eingegangen!
Am Ortsende von SAND passieren wir einen speziellen **WOMO-Stellplatz** [**176:** N46° 55' 09.9" E11° 57' 31.1"], dann führt die Reinbachtalstraße 17% steil an der linken Hangkante hinauf; nach 1,5 km sehen wir unter uns nochmals den untersten Reinbachfall (die anderen verstecken sich im Wald).
2,8 km später, 100 m vor der Reinbachbrücke, passieren wir einen großen Park- und **Picknickplatz** [N46° 55' 06.1" E11° 59' 36.6"] mit **Brunnen** rechts der Straße. An ihm endet der Franziskusweg, und natürlich könnte man auch von hier aus zu den Wasserfällen marschieren.
Weiter rollen wir dem polternden Strom des Reinbaches entgegen. Noch drei Serpentinen begleiten besonders wilde Kaskaden des Baches, dann kippt nach 7 km die Straße plötzlich in die Horizontale, und vor uns breitet sich ein malerisches Hochtal

aus. Wir verschmähen die erste, schöne Parkmöglichkeit [N46° 56' 04.1" E12° 02' 27.5"] nach 8 km links der Straße (Wanderbeginn zur Rieserfernerhütte), denn der Wanderparkplatz von REIN IN TAUFERS, 2,3 km später, ist "erste Sahne": Riesig groß und aussichtsreich liegt er direkt am Beginn einer Vielzahl von Wanderwegen, unter denen wir für Sie einen der schönsten, den Arthur-Hartdegen-Weg zur **Hochgall-Hütte** (Kasseler Hütte) ausgewählt haben. Diese herrliche Bergtour im Bogen der **Rieserfernergruppe** kann mit Übernachtung in der Hochgallhütte auch als Zweitagestour empfohlen werden.

(177) WOMO-Wanderparkplatz: Rein in Taufers / Langlaufzentrum

GPS: N46° 56' 45.4" E12° 03' 50.1"; 1597 m. **max. WOMOs:** >5.

Ausstattung/Lage: Wanderwege, V/E, WC, Gaststätten, Brunnen 200 m Richtung Kasseler Hütte, Wertstoffcontainer, Sitzbänke, Gaststätten/Ortsrand.

WOMO-Wandertipp: Kasseler Hütte = Hochgallhütte (2274 m)

Gehzeit: 7 Std. **Schwierigkeit:** mittel. **Höhenunterschied:** 680 m

Strecke: Vom Parkplatz auf ‹1› ostwärts über den Talboden und dann mäßig steil zur Hütte. Dann aussichtsreich auf dem Arthur-Hartdegen-Weg ‹8› entlang und auf ‹8B› steil zurück nach Rein in Taufers (bei Zweitagestour kann man statt ‹8B› den etwas längeren Abstieg ‹8A› über die Kofleralm nehmen).

Eine ganze Reihe von Gasthöfen in REIN IN TAUFERS wird Ihnen sicher behilflich sein, sich wieder Ihr "Abmarschgewicht" anzufuttern.

Aber auch beim nun folgenden Stadtbummel in SAND IN TAUFERS, einer freundlichen Marktgemeinde, wird man von Biergärten und lauschigen Restaurants verlockt. Parken kann man am Ortsende links Richtung **Ahrntal** beim Gasthof "Alpenrose". Dieser Platz ist strategisch besonders günstig, weil direkt am Anmarschweg zur gewaltigen **Burg Taufers** gelegen. Diese besetzt einen Felsklotz, den kein Stratege besser plaziert haben könnte, blockiert er doch den Durchgang vom Tauferer- ins Ahrntal fast völlig (Eindringlinge könnte man von

SAND IN TAUFERS, Burg Taufers

oben mit Steinen bewerfen).
Die Insassen der Burg konnten sich in einem komplizierten System aus Toren, Mauern und Zwingern recht sicher fühlen und führten offensichtlich ein bequemes Leben, wie uns die luxuriös gefüllten Wohnräume und Säle zeigen – es sei denn, es jammerte nächtens im Geisterzimmer die verblichene Schlossherrin um ihren bereits vor der Hochzeitsnacht gemeuchelten Gatten.
Künstlerischer Höhepunkt des Rundganges ist die **Schlosskapelle** mit schönen Fresken und einem romanischen Kruzifix, aber auch die Waffenkammer, der Bibliothekssaal mit dem einmaligen Kachelofen und der Rittersaal mit den 26 Ahnenportraits sind besonders erwähnenswert.

Im Guiness-Buch steht SAND auch: Es besitzt das längste aus einem Stück gefertigte **Alphorn** der Welt (24,25 m). Ausgestellt ist es jetzt in der Nähe des i-Amtes am Supermarkt.
Neben dem Ahrnbach quetscht sich die Straße weiter taleinwärts; bereits nach 1500 m halten wir wieder auf dem riesengroßen Parkplatz des **Speikboden-Lifts**.
Hier kann man fein spazieren gehen oder mit Hilfe des Liftes recht bequem einen der besten Aussichtsberge des Landes ersteigen, von dem aus die Zillertaler Alpen, die Venediger-,

Glockner- und Rieserfernergruppe sowie die Dolomiten mit den Drei Zinnen und der Marmolada in einer Rundumschau erscheinen – den **Speikboden**.

(178) WOMO-Wanderparkplatz: Sand in Taufers / Speikbodenlift

GPS: N46° 55' 58.6" E11° 56' 19.9"; 931 m; Ahrntaler Str.
max. WOMOs: > 5.
Ausstattung/Lage: Wanderwege, Gaststätte/bei Einzelgebäude.

WOMO-Spaziergehtipp: Pojer Wasserfall

Gehzeit: 1 Std. **Schwierigkeit:** leicht. **Höhenunterschied:** < 100 m.
Strecke: Zum 76 m hohen Pojer Wasserfall spaziert man, indem man 300 m die Straße gen SAND zurückgeht, die Ahrnbrücke überquert und sich dahinter auf ‹4› wieder taleinwärts wendet.

WOMO-Wandertipp: Speikboden (2517 m)

Gehzeit: 3 (5) Std. **Schwierigkeit:** mittel. **Höhenunterschied:** 560 m auf/1650 m ab.
Strecke: Mit Lift zur Michlreiseralm, von dort auf ‹27› zum Aussichtsberg; gleicher Weg zurück (oder auf ‹27A› hinab über den Oberpursteinhof nach SAND und auf ‹4› parallel zur Straße zurück zum Speikbodenlift).

Wir durchqueren LUTTACH, wo jedes Gebäude eine Pension, ein Hotel oder ein Restaurant zu sein scheint, entdecken ein Internetcafé und am Ortsende links die Zufahrt zum Hallenbad.

(179) WOMO-Wanderparkplatz: Luttach

GPS: N46° 57' 16.5" E11° 55' 08.6"; 970 m; Schulweg. **max. WOMOs:** 3-4.
Ausstg.: Wanderweg ‹23› zu Wasserfällen, Kinderspielplatz, Camping verboten.

ST. MARTIN liegt abseits links der Straße. Zwischen Tennis- und Sportplatz liegt ein schöner **Parkplatz** [**180:** N46° 58' 23.3" E11° 55' 42.9"]. Auch ST. JOHANN hat bei seiner **Barockkirche** in den zarten Pastelltönen rosa und gelb reichlich **Parkraum** [**181:** N46° 58' 45.8" E11° 56' 24.6"].

Ab STEINHAUS regierte der Bergbau das Tal! Belegt ist der Kupferbergbau seit dem frühen Mittelalter, vermutlich aber begann der Abbau der stellenweise offen zutagegetretenen Kupfererze in prähistorischer Zeit. Bereits 1893 wurde die letzte Mine geschlossen, einen erneuten Versuch von 1959-71 brach man wegen der geringen Ergiebigkeit der Flöze ab – und wandelte die wichtigsten und informativsten Stätten des Bergbaues in ein **Freilichtmuseum** mit Grubenbahn und Lehrpfad um, der bis in 2080 m zum allerhöchsten Grubeneingang führt. In STEINHAUS wurden einst die Erze zwischengelagert, wenn sie winters nicht abtransportiert werden konnten. Am Kupfer

verdiente man gut – eine behäbige, alte Häusergruppe rings um die Pfarrkirche macht es deutlich!
Der Parkplatz des **Klausberg-Liftes** rechts des Ahrnbaches eignet sich prächtig als Ausgangspunkt für unseren nächsten Wandervorschlag zum **Klaus-See**.

(182) WOMO-Wanderparkplatz: Steinhaus / Klausberg-Lift
GPS: N46° 59' 38.4" E11° 58' 38.8"; 1049 m. **max. WOMOs:** 3-4.
Ausstattung: Wanderwege, Gaststätte WC. **Hinweis:** Camping verboten.

WOMO-Wandertipp: Klaus-See (2162 m)
Gehzeit: 2-3 Std. **Schwierigkeit:** leicht. **Höhenunterschied:** 440 m
Strecke: Start mit Klausberg-Lift, dann auf ‹33› oder dem breiten Güterweg in bequemer Wanderung zum See, in dem sich die Eiskappen der Zillertaler Alpen spiegeln.

Der weitere Straßenverlauf wird von Heiligen beschützt: An ST. JAKOB mit ruhigem **Parkplatz [183:** N47° 00' 22.7" E12° 00' 18.7"] beim Sportplatz "Am Bühel" reiht sich ST. PETER. Dann folgt auf einen 300 m langen Tunnel eine wildromantische Schlucht, hinter der man gegenüber der Gaststätte "Götsch" einen kleinen **Wanderparkplatz [184:** N47° 01' 16.1" E12° 04' 29.8"] ins Hasental findet.
Wir rollen durch PRETTAU; 1500 m später stoppen wir auf dem großen **Parkplatz** [N47° 02' 43.9" E12° 07' 09.6"] des **Besucherbergwerks Prettau** (April-Oktober, Di-So 9.30-16.30 Uhr).

PRETTAU, Besucherbergwerk

Mit der akkugetriebenen Grubenbahn zockeln wir etwa 1 km in die Unterwelt, lassen uns dann bei einem Rundgang durch die Stollen die Abbaumethoden in chronologischer Reihenfolge vom Fäustel bis zum Presslufthammer zeigen. Selbst geringste Spuren Kupfererz können ganz bequem auf chemischem Wege aus dem Sickerwasser gewonnen werden, wenn man Eisenblechstreifen einlegt. Oder lassen Sie sich von der Gleichung: $CuSO_4$ + Fe -----> $FeSO_4$ + Cu nicht überzeugen? Zurück aus den Tiefen des Kupferberges könnten Sie sich einer geführten Wanderung hinauf auf den Knappenberg anschließen – oder am nächsten Morgen, über den Knappenberg hinaus, unsere Tageswanderung zur **Lenkjöchlhütte** in Angriff nehmen.

WOMO-Wandertipp: Lenkjöchlhütte (2590 m)

Gehzeit: 6 Std. **Schwierigkeit:** mittel. **Höhenunterschied:** 1000 m
Strecke: Auf ‹11› zunächst dem Lehrpfad folgend bis zum Knappenberg, dann durch Wald und Weiden zu den Röt-Almen. Weiter am Südabfall der Rainhartspitze zur Lenkjöchlhütte. Auf ‹12› hinab ins Windtal, den Bach entlang zur Labesau-Alm und vorbei an der Heiliggeist-Kapelle zurück zum Besucherbergwerk.

Gleich hinter dem Besucherbergwerk beginnt der ehemalige Bergbauort KASERN, am Ortsende wurde ein großer Wanderparkplatz eingerichtet.

(185) WOMO-Wanderparkplatz: Kasern

GPS: N47° 03' 04.1" E12° 07' 45.3"; 1581 m. **max. WOMOs:** > 5. **Ausstattung/Lage:** Wanderwege, Brunnen, WC, Info-Stelle, Gaststätte im Ort, Gebühr 1,80 €/Std. bzw. 15 €/Tag/Ortsrand.

Das Teersträßchen, nun einbahnstraßenschmal (und nur für "Ermächtigte" bzw. von 17-9 Uhr für Wanderer zu befahren), führt noch 1000 m weiter bis zur **Talschlusshütte**. Rechts des Baches steht die reizvolle **Heiliggeist-Kapelle** mit einem sehr naturalistischen **Kruzifix** und einer Kupfererztafel aus dem Jahr 1698 (wesentlich gemütlicher und abseits der Asphalt-

KASERN, am Wanderweg zur Heiliggeist-Kapelle

treterschar spaziert man, wenn man an der Parkplatzeinfahrt 30 m bachwärts geht und nach links den Kreuzweg nimmt). Drücken Sie Ihre Untaten? Können Sie nicht mehr ruhig schlafen? Hinter der Heiliggeistkapelle finden Sie den **Schliefstein**, an dem Sie Ihre Sünden abstreifen können!

Wer immer noch weiter ins Tal hinein möchte, erreicht auf Schotter nach weiteren 1400 m die **Adleralm**, die letzte Einkehrmöglichkeit des Tales (grüßen Sie den Hüttenwirt Rudolf Ludwig von uns!). Natürlich wollen Sie sofort den Wanderern folgen, die an Ihrem WOMO vorbei taleinwärts stapfen – nicht nur bis zur nächsten Einkehr?

WOMO-Wandertipp: Lausitzer Höhenweg (2590 m)

Gehzeit: 6 Std. **Schwierigkeit:** mittel. **Höhenunterschied:** 1000 m
Strecke: Auf ‹13› von der Heiliggeist-Kapelle den Schotterweg an der Trinksteinhütte vorbei bis zur Birnlücke (2667 m) an der österreichischen Grenze. Nun links den Lausitzer Höhenweg ‹13› bis zur Kreuzung mit dem Tauernweg ‹14›, auf diesem steil hinab nach Kasern.

Anschließend können Sie das WOMO 42 km allein talwärts rollen lassen (den Weg kennt es ja). Dann sind Sie wieder in BRUNECK, um dort gemütlich zu bummeln oder nahtlos zur Tour 11 überzugehen.

KARTE TOUR 11+12b

TOUR 11 (110 km / 3 Tage ohne Wanderungen)

Bruneck – St. Lorenzen – Sonnenburg – Ehrenburg – Issinger Weiher – Pfalzen – Terenten – Pfunderer Tal – Mühlbach – Rodeneck – Valser Tal

Freie Übernachtung: u. a. Issinger Weiher, Pfunders, Meransen, Valser Tal.

Campingplätze: St. Lorenzen: "Ansitz Wildberg", Kiens: "Gisser".

Besichtigungen: u. a. St. Lorenzen (Stadtbild, Pfarrkirche mit Egererkapelle), Sonnenburg (ehem. Kloster), Ehrenberg (Schloss), Issinger Weiher, Hofern (St. Martin), Margen (St. Margareth), Weitental (Kirche), Mühlbach (Mühlbacher Klause, Friedhofskapelle, Vill (Schloss Rodeneck).

Wanderungen: siehe Wanderblöcke im Text.

Wir verlassen BRUNECK gen Westen nach ST. LORENZEN, dabei durchqueren wir wie bei Tour 8 das Industriegebiet und können uns beim Supermarkt unserer Wahl eindecken.
Aber bremsen Sie rechtzeitig, denn ST. LORENZEN ist mit BRUNECK längst zusammengewachsen. Zu römischen Zeiten lag ST. LORENZEN noch einsam als Straßenstation **Sebatum** im Pustertal, während BRUNECK (Name!) erst 1251 vom Brixener Bischof Bruno gegründet wurde.

ST. LORENZEN, Traubenmadonna

Wir schwenken rechts hinein in den reizenden **Hauptplatz** mit den schön bemalten Häuserfassaden und der **Pfarrkirche** mit den zwei verschiedenen Türmen. Im etwas kahlen Inneren der frühgotischen Kirche wird der Blick sofort eingefangen von der prächtig geschnitzten und vergoldeten **Kanzel** sowie der berühmten **Traubenmadonna** (Maria reicht dem Jesuskind eine Weintraube, vermutlich Blauburgunder!?), der letzte Rest eines Flügelaltars des Brunecker Meisters Michael Pacher.

Nördlich angebaut, aber vom Kirchenschiff aus zu betreten, die **Egerer-Kapelle** mit verschiedenen Skulpturen, Fresken und einem Altar mit naturalistischen Darstellungen des Todes und der Verdammnis.
Vom Hauptplatz in ST. LORENZEN geht es weiter nach Westen, bis wir angesichts des **Klosters Sonnenburg** auf die Pustertaler Hauptstraße treffen. Nur 150 Meter rollen wir auf ihr nach rechts und kurven dann links hinauf nach SONNENBURG. Der kleine Weiler mit einer ganzen Reihe prächtiger **Ansitze**, der fotogenen **Spitalkirche St. Johann** und natürlich dem ehemaligen **Benediktinerinnenstift** begrüßt uns bei der auf einen Felsen gesetzten **Spitalkirche** mit einem **Brunnen** und einer Parkmöglichkeit [N46° 47' 14.6" E11° 53' 30.2"] davor.

SONNENBURG, St. Johann

Links der Straße wartet die Übersichtkarte, zeigt uns den Weg zu den verschiedenen Ansitzen und natürlich den Resten des Klosters, deren Verfall durch die Umwandlung in ein "Schlosshotel" verhindert wurde (jeder Kunstinteressierte kann ins Hotel hineinmarschieren und für einen geringen Obolus die historischen Räumlichkeiten, u. a. die älteste Krypta Tirols sowie die Ausstellung mit den Grabungsfunden besichtigen).
Auch die **Spitalkirche** birgt mit dem zwei Meter hohen Kruzifix aus romanischer Zeit einen sehenswerten Schatz.
Unser Weg führt uns links der Spitalkirche weiter, am ehemaligen **Ansitz Glurnhör** (Hebenstreit) vorbei, hinab zur Pustertaler Hauptstraße.
Ein bestens erhaltenes, prächtig ausgestattetes **Barockschloss** erwartet Sie, wenn Sie 4 km weiter westlich mit uns nach EHRENBURG abbiegen. Wir stechen geradewegs in den

Ort hinein, biegen noch vor der Kirche auf dem Hügel rechts Richtung GETZENBERG ab und parken kurz darauf auf dem Schulparkplatz [N46° 47' 50.3" E11° 50' 07.1"] unterhalb des **Schlosses Ehrenburg** (Privatbesitz).

Schloss Ehrenburg

EHRENBURG, Bildstock und Kornmutter in der Pfarrkirche

Da Sie dieses nicht besichtigen können, sollten Sie einen Blick in die barockisierte **Pfarrkirche** werfen. Vorbei an einem schönen **Bildstock** unter Kastanien steigt man auf den Kirchhügel, schaut zunächst bei der **Kornmutter** (Maria del Pane) in der der Kirche angebauten Kapelle herein. Das Kircheninnere bietet

die übliche barocke Pracht mit Stukkaturen, einem marmornen Hochaltar und umfangreichem Freskenprogramm.
Direkt am Ende des Parkplatzes beginnt auch auf ‹11› unser Wandervorschlag.

WOMO-Wandertipp: Ellen (1362 m)
Gehzeit: 4-5 Std. **Schwierigkeit:** leicht. **Höhenunterschied:** 650 m
Strecke: Vom Schulparkplatz auf ‹11› durch Wälder und Wiesen zu den Höfen von ELLEN (Einkehr im "Hirschen"). Nun auf ‹10› (oder dem Fahrweg) nach MONTAL. Weiter auf ‹10B› (oder ‹9A›) durch den Runggenwald auf den Kienberg (1222 m) und auf dessen Rücken auf ‹10B› zurück nach EHRENBURG.

Wir fahren nur 800 m auf der Pustertalstraße nach Westen, um dieser Hauptstraße für eine ganze Weile den Rücken zu kehren. In der Ortsmitte von KIENS (bei der Volksbank) entdecken wir den kleinen Wegweiser HOFERN, winden uns ihm folgend durch den Ort und weiter den Hang hinauf.
Bereits nach 1500 m können wir nach rechts zum gemütlichen Badesee **Issinger Weiher** einschwenken. Am Parkplatzrand unter Ahornbäumen muss man eine Weile rangieren, bis ein waagerechtes Plätzchen gefunden ist. Bei unserem Besuch Ende Juni waren wir noch die einzigen Gäste, aber das wird sich mit zunehmender Wassertemperatur sicher ändern ...

(186) WOMO-Badeplatz: Issinger Weiher
GPS: N46° 48' 47.1" E11° 51' 02.3"; 918 m; Via Treyen. **max. WOMOs:** 2-3.
Ausstattung/Lage: Badesee, Gaststätte/Ortsrand. **Hinweis:** Schräge Parkplätze.
Zufahrt: In Kiens von der SS 49 nach rechts abbiegen und 1500 m Rtg. Hofern.

Versäumen Sie nicht, einen Streifzug durch den **Kräutergarten** zu machen, der links des Parkplatzes liegt. Sie werden Ihre botanischen Kenntnisse sicher erweitern können!

Ein Stück führt die Straße noch bergan, dann machen wir nach rechts einen Abstecher über ISSING nach PFALZEN. Am Ortsende biegen wir links ins Zentrum, vor der Dorfkirche wieder rechts, verlassen den Ort und parken wenig später 200 m vor dem spätgotischen Kirchlein **St. Valentin** auf einem **Wiesenparkplatz** [**187:** N46° 48' 40.1" E11° 53' 32.4"]. Man sollte es nicht nur als malerischen Vordergrund für ein Foto mit der Rieserfernergruppe im Hintergrund porträtieren, sondern auch die Außenfresken an der Südseite betrachten!

Hinweis: Weitere **Stellplätze** findet man in PFALZEN beim **Sportplatz** mit Pizzeria in der Sportbar [N46° 48' 26.3" E11° 52' 53.7"] und unterhalb der **Schule** [N46° 48' 45.1" E11° 52' 46.9"]. Bei der Rückkehr fahren wir in PFALZEN stracks an der Kirche und Schule vorbei, wenden uns am Ortsende nach rechts (bergan), und entdecken gleich die Wegweiser zur Jausenstation **Kofler**. Nach 5 km steiler (?) Bergfahrt stehen wir auf deren ebenem **Wanderparkplatz** [**188:** N46° 49' 30.1" E11° 54' 19.8"; 1477 m] mit herrlicher Sicht über BRUNECK und das Pustertal. Hier beginnt unser Wandervorschlag zum **Sambock (2396 m)**.

PFALZEN, St. Valentin

WOMO-Wandertipp: Sambock (2396 m)

Gehzeit: 5 Std. **Schwierigkeit:** leicht. **Höhenunterschied:** 900 m

Strecke: Vom Kofl auf ‹66› hinauf zur Waldgrenze und über den grasigen Grat weiter zum Gipfel (großartiger Blick auf die Dolomiten); gleicher Weg zurück.

Blick von der Jausenstation Kofler

Zurück in PFALZEN passieren wir westwärts (auf der Pustertaler Sonnenstraße) wieder ISSING und halten geradeaus weiter bis HOFERN (Richtung TERENTEN). Schon von weitem sieht man den wuchtigen, quadratischen Bergfried von **Schloss Schöneck**. Unser Ziel, das Kirchlein **St. Martin**, versteckt sich jedoch im Wald.

Im Hotel "Waldruhe" weist man uns nicht nur den Weg, sondern wir erhalten auch die frohe Kunde, dass der matschige Waldweg zu unserem Ziel eine neue Asphaltschicht bekam; 300 m nach dem Hotel führt er nach links in den Wald hinein (Martinweg [N 46° 49' 13.9" E 11° 49' 57.5"; 1156 m]).

Dort liegen in der grünen Einsamkeit zwei Höfe – und **St. Martin** mit seinem Kirchenschatz!

Tipp: Vor dem Wald parken und die 500 Schritte zu Fuß gehen! Ein gebücktes Mütterchen stapft, bewaffnet mit den riesigen Kirchenschlüsseln, mit uns mit und freut sich an unserer Begeisterung: Der gotische Altar ist ein herrliches Werk, man betrachte nur die beiden Schreinwächter! St. Florian gießt Wasser auf eine zierlich geschnitzte Burg und St. Georg ruht sich auf dem besiegten Drachen aus!
Den Sonderapplaus des Mütterchens bekomme jedoch ich für die Strophe eines Kirchenliedes, die ich dem altersschwachen Harmonium entlocke.
500 m nach dem Ortsschild von TERENTEN (direkt hinter der Winnebachbrücke) kann man rechts hinauffahren zum Wanderparkplatz der **Tiefrastenhütte**. Der schäumende **Winnebach** lieferte den Antrieb für drei jetzt altersschwache Mühlen (nach 600 m, 800 m und 1100 m) – und nach 1600 m stehen wir auf dem großen, ebenen, geschotterten Wanderparkplatz in ruhiger Lage. Ein Holzgatter umgibt ihn, damit er nicht – wie die sonstige Umgebung – vom Weidevieh vollge ... wird.

(189) WOMO-Wanderparkplatz: Terenten / Winnebachtal
GPS: N46° 50' 45.7" E11° 47' 52.7"; 1409 m. **max. WOMOs:** 3-4.
Ausstattung: Wanderweg. **Zufahrt:** Nach dem Ortschild Terenten rechts 1600 m.

WOMO-Wandertipp: Tiefrastenhütte (2312 m)
Gehzeit: 6 Std. **Schwierigkeit:** leicht. **Höhenunterschied:** ca. 900 m
Strecke: Vom Wanderparkplatz auf der Forststraße ‹23› bis zur Alpegger-Alm (1566 m, bis dahin auch mit Auto möglich). Weiter auf ‹23› steil über Almwiesen zum Schutzhaus beim schönen Tiefrasten-See mit Übernachtungsmöglichkeit (von hier aus sind verschiedene Gipfeltouren, aber auch der Rückweg über die Eidechs-Spitze (2738 m, großartige Rundsicht) möglich; ansonsten gleicher Weg zurück.

Eine wesentlich bescheidenere Tour können Sie vom Zentrum von TERENTEN aus antreten, denn auch am Erosionshang des Terentenbaches ist eine ganze Schar von dekorativen **Erdpyramiden** erhalten geblieben. Der Bach lieferte Energie für sieben (!) Mühlen, deren Besichtigung in die Tour mit einbezogen ist.

(190) WOMO-Wanderparkplatz: Terenten / Rathausparkplatz

GPS: N46° 49' 46.5" E11° 46' 35.7"; 1204 m. **max. WOMOs:** 3-4. **Ausstattung:** Wanderweg, Sitzbänke, Gaststätten, Abenteuerspielplatz 80 m unterhalb des Parkplatzes (dort WC und Wasserhahn).

WOMO-Wandertipp: Terner Erdpyramiden und Kornmühlen

Gehzeit: 2-3 Std. **Schwierigkeit:** leicht. **Höhenunterschied:** 200 m
Strecke: Auf ‹2› der Beschilderung "Erdpyramiden" folgend bis zum Jeneweinhof. Weiter bergan zu den sieben Mühlen und zum Flitschhof. Auf ‹1› über die Höfestraße zurück nach TERENTEN.

Westlich TERENTEN schwingt sich die Straße wieder hinab ins **Pustertal**. Ab der Linkskurve westlich des Ortes kann man noch einen 2-km-Abstecher bis zum Kirchlein **St. Margareth** oberhalb von MARGEN machen [N 46° 50' 6.7" E 11° 45' 29.5"]. Ein schöner Flügelalter im spätgotischen Stil und ein ebenfalls sehenswerter Seitenaltar mit zierlichem Rankenwerk sind gleichermaßen der Lohn für den Abstecher (Kirche verschlossen?

MARGEN, St. Margareth, Seitenaltar

Schlüssel beim "Falkenhof" unterhalb). Bequem parkt man bereits 150 m hinter dem "Gletscherhof" links.

Nun schwingen wir uns hinab ins **Pustertal**, berühren aber die Hauptstraße noch nicht einmal, denn in NIEDERVINTL geht's schon wieder rechts ins **Pfunderer Tal**.

Unser erster Stopp in WEITENTAL gilt eigentlich dem **"badenden" Christophorus**, einem riesigen Fresko an der Kirchenaußenwand. Um seine Beine schwimmt ein ganzer Zoo von Fabelwesen, natürlich darf auch die kleine Seejungfrau nicht fehlen! Der neue **Brunnen** unterhalb der Kirche findet ebenfalls gebührende Beachtung (und Benutzung).

Hinter WEITENTAL wird das Tal (nomen est omen) schmaler, der Pfunderer Bach stürmischer und die Straße steiler. Auf dem großen, ebenen Parkplatz vor dem Sportplatz von PFUNDERS endet fürs WOMO das Tal – und die Wanderstiefel sind gefragt!

WEITENTAL, "badender" Christophorus

(191) WOMO-Wanderparkplatz: Pfunders / Sportplatz
GPS: N46° 53' 10.5" E11° 42' 18.8"; 1155 m; Via Kirchbichl. **max. WOMOs:** 3-4.
Ausstattung/Lage: Wanderweg, WC, Sportplatz, Wertstoffcontainer/Ortsrand.

WOMO-Wandertipp: Gitsch (2512 m)
Gehzeit: 6-7 Std. **Schwierigkeit:** mittel. **Höhenunterschied:** 1350 m
Strecke: Auf gutem Weg ‹12› durchs schöne Valzerer Tal bis zum Valzerer Joch, nun auf markiertem Steig ‹12› zum Gipfel (prächtige Fernsicht), gleicher Weg zurück.

Wer's nicht so üppig mag, biegt beim "Brugger" nicht links über den Pfunderer Bach Richtung Zentrum, sondern rollt geradeaus weiter. Nach 800 m können Sie bei der Wandertafel wieder parken – und vielleicht auf ‹D› die bequeme Dorfrunde um den Talschluss "machen". Oder wie wär's (taleinwärts weiter am Bach entlang) mit der **Dunerklamm**?
Zurück in VINTL beehren wir diesmal die Pustertalstraße Richtung BRIXEN. Nach 4 km passieren wir die **Mühlbacher Klause** in einer Engstelle des Pustertales. Bereits 1472 von Herzog Sigmund von Tirol erbaut, entrichteten die Tiroler Bauern dort noch 1809 den Franzosen einen fürchterlichen (und völlig sinnlosen) Blutzoll, um nicht vom geschlagenen Österreich an Bayern (!) abgetreten zu werden. Jetzt ist das umfangreiche Sperrwerk mit Türmen und Rondellen nur noch eine dekorative Ruine [N 46° 48' 41.2" E 11° 41' 3.7"].

Mühlbacher Klause

Bequem haben's die WOMO-Fahrer in MÜHLBACH! Als erstes sichten sie (am Ortsbeginn) den Wegweiser nach MERANSEN und ins **Valser Tal**, wenig später den nach links zur **Burg Rodeneck**. Diesem folgen sie bis zum Bahnhofsparkplatz.

(192) WOMO-Stellplatz: Mühlbach / Bahnhofsparkplatz
GPS: N46° 47' 51.6" E11° 40' 11.4"; 750 m. **max. WOMOs:** > 5.
Ausstattung/Lage: Mülleimer, Spazierweg ins Zentrum/Ortsrand.

Von dort aus spazieren wir gemütlich zum nahen Ortskern mit den schön bemalten Häusern, der Pfarrkirche **St. Helena** und nebenan der zweigeschossigen Friedhofskapelle mit verblichenen Fresken. Davor steht der alte **Zoll-Zahlstein** von der **Mühlbacher Klause** (mit dem Wappen des Herzogs Sigmund). Die schöne, barocke **Maria-Hilf-Kapelle** finden Sie neben der Talstation der Seilbahn nach MERANSEN.

MÜHLBACH, Friedhofskapelle mit Zoll-Zahlstein

Etwas weiter ist es zur romantisch gelegenen **Stöckelvaterkapelle** (Foto), einem aussichtsreichen Spaziergehtipp über dem Pustertal.

WOMO-Spaziergehtipp: Stöckelvaterkapelle

Gehzeit: 1/2 Std.
Schwierigkeit: leicht.
Höhenunterschied: 50 m
Strecke: Nach Westen den Ort Richtung BRIXEN verlassen, den Valserbach überqueren, dahinter scharf rechts und sofort wieder links, nun bequem auf dem Stöckelvaterweg zur kleinen Kapelle mit den Außenfresken und der Skulptur "Jesus im Elend".

Unser erster Abstecher von MÜHLBACH aus führt zur berühmten **Burg Rodeneck**, die zwar bereits 1142 errichtet wurde, aber erst ab 1500 im Stil der Renaissance ihren wertvollen Inhalt erhielt, allem voran einen Freskenzyklus, der (große Ausnahme!) nicht kirchliche, sondern ausschließlich ritterlich-höfische Abenteuerthemen zum Inhalt hat.
Außerdem dürfen der romantische Innenhof, die Waffenkammer und die Burgkapelle besichtigt werden, die anderen Bereiche der Burg werden privat vom Grafen Wolkenstein genutzt.
Der kleine Bergstock der Rodenecker wird von einer Ringstraße umgeben, an der vier Dörfchen liegen: Hinter ST. PAULS erspäht man rechts der Straße, versteckt hinter Buschwerk, einen geschickten Picknickplatz.

(193) WOMO-Picknickplatz: St. Pauls

GPS: N46° 47' 09.8" E11° 40' 43.3"; 881 m. **max.WOMOs:** 1-2.
Ausstattung/Lage: Tisch & Bank, Liegewiese, Schattenbaum, Mülleimer/außerorts.

Wenig später rollen wir durch VILL bis zum **Schloss-Besichtigungs-Parkplatz** [**194**: N46° 46' 33.8" E11° 41' 24.2"], von dort aus geht's noch ein paar Schritte zu Fuß zu der Burganlage auf dem schmalen Grat, der an drei Seiten zur Rienz hinab abbricht. Das Besichtigungsprogramm liest sich wie folgt:
Von 10.30-12.30 und 14.30-16.30 Uhr (Mo geschl.) ist die kleine Pforte geöffnet.

Burg Rodeneck

Über VILL, GIFEN und NAUDERS wollten wir die Ringstraße nach ST. PAULS beenden und nach MÜHLBACH zurückkehren. Aber da kamen uns unsere Freund Vroni und Walter aus SISTRANS in die Quere: "Die **Rodenecker (Lüsener) Alm** könnt ihr nicht auslassen, die ist ja noch schöner als die Seiser Alm!"
Folglich schwenken wir, 1,7 km nach RODENECK, rechts Richtung Rodenecker Alm/Lüsenberg/P Zumis. Die Straße ist steil aber so breit, dass zumindest PKWs bequem an uns vorbei passen. Dichter Nadelwald verhindert zudem, dass unsere Blicke "unziemlich" vom gewundenen Straßenverlauf abschweifen. Nach 7,7 km der erste Zumis-Parkplatz, noch im Wald, geschottert, schön eben. Der zweite Zumis-Parkplatz, 200 m später, bereits mit freier Sicht, asphaltiert und schräg, beide geringe Gebühr.

(195) WOMO-Wanderparkplätze: Rodenecker Alm / Zumis
GPS: N46° 46' 36.4" E11° 43' 39.3" + N46° 46' 30.4" E11° 43' 38.2"; 1713 m.
max. WOMOs: > 5. **Zufahrt:** siehe Text.
Ausstattung/Lage: WC, Wanderwege, Gebühr/außerorts.

Von hier aus kann man kleine Spaziergänge, z.B. zur bewirtschafteten Oberhauser Hütte (10 min.) machen oder "richtige"

Einkehr in der Oberhauser Hütte

Wanderungen wie z. B. Ronerhütte - Planer Kreuz - Laier Alm - Rastner Hütte (oder Starkenfeldhütte).

Mit den nachfolgenden Fotos haben uns Vroni und Walter den Mund wässrig gemacht – geht es Ihnen nicht auch so?

Auf der Rodenecker Alm im Mai und im Dezember (Fotos: Walter Krismer)

Rollt man über den zweiten Zumis-Parkplatz hinweg, so kommt man, in Kurven und Kehren, hinab nach LÜSEN und von dort nach BRIXEN, wo man in unsere Tour 12 einsteigen kann. Unterwegs (nach 4,3 km) findet man den ruhigen Wanderparkplatz "Herol" [N46° 45' 43.5" E11° 45' 35.7"] 200 m vor dem "Heroler Hof".

Wir kehren auf dem gleichen Wegkehren nach MÜHLBACH zurück zum zweiten Abstecher nach MERANSEN und ins **Valser Tal**.

MERANSEN (9 km oberhalb von MÜHLBACH) ist eigentlich kein Ort, sondern der zersiedelte Südhang des **Gitsch (2510 m)**. Ein großer, ebener Parkplatz wurde unterhalb des Hotels "Erika" und der Talstation des **Gitschberglifts** angelegt.

(196) WOMO-Wanderparkplatz: Meransen / Gitschberglift

GPS: N46° 49' 16.4" E11° 39' 56.5"; 1383 m. **max. WOMOs:** > 5.

Ausstattung: Wanderwege, WC, Mülleimer, Gaststätten in der Nähe.

Wandertipp: Auf ‹12› von Süden her den Gitsch ersteigen (3 Std.) und auf ‹12A› in weiteren 3 Std. wieder zurückkehren (mit Lift ist's natürlich nur ein Katzensprung).

Hinweis: Falls Sie das hässliche Nachtparkverbotsschild irritiert, finden Sie einen weiteren Platz beim Hallenbad/Tennishalle [N46° 48' 52.1" E11° 39' 29.7"].

Mit weitem Blick hinab ins Pustertal und zur Burg Rodeneck verlassen wir MERANSEN und zweigen 3 km oberhalb von MÜHLBACH nach rechts ins **Valser Tal** ab. Bald schäumt uns der Valser Bach entgegen, die dichte Bewaldung reicht bis hinab ins Tal, uralte Scheunen und Bauernhöfe wechseln sich mit modernen Pensionen im Südtiroler Stil ab.

In der Mitte von VALS zwei **Brunnen**. Gewaltig ist das Parkplatzangebot am Ortsende, beim **Jochtal-Lift** und gegenüber beim Sportplatz/Kinderspielplatz [**197:** N46° 51' 04.2" E11° 37' 22.3"].

Hier (»km 0«) reduziert sich die Straßenbreite schlagartig auf die Hälfte (Kühe und Schafe haben Vorfahrt!). Bei »km 1,2« stoppt uns eine Schranke, die von 9.30 - 17 Uhr geschlossen ist (ein Taxidienst steht zur Verfügung).

(198) WOMO-Wanderparkplatz: Vals + 1200 m

GPS: N46° 51' 41.3" E11° 37' 21.4"; 1392 m. **max. WOMOs:** > 5.

Ausstattung: Wanderwege, u.a. ‹17› zur Fane-Alm, Liegewiese.

Hinweis: Zur Jausenstation "Kurzkofelhütte" sind es nur 500 m.

Die Schranke steht für Sie offen? Dann wird's ernst, denn die **Fane-Alm** am Ende der Straße liegt in 1739 m Höhe!

Warnung: Diese letzten 3 km sind steil, schmal und in den Serpentinen **sehr eng** (???)! Auch wenn Sie bisher gut mit den Serpentinen zurechtkamen – überlegen Sie reiflich, ob Sie sich bzw. dem WOMO die Strecke zumuten wollen!

Die Strapaze endet am großen, herrlich gelegenen **Wanderparkplatz** (»km 4,2«) beim Ochsensprung unterhalb der **Fane-Alm** [N46° 52' 48.4" E11° 37' 17.6"; 1697 m].

Wer bis hierher vorgedrungen ist, per WOMO, Taxi oder "per

pedes", dem eröffnet sich ein Panorama wie aus dem Heidi-Buch: Hier wohnte einst der Alm-Öhi!
Die uralten Gebäude der Hochalm sind umgeben von sattem Wiesengrün und überragt von steilen, ebenfalls grünen Felshängen – die Lofoten lassen grüßen!
Wie von selbst tragen uns die Füße zwischen den Almhütten (in denen der Diesel für die Melkmaschine brummelt) hindurch und hinauf zu dem kleinen Bänkle auf dem Hügel – dort könnte man die schnöde Welt vergessen ...

Blick hinab zur Fane-Alm

Man lebt nicht nur vom Weidevieh auf der **Fane-Alm**! Zwei Jausenstationen bieten dem Wanderer Zünftiges an – und auch den sprichwörtlichen Becher frische Milch gibt's noch!

WOMO-Wandertipp: Wilder See (2538 m)

Gehzeit: 5 Std. **Schwierigkeit:** mittel. **Höhenunterschied:** 1100 m
Strecke: Von der Fane-Alm auf ‹18› taleinwärts und links vorbei an der Labisebenalm zum Wilden See. Links um den See herum und auf ‹20› weiter hinauf zum Rauhtaljoch (2800 m). Nun hinab zur Brixener Hütte (2300 m) und zurück zur Fane-Alm.

Diesmal fällt uns die Talfahrt gleich zweifach schwer! Schwer fällt der Abschied vom Alm-Öhi – und bang wird uns bei dem Gedanken an die ersten Serpentinen. Prompt kommt uns ein Bergbauer mit seinem Jeep entgegen und die morgenkalte Lenkung trägt auch nicht zur Beweglichkeit bei...
Aufatmend kurven wir am Wasserfall vorbei, rauschen dann erleichtert zum Jochtal-Lift hinab – der Rest bis MÜHLBACH geht wie von selbst. Dort sind es auf der Pustertalstraße nur noch wenige Kilometer bis ins Eisacktal, wo wir auf unsere Tour 12 treffen.

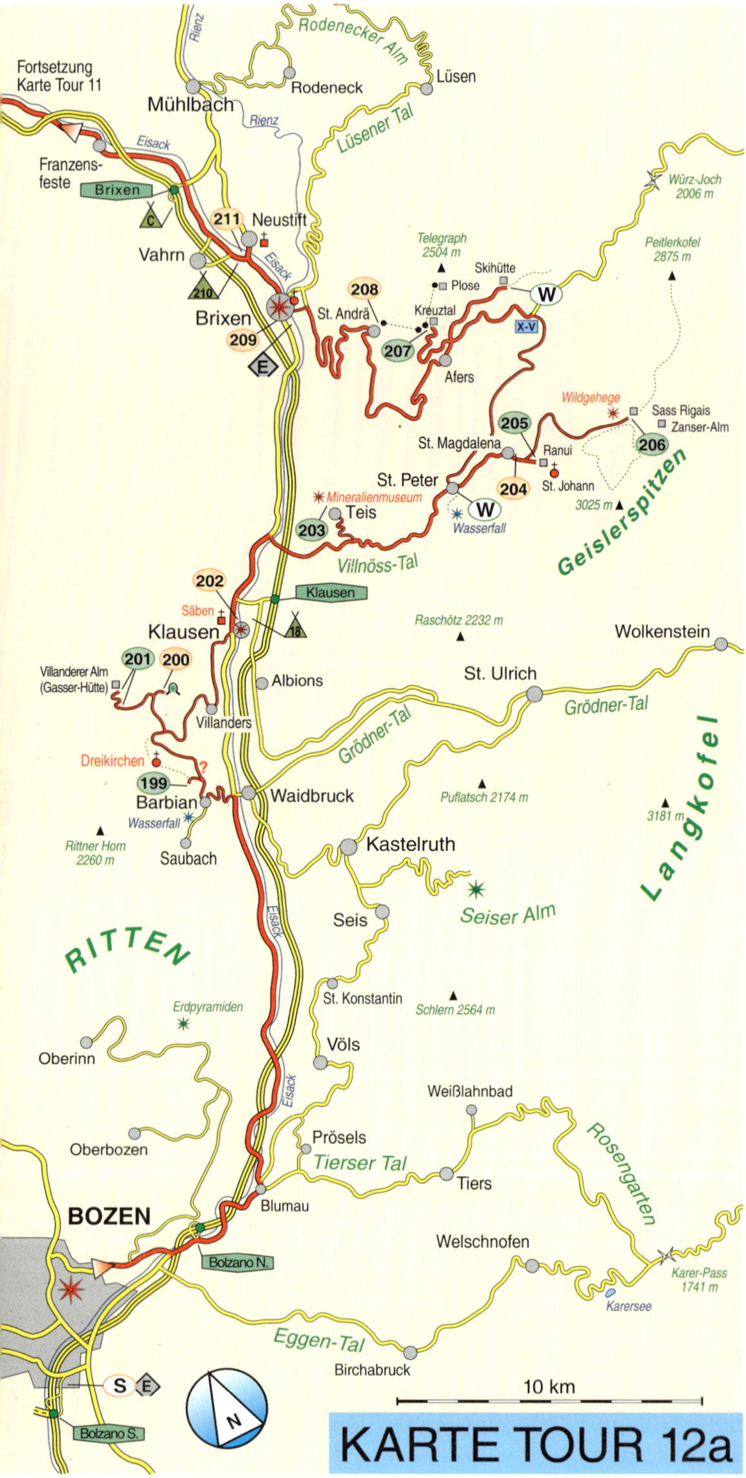

KARTE TOUR 12a

TOUR 12 (230 km / 4-5 Tage ohne Wanderungen)

Bozen – Barbian – Klausen – Villnöss-Tal – Brixen – Kloster Neustift – Franzensfeste – Sterzing – Pfitscher Tal – Gossensaß – Pflerschtal – Brenner (Karte 12b siehe Tour 11)

Freie Übernachtung:	u. a. Villanderer Alm, Zanser Alm, Kreuztal, St. Andrä, Brixen, Mauls, Stein, Ladurns-Lift, Pflersch.
WOMO-Gaststätte:	Platz im Pfitscher Tal: "Pfitscherhof".
Campingplätze:	Bozen: "Moosbauer", Klausen: "Gamp", Vahrn: "Löwenhof", "Vahrner See".
Besichtigungen:	u. a. Barbian (schiefer Kirchturm), Bad Dreikirchen (got. Kirchen), Villanders (Ortskern), Klausen (Kloster Säben, Altstadt, Pfarrkirche), Ranui (St. Johann), Brixen (Altstadt, Dom, Kreuzgang, Taufkirche, Hofburg mit Krippenmuseum), Kloster Neustift, Franzensfeste, Maria Trens (Wallfahrtskirche), Sterzing (Altstadt, Zwölferturm, Spitalkirche, Pfarrkirche), Gossensass (Barbarakapelle), Pflerschtal (Hölle), usw.
Wanderungen:	siehe Wanderblöcke im Text.

Wir verlassen BOZEN nach Norden Richtung **Brenner**. Das erste Stück der Strecke kennen wir schon von unserer Erkundung des **Ritten** (Tour 4).

Dann aber teilen wir uns (auf der SS 12) das enge **Eisacktal** mit der Eisack, der Bahnlinie und der Autobahn, eine "Alpengemütlichkeit" kommt dabei nicht gerade auf.

Aber Sie müssen nur knapp 20 km durchhalten, dann können Sie mit uns nach links Richtung BARBIAN entfliehen. Mit Blick auf die schön gelegene **Trostburg** am gegenüberliegenden Hang schrauben wir uns steil empor. Nach 4500 m haben wir das **Eisacktal** weit unter uns gelassen

Der schiefe Turm von BARBIAN

und parken auf dem Gemeindeparkplatz von PISA – Pardon – natürlich BARBIAN [N46° 36' 14.5" E11° 31' 14.0"]! Aber die beiden Städte haben in der Tat ein gemeinsames Schief-Turm-Problem. Während sich PISA damit längst eine goldene Nase verdient hat, wartet BARBIAN dagegen immer noch auf den Besucheransturm. Dabei weicht die Spitze des schiefen Turmes der Dorfkirche über 1,80 m von der Stelle ab, an die sie eigentlich gehört (und kann dadurch locker mit dem "anderen" schiefen Turm mithalten).

Kunstfreunde werden jetzt einen Abstecher nach SAUBACH machen, um die Kirche **St. Ingenuin & Albuin** mit ihren drei freistehenden Flügelaltären zu besichtigen – und unterwegs eine kleine Wanderung zum **Wasserfall** des **Ganderbaches** unternehmen. Die Wanderkarte dazu findet man oberhalb der Kirche von BARBIAN – genau dort, wo wir rechts nach DREIKIRCHEN und VILLANDERS weiterdüsen. Wie auf einem langen Balkon balanciert die Straße an der oberen Kante des **Eisacktales** entlang. Von hier oben sieht das Verkehrsgewühl tief unten ganz friedlich aus ...

Sie hätten es gern noch ruhiger, total autofrei!?

Dann brauchen Sie Ihr Ferienheim nur nach 1600 m links zum Sportplatz von BARBIAN hochzuwuchten (steil & schmal).

(199) WOMO-Wanderparkplatz: Barbian / Sportplatz

GPS: N46° 36' 42.0" E11° 31' 14.1"; 980 m. **max. WOMOs:** 3-4.

Ausstattung/Lage: Sportplatz, Wanderweg/außerorts.

Wandertipp: Der Wanderweg ›8A‹ kreuzt die Zufahrt zum Sportplatz und führt in 30 min. nach Dreikirchen. Dieses Idyll mit den drei ineinander verbauten gotischen Kirchen **St. Nikolaus**, **St. Gertraud** und **St. Magdalena** mit schönen Fresken und Flügelaltären sind das kunsthistorische Sahnehäubchen auf dem landschaftlichen Leckerbissen.

Die drei Kirchen von DREIKIRCHEN

Die Auffahrt ist Ihnen zu steil? Dann sollten Sie 2000 m weiter beim Restaurant "Winterlehof" (mit Reitstall) parken. Links des Fahrweges beginnt der Wanderweg ‹4›, der ebenfalls zu dem von dort aus bereits sichtbaren DREIKIRCHEN führt.

DREIKIRCHEN, Flügelaltar und Freskenschmuck

An der nächsten Vorfahrtsstraße geht es bereits wieder über VILLANDERS hinab ins **Eisacktal**. Da Sie dies mit uns gemeinsam bedauern, werden Sie sicher zunächst unseren Abstecher nach links (Wegweiser: Villanderer Alm, Samberger Hof) ausprobieren! Dieser führt uns nach 2800 m an eine weitere Gabelung. Rechts geht es zum Pfunderer Schaubergwerk mit ruhigem **Parkplatz [200:** N46° 39' 04.2" E11° 32' 36.6"].

Seit dem 12. Jahrhundert gibt es Belege für den Bergbau, seitdem hat man den ganzen Villanderer Berg mit Stollen durchzogen, um Blei, Kupfer und (natürlich!) vor allem Silber zu fördern. Aber bereits im 16. Jh. ließ die Ausbeute nach und 1908 wurde die Bergbautätigkeit eingestellt.

Erst seit kurzem bemüht sich eine private Initiative, die Stollen für Besichtigungen wieder begehbar zu machen. Weitere Infos findet man auf der Tafel an der Straßengabelung (offen: Mai-Okt. Di/Do 10/14 Uhr, So 10 Uhr) und im Internet unter www.bergwerk.it.

Hält man sich links, nach 1500 m am Hotel **"Samberger Hof"** (Parkplätze) vorbei und nach weiteren 1700 m rechts, so findet man 100 m später einen großen, ebenen und ruhigen Parkplatz im lauschigen Wald. Von dort aus sind es noch 15 Spazierminuten bis zur bewirtschafteten **Villanderer Alm (Gasser-Hütte)**, aber auch eine aussichtsreiche Rundtour durch Hochmoore und Latschenwälder lässt sich daraus machen!

(201) WOMO-Wanderparkplatz: "Samberger Hof" + 1800 m

GPS: N46° 38' 09.0" E11° 29' 59.1"; 1602 m. **max. WOMOs:** >5.
Ausstattung/Lage: Wanderwege/außerorts.
Hinweis: Der Fahrweg führt 2,5 km weiter bis zum großen, z. T. ebenen Wanderparkplatz [**201a:** N46° 38' 29.0" E11° 29' 23.3"; 1744 m] vor der Gasser-Hütte auf der Villanderer Alm. Dieser ist von 8-18 Uhr gebührenpflichtig.

WOMO-Wandertipp: Villanderer Alm (1744 m)

Gehzeit: 2 Std. **Schwierigkeit:** leicht. **Höhenunterschied:** 200 m
Strecke: Vom "Samberger Hof" oder dem o. a. Waldparkplatz ausgeschildert zur Gasser-Hütte. Weiter zum ausgeschilderten Rinderplatz (bewirtschaftet). Hinter der

Wirtschaft durch Latschenwald und (gesicherte) Hochmoore zurück zum Ausgangspunkt der Tour (evtl. wasserfestes Schuhwerk erforderlich).

Nach diesem Wanderabstecher rollen wir zunächst hinab nach VILLANDERS. Unterwegs sind Stopps am Straßenrand gestattet, denn der Blick hinab zum **Kloster Säben** und ins **Etschtal** bei KLAUSEN ist von hier aus am schönsten.

VILLANDERS, Gaststätte "Steinbock"

Aber warum schon in die Ferne schweifen – VILLANDERS hat einen romantischen Ortskern, durch den es sich fein bummeln lässt.

VILLANDERS, Ortskern

Man parkt an der Durchgangsstraße unterhalb der Kirche beim i-Amt und marschiert links die gepflasterte Straße ins Dörfchen hinein. Das auffälligste und schönste Gebäude ist gleich das erste rechts – die Gaststätte **"Steinbock"**, ehemals Ansitz der Herren von Villanders. Auffällig auch der Brunnen unterhalb der Kirche, weil er dem Kirchturm nachgebildet ist.
Der Friedhof von VILLANDERS ist ein Meer handgeschmiedeter und verschiedenst gestalteter Grabkreuze, über sie hinweg reicht der Blick bis zum **Kloster Säben**.
Die letzten Serpentinen führen uns hinab ins **Eisacktal**. An

VILLANDERS, Kirchhof mit Blick auf Kloster Säben

der Vorfahrtsstraße westlich KLAUSEN sollte sich der WOMO-Fahrer links wenden und nach der Tunneldurchquerung im spitzen Winkel zurück (Wegweiser: Altstadt) zum einzigen vernünftigen Parkplatz nördlich des Ortes rollen.

(202) WOMO-Stellplatz: Klausen

GPS: N46° 38' 30.4" E11° 34' 08.5"; 529 m; Eisackpromenade. **max. WOMOs:** > 5.
Ausstg./Lage: Baumschatten, Sitzbänke, Imbissbude, Altstadtspazierweg/Ortsrand.
Zufahrt: Auf der SS 12 links an Klausen vorbei. 500 m nach dem Tunnel im spitzen Winkel 300 m zurück.
Hinweis: 500 m weiter nördlich rechts der Hauptstraße weiterer **P** beim Schwimmbad.

KLAUSEN, Gasthof zum Hirschen

KLAUSEN, im Gasthaus "Walter von der Vogelweide"

Vom Parkplatz aus führt ein Fußweg in die sehenswerte Altstadt hinein, die schon seit dem Mittelalter nur aus einer einzigen Straße besteht. Handel, Zoll und Bergbau im nahen Pfunderer und Villanderer Berg brachten den Wohlstand in das Städtchen unterhalb des gewaltigen Säbener Burgfelsens.
Wir schlendern zunächst durch die **Oberstadt** bis zum Pfarrplatz mit der spätgotischen **Pfarrkirche**.
Die **Unterstadt** endet eigentlich am Tinnebach hinter dem gleichnamigen Platz (mit dem sehenswerten Gasthaus "Hirsch" und dem i-Amt). Überquert man jedoch das Flüsschen, so kommt man zum berühmtesten Schatz des Ortes. Innerhalb eines kleinen Parkes findet man das **Stadtmuseum** im ehemaligen Kapuzinerkloster. Dort ist neben anderen Exponaten auch

KLAUSEN, Blick vom Stadtmuseum auf Burg Branzoll und Kloster Säben der **Loretoschatz** ausgestellt, ein Geschenk der spanischen Königin Maria Anna (Gemahlin Karls II.) an ihren Beichtvater (der aus Klausen stammte und dort selbiges Kapuzinerkloster stiften durfte). Der Schatz besteht aus wertvollen Gemälden, Gold- und Silberschmiedearbeiten, usw.

Haben Sie die schmale Gasse gesehen, die am Rande des Tinneplatzes bergwärts führt? Sie ist der Beginn der **Säbener Promenade**, dem Fußweg zum alles überragenden **Kloster Säben** (vorbei an der Burg Branzoll, hin- und zurück 35 min.).

KLAUSEN, Kloster Säben

Bereits in prähistorischer Zeit war der isoliert aufragende Felsen über der Eisack besiedelt und schon im 4. Jh. entstand hier der Sitz des Bistums Säben mit Kirche und Kapellen, spielte als stark befestigte Burg eine wichtige Rolle in den Kriegswirren, wurde verteidigt und besetzt, vom Blitz getroffen und verbrannt, geplündert und entvölkert. Als Kloster existiert es immer noch (viele Teile sind nicht zu besichtigen) und hat viel von seiner Atmosphäre bewahrt. Besonders sehenswert sind die barocke **Frauenkirche** mit dem achteckigen Zentralbau und die **Heilig-Kreuz-Kirche** mit ihrer überraschenden Ausmalung – aber sehen Sie selbst!

Weiter geht es von KLAUSEN gen Norden. Nach 1000 m passieren wir die Abzweigung ins **Grödner Tal** (das wir im oberen Teil schon kennen, bleiben jedoch noch weitere 2000 m links der Eisack, bis uns der Wegweiser rechts ins **Villnößtal** schickt.

Dort nimmt uns eine wilde Schlucht auf, über der (was sonst?), eine Burgruine thront. Aber bald erweitert sich das Tal, wir

sichten saftige Wiesen, die von dunklen Wäldern vor Muren geschützt werden, alte Bauernhäuser – und eine "süße" Kapelle am Wegrand.
Da lockt uns der Wegweiser zum Mineralienmuseum in die Stichstraße nach TEIS.

Im Zentrum von TEIS ist das **Mineralienmuseum** im Vereinshaus nicht zu verfehlen. Seine Entstehung geht auf eine Initiative des "Strahlers" = Mineraliensuchers Paul Fischnaller zurück, der nicht nur seine Funde aus TEIS, sondern auch aus anderen alpinen Regionen ausstellt. Ein Einstiegsfilm bietet (nicht nur) dem Laien einen Überblick über die Mineralienentstehung. Dann geht es zu den Geoden und Achatmandeln, die bei einem Durchmesser von bis zu 20 cm in ihrem Hohlräumen manchmel sieben verschiedene Mineralien in wundervoll auskristallisierter Form enthalten. Außerdem bietet das Museum Infos zu verschiedenen Rundwanderungen an; donnerstags kann man mit Paul Mineralien suchen gehen!
Öffnungszeiten: Von Ostern bis Allerheiligen Di-Fr 10-12/14-16 Uhr, Sa/So 14-17 Uhr; www.mineralienmuseum-teis.it.

Mineralienmuseum TEIS, Kugel im Berg
Foto mit freundlicher Genehmigung von Paul Fischnaller

Natürlich haben wir bei TEIS auch nach einem bequemen WOMO-Platz gesucht und vor dem Sportplatz beim "Badeteich" gefunden. Nein, Entschuldigung, zum Baden ist der Bewässerungsteich, den man schön als Biotop gestaltet hat, nicht gedacht und sogar eingezäunt.
Wer trotzdem "aus Versehen" hineinfällt - man hat reichlich Rettungsringe aufgehängt.

(203) WOMO-Wanderparkplatz: Teis / Biotop
GPS: N46° 39' 21.3" E11° 37' 13.1"; 920 m. **max. WOMOs:** 2-3.
Ausstattung/Lage: Wanderwege (Info im Mineralienmuseum)/außerorts.
Zufahrt: Durch Teis hindurch bis zum Sportplatz.

In ST. PETER, dem weit verstreuten Hauptort des Tales, sollte man gleichzeitig mehreres tun: Links der Straße den urigen "Zellenwirt" begucken, dahinter links die Abzweigung der Passstraße zum **Würzjoch** für den nächsten Tag speichern, rechts den Beginn des Wanderweges zum **Flitzer Wasserfall** (45 m hoch!) finden (der Wasserfallweg ‹29› beginnt 200 m unterhalb dem "Zellenwirt" (Foto) und dauert hin und zurück knapp 3 Std.) und doch geradeaus Richtung ST. MAGDALENA weiterrollen.

Diese nur noch kurze Stichstraße führt uns zu

der schönsten Kapelle Südtirols mit dem schönsten Bergpanorama Südtirols (reicht das?). Außerdem ist noch ein Wildgehege, ein idyllischer Wanderparkplatz am rauschenden Wildbach nahe einer gemütlichen Gaststätte geboten (jetzt muss es reichen!).
Vorbei an drei Abfahrten nach ST. MAGDALENA folgen wir zunächst dem Wegweiser zur **Zanser Alm**, notieren aber am Ortsende links die wunderschön in Terrassen angelegten Parkplätze.

(204) WOMO-Stellplatz: St. Magdalena

GPS: N46° 38' 18" E11° 43' 4.8" **max. WOMOs:** > 5.
Ausstattung/Lage: keine/Ortsrand.
Zufahrt: Am Ortsende von St. Magdalena links.
Hinweis: Im Ort neues Naturparkhaus (mit Parkplatz), das den Reichtum des NP Puez-Geisler an geologischen, biologischen und kulturellen Schätzen präsentiert.

300 m später schwenken wir rechts zum "Ranui-Hof" mit dem berühmten Kirchlein **St. Johann** mit der dekorativen Außenbemalung.
Der Ranui-Bauer hat sich starke Nerven – und eine gehörige Portion Humor bewahrt. Damit die Besucherscharen ihm nicht zuviel vom kostbaren Weidegras zertrampeln, hat er nicht nur den Weg zum Kirchlein (vor dem Hof nach rechts!) abgesteckt, sondern auch noch eine Ausbuchtung zur optimalen Fotografierposition (ideale Foto-Zeit: Später Nachmittag)! Falls Sie von dort aus kein Foto machen, glaubt Ihnen niemand, in Südtirol gewesen zu sein. 300 m bachaufwärts findet man einen schönen **Park-Wander-Streifen** [**205:** N46° 38' 04.3" E11° 43' 40.6"] und an der Waldschenke oberhalb weitere ebene Parkplätze für 10 €/Tag.

Ranui, Kapelle St. Johann vor den Geisler-Spitzen

Weiter führt das schmale Teersträßchen zur **Zanser Alm**, wo es bei einem großen Parkplatz mit Info-Häuschen über den **Naturpark Puez-Geisler** endet. Wir werden zwar sogleich von einem WOMO-Verbot angedroht, bekommen aber die offizielle Auskunft, dass **eine** Übernachtung (für 10 €/Tag) erlaubt sei! Das Areal ist riesig und doch gemütlich: Links vor dem i-Häuschen wollen die Gemsen, Rehe und Hirsche im Wildgatter gerufen werden, geradeaus führt der Schotterweg weiter zur Gaststätte "Sass Rigais" und nach rechts vertrauen wir

Wanderparkplatz Zanser Alm im April

einer stabilen (!) Holzbrücke über den Wildbach zu weiteren, lauschig-abgelegenen Wanderparkplätzen. Hier kann man zum **Adolf-Munkel-Weg**, einem der schönsten Höhenwege der Dolomiten aufsteigen und direkt unter den Zinnen der **Geislerspitzen** entlangspazieren.

(206) WOMO-Wanderparkplatz: Zanser Alm (Sas Rigais)

GPS: N46° 38' 07.9" E11° 45' 50.3"; 1687 m. **max. WOMOs:** > 5. **Ausstattung/Lage:** i-Stelle, Tiergehege, Wanderwege, Mülleimer, Gaststätte, Gebühr/außerorts.
Zufahrt: Hinter St. Magdalena links halten (ausgeschildert "Zanser-Alm").

WOMO-Wandertipp: Adolf-Munkel-Weg (2000 m)

Gehzeit: 4 Std. **Schwierigkeit:** leicht. **Höhenunterschied:** 500 m
Strecke: Auf ‹33› links des Villnöß-Baches talwärts bis zur Weggabelung. Nun links auf ‹34› am Forsthaus und der Gschmagenhardt-Alm zum Adolf-Munkel-Weg ‹35›. Auf ihm links und eben bis St. Zenon. Von dort aus auf ‹33› wieder hinab zum WOMO.

Aber wer will immer nur am Fuße der Gipfel spazieren gehen, wenn der Blick hinab noch schöner ist!?

WOMO-Wandertipp: Peitlerkofel (2874 m)

Gehzeit: 6 Std. **Schwierigkeit:** mittel. **Höhenunterschied:** 1190 m
Strecke: Vom Wanderparkplatz auf ‹32› zur Gampenalm und weiter zur Schlüterhütte (Peitlerkofelhütte) beim Kreuzkofeljoch. Weiter auf ‹4› = Dolomitenhöhenweg Nr. 2 zur Peitlerscharte und auf markiertem Steig (teilweise gesichert) zum Peitlerkofel, einem der meistbesuchten Dolomitengipfel (großartige Rundsicht), gleicher Weg zurück.

Wir kehren auf dem gleichen Weg nach ST. PETER zurück, wenden uns rechts Richtung **Würz-Joch**. Zwischen den Häusern geht's im Zickzack, man hat das Gefühl, durch die Hinterhöfe zu fahren. Aber auch nach dem Ort geht es steil, serpentinig und einbahnstraßenschmal (?) weiter. Da jedoch jemand den Gegenverkehr abgestellt hat und das WOMO gemütlich im Zweiten dahinzockelt, kann man sich noch eine ganze Weile

Blick von der Zanser Alm zu den Geislerspitzen

am Anblick der **Geislerspitzen** erfreuen. Dann wandern sie nach hinten und lassen der **Peitlerkofelgruppe** den Vortritt.
Nach 9 km herrlichster Bergfahrt kommen wir in der Einsamkeit an die Straßengabelung, wo wir die Würzjochstraße verlassen und links Richtung BRIXEN abbiegen. Nun geht es auf deutlich breiterem Sträßchen wieder bergab.
5,5 km später kommt die nächste Gabelung [N 46° 40' 33.4" E 11° 42' 52.0"] im Gemeindegebiet von AFERS. Wir machen nach rechts einen Abstecher (Wegweiser: Plose/KREUZTAL/ Skihütte). Nach 100 m gabelt sich die Straße erneut. Der rechte Zweig führt nach 3000 m zur "Skihütte". Dieser Name kann wohl nur historisch gedeutet werden, denn inzwischen ist die "Hütte" zum "Plose Berghotel Schlemmer" mutiert, das fast alle Parkplätze für seine Gäste beansprucht. Außerhalb der Hauptsaison kann man hier [N 46° 40' 37.8" E 11° 44' 21.4"; 1904 m] jedoch recht gemütlich stehen und in 30 min. zur wunderschönen Schatzerhütte und weiteren 15 min. zur urigen Enzianhütte marschieren (beste Küche, phänomenale Aussicht).
Der linke Zweig ist für einen Almauftrieb der besonderen Art angelegt – im Winter drängt sich rings um den **Telegraph** (2507 m) das internationale Skipublikum.
Nach 4000 m lichtet sich der Wald und gibt den Blick frei auf ganze Batterien von Liftanlagen. Unterhalb des Sesselliftes zur **Plose-Hütte** kann man auf großer, ebener Parkterrasse das WOMO abstellen ...

(207) WOMO-Wanderparkplatz: Kreuztal / Plose-Lift
GPS: N46° 41' 01.5" E11° 42' 23.8"; 1991 m. **max. WOMOs:** 3-4.
Ausstattung/Lage: Wanderwege mit traumhaftem Blick, Liegewiesen, Gaststätten, Lift, stellenweise tags Gebühr/außerorts.

... und (mit Lift) zu einer ganz leichten, aber trotzdem wunderschönen Wanderung starten.

WOMO-Wandertipp: Telegraph (2507 m)

Gehzeit: 4 Std. **Schwierigkeit:** leicht. **Höhenunterschied:** 60 m auf/1440 m ab.
Strecke: Auf der ‹7› zur Plose-Hütte. Auf ‹6› zum Telegraph und über die Plose-Scharte hinab zur Ochsenalm. Dann auf dem Brixener Höhenweg nach ST. LEONHARD. Von dort nach ST. ANDRÄ und mit der Ploseseilbahn (10.7.-3.10.) wieder hinauf zum WOMO. **Alternativ:** Woody Walk 4 km / 1 1/2 h).

Ihnen ist mehr nach Speckteller als nach Muskelkater zumute? Dann rollen Sie rechts noch 400 m bis zum Gasthof **"Geisler"** mit aussichtsreichen Parkplätzen [N 46° 40' 59.7" E 11° 42' 41.5"]. Über AFERS geht's weiter bergab zunächst bis ST. ANDRÄ. Hier können Sie rechts zum **Plose-Lift** abzweigen. Nach 400 m stehen Sie auf der großen, ebenen **Parkfläche [208:** N46° 41' 52.5" E11° 40' 56.6"; 1053 m], wo das freie Übernachten, nicht jedoch das Campieren gestattet ist.
Falls Sie auf der Hauptstraße bleiben, empfiehlt sich doch ein kurzer Halt beim i-Amt, denn dort wird man Sie freundlich bedienen und Ihnen auch den besten Parkplatz für Ihr WOMO (bei der Eishalle) auf dem Brixener Stadtplan einzeichnen.
MILLAND ist ein praktischer Vorort von BRIXEN für Ihre Orientierung: Beim ersten Kreisverkehr rechts ein Eurospar-Supermarkt, dann eine Agip-Tankstelle und am zweiten Kreisel nach links unsere Abzweigung über die Eisack. Dahinter, bei der ersten Ampel (rechts geht's ins Zentrum), biegen wir wieder links ab zur Sportzone und hopsen über mehrere Bodenwellen bis zur Eishalle neben einem Flanierpark mit kleinem See. Dort gibt's eine Unzahl von Parkplätzen...

(209) WOMO-Stellplatz: Brixen / Eissporthalle

GPS: N46° 42' 22.3" E11° 39' 05.9"; 562 m; Via Del Laghetto. **max. WOMOs:** >5.
Ausstattung/Lage: keine; weitere **P** bei den Schulen nahebei/im Ort.
Hinweis: An der SS 12 nur 250 m südlich V/E bei Esso.

...und zum Zentrum sind es (flotten Schrittes) gerade mal 10 Minuten.
Nach beschaulichem Rundgang durch die Altstadt beschließen wir für uns: BRIXEN ist die schönste Stadt Südtirols!
Unser Rundgang beginnt am i-Amt, führt uns dahinter rechts und vorbei an der evangelischen(!) St. Erhards-Kirche direkt zum **Domplatz**, wo

BRIXEN, Volksfest

eigentlich die gesamte Brixener Kunst versammelt ist.
Bummeln, besichtigen, Brotzeit – in dieser Reihenfolge werden die meisten Brixenbesucher denken – aber schon kommen wir am berühmten "Finsterwirt" vorbei, wo man im Innenhof wunderschön sitzen kann – oder bevorzugen Sie eher das Künstlerstübele, um dort Ziegenkäsnocken auf Spargelragout oder eher gebackene Kartoffelteigtaschen mit Spinatfüllung und Knoblauchschaum zu degustieren?
Nichts gibt's; erst ist die Kunst dran!

BRIXEN, Dom

Die **Domkirche** und vor allem der **Kreuzgang** sind ein absolutes "Muss" in BRIXEN – und niemand darf den Kreuzgang verlassen, ohne den Elefanten entdeckt zu haben, auch wenn er nicht ganz dem von der letzten Safari entspricht. Aber wie hätten Sie ein solches Rüsseltier gezeichnet, ohne je eines gesehen zu haben?
Der romanische Kreuzgang ist ein einmaliges, künstlerisches Meisterwerk, seine Ausmalung umfasst die Zeit zwischen 1390

BRIXEN, Kreuzgang, Detail mit Elefant

und 1500, also die gesamte gotische Epoche. Er ist eine Orgie in Farben und unerschöpflichen Formen und Geschichten, die man zwar erzählen könnte – aber man würde dadurch noch nicht einmal ein dürftiges Bild des Gesamtkunstwerkes vermitteln – kommen und schauen Sie selbst! Ähnlich geht es uns mit den herrlichen Deckenfresken im Dom – aber auch die **Pfarrkirche St. Michael** mit dem markanten Glockenturm links daneben besticht durch umfangreiche Deckenfresken.
Dann bummeln wir links durch die **Großen Lauben**, erschrecken vor dem **Wilden Mann** mit den drei Köpfen über dem Straßeneck und schwenken nach links in die **Kleinen Lauben**. An dessen Ende werden Sie wieder von schattigen Tischen unter Weinlaubarkaden beim "Traubenwirt" in Versuchung geführt. Falls Sie standhaft bleiben und durch die Hofgasse weiterschlendern, landen Sie beim letzten Höhepunkt von BRIXEN, der **Hofburg** mit dem **Diözesan-** und dem **Krippenmuseum**. Erschöpft rasten wir im **Hofgarten** unter dem riesigen Ginkgobaum – und entlassen Sie (irgendwann werden wir uns wieder am WOMO treffen).
Wir biegen am Kreisverkehr rechts in die Brennerstraße SS 12 ein. Nach dem dritten Tunnel verlassen wir sie nach rechts Richtung NEUSTIFT, passieren den **Campingplatz** "Löwenhof" [**210:** N46° 44' 03.4" E11° 38' 50.5"] und stehen bereits nach weiteren 1600 m auf dem **Busparkplatz [211:** N46° 44' 33.9" E11° 38' 46.2"] des "schwerbefestigten" gleichnamigen Klosters. Ob die Zuckerbäckerbastionen der **"Engelsburg" = Michaelskapelle** wohl je einen Türken erschreckt hätten, zu dessen Abwehr die Fortifikationen 1476 aufgetürmt wurden?

Kloster Neustift, "Engelsburg"

Innenhof mit Weltwunderbrunnen

50 Jahre später konnten sie nicht einmal eine wütende Bauernschar aufhalten, die das Kloster stürmten, um ihre Zinsbücher und Schuldscheine zu vernichten.

Der oktogonale Ziehbrunnen im Innenhof hat seine Form wohl wegen der Malereien über den Bögen – sie stellen die sieben Weltwunder dar (in aller Bescheidenheit hat man Kloster Neustift als achtes hinzugefügt).

Völlig unvorbereitet betreten wir die **Stiftskirche** – und es

haut uns fast um! Nach der Pracht des Brixener Domes hatten wir wohl etwas ähnliches erwartet. Trotzdem werden wir geradezu erdrückt vom rosaroten "Marzipanbarock". „Kunstbanause“, höre ich jetzt manchen Leser murmeln, folglich enthalte ich mich jedes weiteren Urteils und lade Sie hiermit zum Ortstermin!

Natürlich hat auch das Kloster Neustift einen **Kreuzgang**, seine frühgotischen Fresken wurden im 15. Jh. übermalt und 1636 zugetüncht. Jetzt ist man in mühevoller Kleinarbeit dabei jeweils zu entscheiden, welcher Schicht man den Vorrang lassen soll.

Kloster Neustift, barocke Stiftskirche

Gigantisch war einst die Gemäldesammlung des Klosters, die schönsten Stücke fielen allerdings in die Hände der Bayern, die ja kurzzeitig Tiroler Herrscher waren. Aber auch die "Reste" sind noch sehr sehenswert. Der berühmte **Kirchenväteraltar** des Michael Pacher ist allerdings nur eine (gute) Fotografie – das Original hängt immer noch in der Alten Pinakothek in München!

Als vorletzten Höhepunkt muss man den **Bibliothekssaal** gesehen haben, wohl der prächtigste Rokokosaal des Landes überhaupt. Zigtausende kostbarster Handschriften, Erstdrucke usw. werden dort aufbewahrt bzw. ausgestellt.

Den letzten Höhepunkt muss ich Ihnen sicher nicht zeigen – den haben Sie längst selbst entdeckt: Wie wär's nach so viel Marzipan mit einem fruchtigen, kraftvollen Blauburgunder aus der **Stiftskellerei** (Verkostung mit Weinverkauf).
Wir kehren zur SS 12 zurück, 40 km sind es noch bis zum **Brenner**. Aber keine Angst, so schnell lassen wir Sie nicht nach Hause!
2 km hinter VAHRN führt eine Abzweigung nach links (unter der Autobahn und der Bahnlinie hindurch) zum Campingplatz "Vahrner See". Leider können nur Fahrzeuge < 2,20 m den Tunnel passieren.
Auf den nächsten Kilometern wurde Kriegsgeschichte geschrieben! Zunächst passieren wir die größte Festung Südtirols, **Franzensfeste**! Benannt nach Kaiser Franz I. von Österreich (nicht der von der Sissi!) und erbaut von 1833-39 erlebte sie nie einen Kampf, darf aber heute als (italienische) Kaserne dienen, weshalb man sie wie ein Staatsgeheimnis hütet.
2500 m nördlich der Kanonenfestung, bei »km 489,5«, entdeckt man das Hinweisschild zum **Sachsenkreuz** [N 46° 47' 43.0" E 11° 36' 22.5"], bei »km 489,7« zum Sachsenstein (für zwei Brüderpaare aus Weimar und Hildburghausen), wenig später erinnert auch das Gasthaus "Sachsenklemme" an weitere Kriegsereignisse: Die mit den Franzosen "verbündeten" und zum Kriegsdienst gepressten Regimenter wurden gerne in die Vorhut geschickt. So geriet 1809 auch eine sächsische Einheit in einen Südtiroler Hinterhalt und wurde von hinabgerollten Felsen fast völlig aufgerieben.
3 km hinter dem Sachsenkreuz machen wir einen Abstecher nach MITTEWALD, überqueren neben einem Brunnen die Eisack. Wohnmobile < 2,80 m können noch die Autobahn und die Bahnlinie unterqueren, größere parken vor der Kirche. Unser Wandertipp ist etwas für Ausdauernde!

(212) WOMO-Wanderparkplatz: Mittewald / Kirche
GPS: N46° 48' 24.8" E11° 34' 26.0"; 815 m. **max. WOMOs:** 2-3.
Ausstattung/Lage: Wanderweg, Brunnen, Sitzbänke, Gaststätte/im Ort.

WOMO-Wandertipp: Marburger Hütte (2481 m)
Gehzeit: 8-10 Std. **Schwierigkeit:** mittel. **Höhenunterschied:** 1680 m
Strecke: Von MITTEWALD auf breitem Waldweg ‹16› durchs Flaggertal, vorbei an der unteren Flagger-Alm, dem 57 m hohen Flaggerbachfall und der oberen Flagger-Alm zur Marburger Hütte (Flaggerschartenhütte) beim gleichnamigen Bergsee. Das Schutzhaus liegt am Weitwanderweg Sterzing-Bozen und ist Ausgangspunkt für anspruchsvolle Gipfeltouren; gleicher Weg zurück.

2,5 km nach MITTEWALD, bei einer besonderen Engstelle des Eisacktales, passieren wir die Gaststätte **"Sachsenklemme"** mit großem Parkplatz [N46° 48' 55.4" E11° 32' 36.8"; 854 m] und 500 m später machen wir den nächsten Kurzabstecher nach GRASSTEIN. Diesmal können auch große Wohnmobile die Verkehrswege und den Fluss überwinden und vor dem ersten Haus links parken.

(213) WOMO-Wanderparkplatz: Grasstein

GPS: N46° 49' 07.8" E11° 32' 09.9"; 872 m. **max. WOMOs:** 1-2.
Ausstattung/Lage: Wanderweg, Brunnen ein paar Schritte weiter rechts/Ortsrand.

WOMO-Wandertipp: Puntleider See (1848 m)

Gehzeit: 5 Std. **Schwierigkeit:** mittel. **Höhenunterschied:** 1000 m
Strecke: Von GRASSTEIN auf steilem Forstweg ‹14› vorbei an den Puntleider Höfen zur Puntleider Alm. Dort links zum einsamen, romantisch von Lärchen und Alpenrosen umrahmten Bergsee; gleicher Weg zurück.

4 km weiter führt die SS 12 direkt durch MAULS hindurch. Trotzdem muss man seinen Blick schweifen lassen, um den schönen, alten Gasthof **"Stafler"** direkt rechts der Straße nicht zu verpassen. Hinter ihm fahren wir rechts hinauf, folgen den Wanderwegweisern durchs Dorf hindurch, bis wir oberhalb des Sportplatzes [**214:** N46° 51' 29.7" E11° 31' 48.7"] schön eben parken können. Marschiert man noch 300 m weiter das Tal hinauf, so sieht man den Wanderweg ‹2› links im Seitental verschwinden.

MAULS, Gasthof "Stafler"

WOMO-Wandertipp: Wilder See (2538 m)

Gehzeit: 9 Std. **Schwierigkeit:** mittel. **Höhenunterschied:** 1700 m
Strecke: Von MAULS kurz hinein ins Maulser Tal, dann links auf ‹2› ins Sengestal. Vorbei an den Senges-Almen und unterhalb der Simile-Mahd-Alm (bewirtschaftet) bis zum Senges-Jöchl (2616 m). Nun kurz hinab zu einem der größten und tiefsten Bergseen Südtirols.

Jetzt ist wieder etwas Kunst angesagt. In FREIENFELD fahren hinauf nach MARIA TRENS zur spätgotischen Wallfahrtskirche [N46° 52' 36.2" E11° 29' 03.8"]. Über dem Hauptportal eine Marmorstatue (Maria mit Kind), in der Kirche ist die Wand übersät mit handgemalten Votivgaben.

Maria Trens, Wallfahrtskirche

Hinter der Kirche geht's wieder hinab zur Hauptstraße, an der 50 m später die kleine Reiterkapelle steht. "Bis hierher und nicht weiter kamen die feindlichen Reiter, 1797" entziffern wir eine verrostende Inschrift, die an einen Sieg Tiroler Schützen im napoleonischen Krieg erinnern.
Nun sind es, zwischen den beiden Burgen **Sprechenstein** und **Reifenstein** hindurch, nur noch 3 km bis STERZING.
Ahnungslose Touristen werden von der Durchgangsstraße (dort, wo es an der Ampel rechts ins **Pfitscher Tal** geht) nach links zum Zentrum geleitet, bis sie auf dem **Untertorplatz** zur Kasse gebeten werden.
Rollt man jedoch einfach auf der Hauptstraße weiter Richtung Brenner, so entdeckt man 800 m später kostenlose Parkplätze (mit WC) [N 46° 54' 11.7" E 11° 25' 47.7"; 965 m], von denen aus es auch nicht weit ins Zentrum ist. Weitere, kostenlose Parkplätze findet man gleich dahinter beim **Rosskopf-Lift**.
Wir schlendern in die Altstadt hinein bis zum Stadtplatz, wo links gleich die **Heilig-Geist-Kirche** (Spitalkirche) mit sehr schönen spätgotischen Fresken des Meisters Hans von Bruneck steht (daneben i-Amt).
Weit höher im Kurs der Postkartenverkäufer steht allerdings der 46 m hohe **Zwölferturm** mit dem Treppengiebel, der Altstadt von Neustadt trennt. Nicht weit dahinter bannt der

Heilige **Nepomuk**, gegen Überschwemmungen der richtige Patron, seit 1789 die Hochwassermassen von Fallerbach und Eisack und ist gleichzeitig Bewacher des spätgotischen **Rathauses** mit dem Prunkerker.

Am **Untertor** wenden die meisten Touristen – und verpassen zwei der Hauptattraktionen Sterzings:

STERZING, Zwölferturm

Nur 10 Minuten weiter geradeaus liegen nebeneinander die **Pfarrkirche** und die Deutschordenskommende mit dem **Multscher-Museum**!

Während im Multscher-Museum, benannt nach dem berühmten Ulmer Holzschnitzer Hans Multscher, der

STERZING, spätgotisches Rathaus

für die Sterzinger den nach ihm benannten Flügelaltar schuf, dieser die unbestritten geniale Hauptattraktion ist, streiten sich in der Pfarrkirche die Empfindungen – wurde doch die einst prächtige gotische Kirche barockisiert. Neuzeitliche Regotisierungsversuche haben nun ein Stilgemisch hinterlassen. Unbestreitbar schön sind jedoch die Schreinfiguren im neugotischen Hochaltar.

Hat es Sie nicht misstrauisch gemacht, dass

wir Sie auf einen Liftparkplatz gelockt – und noch keine Wanderung empfohlen haben? Hier ist sie!

WOMO-Wandertipp: Telfer Weißen (2588 m)

Gehzeit: 4 Std. **Schwierigkeit:** leicht/mittel. **Höhenunterschied:** 730 m

Strecke: Mit Seilbahn zur Bergstation Rosskopf (1860 m). Auf ‹23› zunächst eben an der Waldgrenze, dann auf Steig über den Südostgrat zum Ostgipfel (der kurze Übergang zum Hauptgipfel ist unschwierig, aber ausgesetzt und erfordert Schwindelfreiheit). Großartige Aussicht; gleicher Weg zurück.

800 m vor unserem Parkplatz mussten Sie vielleicht bei der Ampel warten? Hier zweigt nach rechts die Straße ins **Pfitscher Tal** ab. Kaum jemand verirrt sich in dieses romantische, langgestreckte Tal mit seiner Hochgebirgskulisse, im Talschluss guckt eine ganze Schar von 3000ern auf die Erd-Winzlinge hinab. Unter Wanderern ist besonders der **Landshuter Höhenweg** eine "erste Adresse"!

Das **Pfitscher Tal** lockt den Besucher zunächst mit bequemer Anfahrt, im breiten Wiesengrund geht es gemütlich voran. Aber nach 6 km wandelt sich das Profil des Tales, die Straße schlängelt sich an steilen Felsen über dem schäumenden Pfitscher Bach entlang. Dann schraubt sie sich in Serpentinen zum **Rieder Stausee** hinauf, ein stark verschilftes Biotop, kein Badesee.

Picknickwiese am Pfitscher Bach

Jetzt weitet sich das Tal wieder, bildet in seiner Mitte eine herrlich blühende Alpenwiesenfläche, die im jahreszeitlichen Kontrast zu den Schneegipfeln ringsum steht.

Wir passieren die Abzweigung nach KEMATEN, halten uns auf der Hauptstraße bleibend rechts und stoppen beim **"Pfitscherhof"**. Von diesem wohnmobilfreundlichen Plätzchen aus kann man die Wanderung auf dem **Landshuter Höhenweg** starten.

(215) WOMO-Gaststätte: "Pfitscherhof" (Platz)

Max. Übernachtungen: 1-2. Max. WOMO-Zahl: 2-3. Ansprechpartner: Familie Tolloi
GPS: N46° 57' 53.7" E11° 34' 53.7"; info@pfitscherhof. it Tel.: 0039-0472-630115

Viel bequemer wäre es jedoch, wenn man eine Mitfahrgelegenheit zum **Pfitscher Joch** fände, denn dann würde man sich den größten Teil des Aufstieges sparen ...

WOMO-Wandertipp: Landshuter Hütte (2683 m)

Gehzeit: 8 (5) Std. **Schwierigkeit:** mittel. **Höhenunterschied:** 1200 m/430 m
Strecke: Von der Gaststätte "Pfitscherhof" zunächst entlang des Fahrweges auf ‹3› durch den Weiler STEIN, hinauf zum Scheiblerlahnerhof. Weiter auf ‹3› am Jochsee vorbei zum Pfitscher Joch (bis dahin geschotterte Fahrstraße). Vom "Pfitscher-Joch-Haus" weiter auf ‹3› mäßig ansteigend auf dem Landshuter Höhenweg (herrliche Sicht u. a. zum Hochfeiler (3510 m), dem höchsten Gipfel der Zillertaler Alpen) zur "Landshuter Hütte". Auf ‹3A› steil hinab zum "Pfitscherhof".

2 km später, gegenüber der Pizzeria **"Hochfeiler"**, ist der Pfitscher Bach gestaut. Man kann das WOMO sehr gemütlich ans Ufer stellen **[216:** N46° 58' 05.8" E11° 36' 22.4"] und den Blick verträumt über die Wasseroberfläche, das kleine, gotische Kirchlein **St. Jakob** (Foto) und die Berggiganten wandern lassen.

Der letzte Ort des Pfitschtales heißt STEIN, er liegt deutlich oberhalb des Baches. An dessen Ufer warten nochmals ausgedehnte Picknickwiesen [**216a:** N46° 58' 30.1" E11° 37' 45.9"; 1427 m]. An einer Stelle führt ein Fußgängerbrückchen über den Bach – wo Bänke unter schattigen Lärchen locken. Dann schlängelt sich die Straße nach STEIN hinauf, wobei sie mit einem Schlag ihren Teerbelag verliert. Wenn Sie Ihrem WOMO etwas Besonderes antun möchten, dann können Sie es nun die Serpentinen zum **Pfitscher Joch** hinaufjagen. Die ersten Kilometer haben wir für Sie ausprobiert – sie sind eine durchaus befahrbare Mischung aus Schotter, Steinplatten und Längsfurchen. Dann tut uns unser WOMO, das bisher klaglos

Picknickplatz am Pfitscher Bach

alle Passstraßen gemeistert hat, doch leid und wir kehren um, rollen durchs Tal wieder hinab nach STERZING.
Nur 4 km später sind wir schon in GOSSENSASS, einst einem wichtigen Bergbauort mit über 1000 Knappen. Zeugnis davon legt noch die **Barbara-Kapelle** oberhalb der Pfarrkirche ab. Besonders bequem kommt man zu diesem originellen Bau-

Kleine Kapelle bei der Fahrt ins Pflerschtal

werk, wenn man am Ortsende links parkt und die Stufen zum Kirchhof hinaufsteigt. Auch die Pfarrkirche mit den ausgemalten Flachkuppeln und der herrlichen Orgel zeugt vom ehemaligen Reichtum der Bergbaustadt.
Wir starten nun zu unserem letzten Abstecher ins **Pflerschtal!** Bereits die ersten Meter nach Westen versprechen uns wieder einen herrlichen Talschluss mit verschneiten, ja vergletscherten Gipfelriesen.
Nach 5 km passieren wir die Talstation des **Ladurns-Lifts** und notieren einen bequemen, großen Wanderparkplatz. Bequemer und ruhiger, auch ebener, steht man gegenüber rechts der Straße beim Sportplatz.

(217) WOMO-Wanderparkplatz: Ladurns-Lift
GPS: N46° 57' 04.5" E11° 23' 17.7"; 1089 m. **max. WOMOs:** > 5.
Ausstattung: Wanderwege (mit Lift, Info-Blätter an der Kasse), WC, Gaststätte.

Wenig später sichten wir einen ersten, glitzernden Wasserfall als "Vorhut" für eine ganze Schar im schönen Talschluss.
Den schönsten Parkplatz findet man dort, wenn man sich in PFLERSCH (ST. ANTON) nach dem Feuerwehrgerätehaus/Haus der Vereine (mit **Brunnen**) links Richtung Hotel/Pension "Feuerstein" hält. Die Straße endet bei einem riesigen Schotter-/Rasenplatz links neben dem Pflerschbach, einem idealen Picknick- und Wanderplätzchen, **denn nun können Sie zur Hölle gehen!**

(218) WOMO-Wanderparkplatz: Pflersch / Hotel "Feuerstein"
GPS: N46° 57' 58.1" E11° 20' 15.0"; 1258 m. **max. WOMOs:** > 5.
Ausstattung/Lage: Wanderwege, Sitzbänke, Gaststätte/Ortsrand.
Hinweis: Die Wiese ist eigentlich nur für "Anlieger". Falls Sie kein Anliegen haben, parken Sie vorher gegenüber dem Hotel "Feuerstein".

Zumindest zeigt am Ende des Parkplatzes ein grüner Wegweiser mit der Aufschrift "Hölle" zum Waldrand, aber auch die Wandertouren zur **Magdeburger Hütte** und zur **Tribulaunhütte** beginnen hier, beide Ziele lassen sich zu einer (sehr anspruchsvollen) Rundwanderung verbinden.
Wir schnüren die Stiefel und marschieren mit Ihnen zur Hölle!
Ein Jägersteig führt uns links des Baches weiter talein, steinig bis geröllig (und bei feuchtem Wetter glitschig), stets jedoch bergan (in die Hölle?).

Die "Hölle", der Pflerschtaler Wasserfall

Dann geht's eine Weile auf der Asphaltstraße nach STEIN entlang, wobei sich die Aussicht (und damit auch die Zahl der Wasserfälle) vergrößert – wir genießen "Norwegische Impressionen", wie sie nicht originaler sein könnten.
Nach insgesamt 30 min. endet der Schotterweg an einem kleinen Parkrund, geradeaus führen die o. a. Wanderwege (‹6› und ‹8›) weiter.
Rechts, steil hinab (wie es sich zur Hölle gehört) führen bequeme Holzstege und Treppen zu einem Aussichtsplateau direkt über der **Pflerschtaler Hölle**:
Ein Wasserfall des Pflerschbaches stürzt schäumend und krachend in einen felsigen Hexenkesselsee hinab, dort würde der Teufel nicht nur nasse Füße bekommen!
Der Rückmarsch zum WOMO, auf der anderen Talseite immer bergab, dauert knappe 25 Minuten, die Fahrt nach GOSSENSASS auch nicht länger; noch 9 km sind es bis zum **Brennerpass** [N 47° 0' 20.6" E 11° 30' 23.3"; 1403 m].
Für dieses Mal entlassen wir Sie, nachdem Sie uns bis zur Hölle und zurück begleitet haben, nach Hause.
Vielleicht sehen wir uns nächstes Jahr wieder, in Portugal, in Norwegen oder in Griechenland, wer weiß!?

TIPPS UND TRICKS – alphabetisch geordnet

ADRESSEN

Zwar pocht jeder Süd-Tiroler auf die Eigenständigkeit seiner Heimat, trotzdem ist Süd-Tirol "nur" eine (autonome) Provinz Italiens. Der Urlauber jedoch fühlt sich wie "zu Hause", denn alle um ihn herum sprechen deutsch, im vereinigten Europa will kein Mensch Pässe oder Autopapiere sehen. Erst in einem Notfall erwartet man, dass Sie sich ausweisen können!
Notfälle sind für wohnmobile Süd-Tirolurlauber Krankheiten, Verkehrsunfälle, Diebstähle oder schlicht Informationsmangel.
Was soll man tun, wenn einer der "Notfälle" eintritt?

Tipps:

>> *Jeder Ort in Süd-Tirol, der etwas auf sich hält, hat eine Touristeninformation, ausgeschildert und erkannbar am blauen "i-Schild". Dort erhält man nicht nur reichhaltiges Prospektmaterial und Stadtpläne, sondern von den stets freundlichen Angestellten auch Rat und Hilfe.*
>> *Zentrale Stelle aller touristischen Bemühungen, aber auch für Rat und Tat, ist die: Süd-Tirol Marketing Gesellschaft, Pfarrplatz 11, I-39100 Bozen Tel.: 0039-0471-999 999, Fax: 0039-0471-99 900*
>> *Eine deutsche Botschaft gibt es in Süd-Tirol nicht, auch Österreich und die Schweiz gehen leer aus. Entweder man telefoniert mit Rom:*
Deutsche Botschaft, Roma, Tel. 06/864003 oder 856806
Österreichische Botschaft, Roma, 06/380442
Schweizer Botschaft, Roma, 06/803641
oder man bemüht sich in das:
Deutsche Konsulat, Bozen, Perathoner Straße 8b/10
Tel.: 0039-0471-945617
Österreichische Konsulat, Bozen, Silbergasse 6
Tel.: 0039-0471-970394
>> *Sie möchten sich zu Hause noch genauer über Ihr Urlaubsziel informieren? Das Staatl. Italienische Fremdenverkehrsamt (E.N.I.T.) hat Büros in:*
60329 Frankfurt, Kaiserstraße 65, Tel. 069-23 74 34; enit.ffm@t-online.de
80333 München, Lenbachplatz 2, 089-53 13 17; enit-muenchen@t-online.de
A-1010 Wien, Kärntnerring 4, Tel. 01-505 16 39 12; delegation.wien@enit.at
CH-8001 Zürich, Uraniastraße 32, 043-466 40 40; enit@bluewin.ch
Der Rücklauf von diesen Stellen fällt in der Regel sehr mager aus, viel besser wird man von der o. a. Süd-Tirol Marketing Gesellschaft in Bozen bedient. Vielleicht schauen Sie dort auch einmal per Internet herein: www.suedtirol.info; e-mail: info@suedtirol.info
>> *Auch die Regionen Süd-Tirol sind inzwischen im Internet präsent, z. B.: www.altabadia.org * www.rosengarten-latemar.info * www.valgardena.it * www.suedtirols-sueden.info * www.meranerland.com * www.ritten.com * www.schlern.info * www.drei-zinnen.info * www.bolzano-bozem.it * usw.*
>> *Informationsmaterial verteilen auch die Automobilclubs, auf Touristikmessen wird man jedoch besser versorgt.*

ÄRZTLICHE HILFE

Krank im Urlaub? Das ist so ziemlich das letzte, was man sich wünscht. Manchmal ist es jedoch nur das kleine Unwohlsein, das den Tag vermiest oder es ist ein Medikament ausgegangen. Was tun?

Tipps:
>> *Medizinische Tipps im Internet vor der Reise einholen: www.fit-for-travel.de*
>> *Verständigungsprobleme gibt es in Süd-Tirol nicht, nahezu jeder Arzt spricht deutsch als Muttersprache.*
>> *Sie sind in einer gesetzlichen Krankenkasse versichert?*

Für Italien (sowie alle Länder der Europäischen Union, des Europäischen Wirtschaftsraumes und die Schweiz) ist kein Auslandskrankenschein mehr erforderlich! Lassen Sie sich vor der Reise bei Ihrer Kasse kostenlos die neue Europäische Krankenversicherungskarte EHIC (Euroean Health Insurance Card) ausstellen. Im Ausland genügt es dann, die Karte beim Arzt oder im Krankenhaus vorzulegen. Für Länder wie z. B. Kroatien oder die Türkei braucht man weiterhin einen Auslandskrankenschein.

\>> ***WOMO-TIPP:***
Leisten Sie sich eine Auslandskrankenversicherung (für knapp 1 € pro Tag) und lassen Sie sich privat behandeln! Sie müssen zwar Arztrechnungen und Medikamente bar bezahlen, werden jedoch äußerst zuvorkommend bedient – und nach Ihrer Rückkehr bekommen Sie, bei korrekt ausgefüllten Rechnungen, die Beträge erstattet.

\>> *Falls Ihnen diese Bürokratie auf den Wecker gehen sollte: Kürzen Sie bei kleineren Wehwehchen ab – und befragen Sie gleich den Apotheker. Dort gibt es die meisten Arzneien ohne Rezept – und im Vergleich zu Deutschland sehr billig.*

\>> *ADAC-Arzt: 0049/89/22 22 22.*

\>> *Im schlimmsten aller schlimmen Fälle: Wenn Sie einen Auslandsschutzbrief haben, werden Sie, Ihre Familie und das WOMO kostenlos nach Hause transportiert.*

AUTOBAHNGEBÜHREN, VIGNETTE, PICKERL

Wegezoll ist eine jahrtausende alte Erfindung. Es hat keinen Sinn, über ihn zu jammern, sondern man sollte sich stets nur fragen: Bekomme ich auch etwas geboten für mein Geld oder kann ich ihn umgehen.

Tipps:
Schweiz, Österreich:

\>> *Wenn Sie unserer Anreiseempfehlung folgen, brauchen Sie weder Vignette noch Pickerl. Auch für die Heimreise kann man parallel zur Brennerautobahn auf der (gut ausgebauten und meist verkehrsärmeren Brennerbundesstraße 182) mautfrei fahren. Ab Innsbruck benutzt man die 171 bis ZIRL (dort geht's rechts auf der 177 Richtung MITTENWALD/MÜNCHEN).*

\>> *Bedenken Sie beim Kauf der Vignette für die Schweiz, dass sie ein ganzes Jahr gilt. Vielleicht kann man aus der Not eine Tugend machen und schon im Januar zum Skilaufen in die Schweiz fahren!?*

\>> *Sie haben sich die Brennerautobahn ausgesucht? Dafür dürfen Sie 8 € Extramaut bezahlen.*

\>> *Auch die Treibstoffpreise auf den Autobahnen sind eine Art Extra-Gebühr. Tanken Sie abseits der Autobahn (siehe "Treibstoffe").*

Süd-Tirol (Italien):

\>> *Unsere Touren kreuzen zwar manchmal die Autobahn – benutzt wird sie jedoch nicht einen einzigen Meter!*

AUTOHILFSDIENSTE

Irgendwann passiert es jedem einmal: Das Auto gibt keinen Mucks mehr von sich.

Tipps:

\>> *Süd-Tirol ist weniger dicht besiedelt, als der Tourist glaubt. Kaum eine Autowerkstätte kann sich deshalb auf eine Marke spezialisieren. Das hat für den Urlauber den Vorteil, dass er überall auf einen findigen Mechaniker hoffen kann, der auch sein WOMO wieder flott macht.*

\>> *Trotzdem sollten Sie sich vor dem Urlaub von Ihrer Autowerkstatt ein internationales Kundendienstverzeichnis besorgen lassen. Sie können ja*

Glück im Unglück haben und in der Nähe einer Reparaturwerkstätte Ihrer Automarke sein.

>> *Bei einem unverschuldeten Unfall (incidente) auf jeden Fall den Notruf der Polizei anrufen (Tel. 113, siehe auch "Telefon"). Notieren Sie nicht nur das Kennzeichen Ihres Unfallgegners, sondern auch dessen Versicherungsnummer/Versicherungsgesellschaft. Beide Angaben finden Sie auf einem viereckigen Aufkleber hinter der Windschutzscheibe. Machen Sie Fotos vom Unfallort, den Fahrzeugen (mit Kennzeichen), den Verkehrszeichen, den Bremsspuren usw.*

>> *Beachten Sie: Ansprüche an den Unfallgegner sind nur über einen (italienischen) Rechtsanwalt durchzusetzen, den Sie selbst zu bezahlen haben (eine Rechtsschutzversicherung ist folglich in Italien fast ein "Muss").*

>> *Sind Sie eindeutig Schuld, können Sie auch auf die Polizei verzichten, falls Ihr Unfallgegner einverstanden ist (das spart Ihnen das obligatorische Bußgeld).*

>> *Der italienische Automobilclub ACI hat einen Straßenhilfsdienst wie der ADAC. Er ist in ganz Italien unter der Tel. Nr. 116 zu erreichen.*

>> *Haben Sie ein technisches Problem, dann rufen Sie den deutschsprachigen Notrufdienst von ADAC/ACI in Rom an: Tel. Nr. 06/49 54 730 (von Süd-Tirol aus).*

>> *Die ADAC-Notrufzentrale in München ist rund um die Uhr besetzt: Tel. 0049/89/22 22 22.*

BABY

Mit einem Baby oder Kleinkind in den WOMO-Urlaub? Wir haben nur gute Erfahrungen gemacht. Kinder ändern ihr Verhalten im Urlaub wesentlich weniger als Erwachsene; sie kämen z. B. nie auf die Idee, sich wie Fleisch in der Sonne braten zu lassen. Vorsicht ist jedoch stets bei Sonnenschein, speziell im Gebirge, angeraten.
Kinder sind allerdings in der Regel keine Wander-Fans, bedenken Sie das bei Ihrer Urlaubsplanung!

Tipps:

>> *Schon vor der Reise mit Sonnenbaden und Eincremen anfangen.*

>> *Babykost, Windeln und spez. Medikamente (Kinderarzt fragen!) von zu Hause mitbringen. Selbstverständlich erhält man alles auch in Süd-Tirol, aber Vertrautes erspart Ärger.*

>> *Buggy oder Babyrückentrage sind für Wanderungen und Besichtigungen unentbehrlich. Kein noch so geduldiges Kleinkind tippelt freiwillig durch Gegenden, denen es kein Interesse abgewinnen kann.*

>> *Getränkewünsche unbedingt erfüllen und zwar mit schwach gesüßtem Tee (als Pulver mitnehmen). Gekaufte Getränke sind oft zu zuckerhaltig, um erfrischend zu wirken.*

>> *Wasser unbedingt entkeimen. (s. "Trinkwasser").*

>> *Wichtigste Urlaubsutensilien für Ihr Kind sind: Lieblingsschmusetier, Spielsachen, Kassettenrekorder, Malsachen für die Fahrt.*

DEVISEN

Mit dem Euro gibt es ja wohl keine Probleme mehr!?
Natürlich kann man aus Sicherheitsgründen nicht seine ganzen Urlaubsfinanzen in bar herumschleppen.
Deshalb vertrauen wir auf ec-Karte und Visakarte!
Mit dieser Kombination – ec-Karte fürs Geldabheben am Bankautomaten, Visakarte fürs Tanken und größere Einkäufe – kann überhaupt nichts schief gehen!

Tipps:

- *Die geringsten Gebühren fallen am Geldautomaten mit der ec-Karte an – 5,00 € pro Barabhebung (max. 300 €/Tag).*
- ***Kreditkarten** sind vor allem in Italien weit verbreitet. Gut geeignet sind sie zur Bezahlung in Gaststätten und Supermärkten sowie auf der italienischen Autobahn (Viacard-Spur der Mautstellen).*
- *Die Bargeldbeschaffung am Geldautomaten per Kreditkarte kann teuer werden (Beispiel: 250,00 Euro abgehoben, 260,00 Euro abgebucht).*
- *Fragen Sie aber Ihre Bank, welche Gebühren sie berechnet! Bei der DKB-Bank z.B. ist die Bargeldabhebung mit Visa kostenlos und bei ING-DiBa bekommt zusätzlich noch einen Bonus von 50 Cent pro Einkauf!*

DIEBSTAHL

Geht man an Italiens Stränden an geparkten PKWs vorbei, kann schon eine leichte Berührung zum Aufheulen der sensiblen Alarmanlage führen – dabei hatte der neugierige Blick ins Wageninnere gerade offenbart, dass der vorsichtige Fahrzeugbesitzer sogar das Autoradio ausgebaut und mit zum Strand geschleppt hatte. Wie soll sich der solchermaßen gewarnte und verschüchterte WOMO-Besitzer verhalten? Er kann ja schlecht den ganzen Haushalt mit sich herumschleppen!

Tipps:

- *Süd-Tirol ist nicht Italien, zumindest war die "Klaustatistik" anbetrifft! Trotzdem sollte der WOMO-Urlauber die "Gaunerregeln" kennen:*
- *Geklaut wird dort, wo es sich lohnt! Das sind in Süd-Tirol die "Groß"städte Bozen und Meran sowie die Parkplätze bei den überlaufenen Highlights wie z. B. am Pragser Wildsee oder manchen Dolomitenpässen. Dabei ist der schnelle Griff ins Auto die beliebteste Bereicherungsmethode.*
- *Besonders sträflicher Leichtsinn wird von uns **immer wieder** beobachtet, der geradezu zum Diebstahl verleitet: Heruntergekurbelte Scheiben, offene WOMO-Türen – und die ganze Familie drängt sich um die Eiskühltruhe an der Tankstelle. Oder: Alle Mann liegen auf den Liegen unterm Schattenbaum, die WOMO-Fenster sind sperrangelweit offen, auf dem Tisch liegen Geldbeutel und Fotoapparat. Wir können nur raten: Geld, Papiere und Schmuck gehören in einen festgeschraubten Tresor (Camping-Fachhandel, ca. 40 Euro), für größere Wertgegenstände wie Fotoapparat, Fernglas oder gar Videokamera empfiehlt sich eine ebenfalls festgeschraubte Blechkiste im Staufach oder der Tresor in der Fahrersitzkonsole.*
- *Lassen Sie alle Wertgegenstände zu Hause, die Sie nicht unbedingt brauchen. Statt der teuren goldenen Uhr tut's im Urlaub auch eine für 5 EURO vom Wühltisch.*
- *Es versteht sich von selbst, dass man auf eine Wanderung seine Wertgegenstände im Rucksack mitführen sollte. Ein Dieb (der Ihnen in der Regel beim Abmarsch zuschaut), wird Sie genauestens taxieren – und hätte dann reichlich Zeit, sich zu bedienen!*
- *Eine Alarmanlage möchten wir Ihnen trotzdem ans Herz legen – aber nur, wenn Sie sie auch regelmäßig einschalten! Eine Anlage mit Ultraschallsensor kann auch eingeschaltet werden, wenn Fenster und Türen geöffnet sind und vertreibt durch ihren Lärm die meisten Diebe, bevor sie sich in Ruhe umgesehen haben.*
- *Die Alarmanlage heult jedoch erst, wenn das WOMO schon aufgebrochen ist! Mit unserem **"WOMO®-Knackerschreck"** (Beschreibung und Bestellzettel am Buchende) , der universellen und **sofort sichtbaren** Einbruchssperre, verhindern Sie das Öffnen der Fahrerhaustüren.*
- *Bevor Sie jetzt aber entsetzt in den "sicheren Hafen" eines Campingplatzes einlaufen wollen: In punkto Übernachtungssicherheit haben wir noch nie etwas nachteiliges über Süd-Tirol gehört oder gar selbst erlebt. Ich würde*

mich zwar nicht besonders wundern, eine aufgebrochene Scheibe bei meiner Rückkehr von einem Stadtbummel vorzufinden - aber beim freien Übernachten fühle ich mich so sicher wie vor der eigenen Haustür!

EINREISEFORMALITÄTEN

Für Urlauber aus Deutschland, Österreich oder der Schweiz gilt folgendes: Personalausweis (carta d'identità), Führerschein (patente), Kraftfahrzeugschein (libretto di circolazione) und Grüne Versicherungskarte (obwohl nur in der Schweiz vorgeschrieben) nicht vergessen.

Tipps:

>> *Reisebedarf für den persönlichen Gebrauch kann zollfrei eingeführt werden. Dies gilt sowohl für Reiseproviant als auch für Campingartikel, Kameras, Fernseher usw. (man bleibt ja in der EU!).*
>> *Die Probleme mit den italienischen Versicherungen nach einem Autounfall sind gewaltig! Überlegen Sie, ob unter diesen Umständen nicht der Abschluss einer kurzfristigen Vollkasko- und Insassenunfallversicherung angeraten ist. Auch ohne Rechtsschutzversicherung wagen sich nur noch unverbesserliche Optimisten nach Italien.*
>> *Beliebtes Opfer italienischer Verkehrspolizisten sind Touristen mit "überstehenden Ladungen" wie Fahrrädern oder Surfbrettern. In Italien ist in diesen Fällen eine rotweißgesteifte Tafel ("Panello") mit Reflektoren vorgeschrieben (gibt's bei Ihrem Automobilclub). Bei Unfällen muss man eine reflektierende (rot, orange, gelbgrün) Weste tragen.*

FAHRZEUG

Wenn das Auto nicht mehr läuft, "läuft" gar nichts mehr im Urlaub. Nur das beruhigende Gefühl, alles getan zu haben, damit Motor, Zündanlage, Reifen und Fahrgestell die Gebirgsstrapazen klaglos überstehen, kann stressfreie Urlaubstage garantieren.

Tipps:

>> *Kundendienst vor dem Urlaub nicht vergessen; besonders wichtig: Ölwechsel,* ***2 x*** *Batteriedienst.*
>> *Ersatzteile mitnehmen (evtl. als Paket von der Werkstatt mit Rückgaberecht bei Nichtgebrauch).*
>> *Pannenausrüstung komplett?*
 * *Reserve-Birnenset komplett?*
 * *Reserve-Keilriemen*
 * *Ersatz-Sicherungen*
 * *Reservekanister 20 Liter, voll?*
 * *1-2 Liter Öl*
 * *Ölfilter (falls Ölwechsel ansteht)*
 * *1/2 Liter destilliertes Wasser*
 * *Reserverad mit Profil, Luftdruck O.K.?*
 * *Ersatzschlauch (auch bei schlauchlosen Reifen!)*
 * *Abschleppstange, ausprobiert?*
 * *passender Wagenheber, ausprobiert?*
 * *Warndreieck / "Panello"*
 * *reflektierende Schutzweste (gibt's in jeder ital. Tankstelle)*
 * *Warnblinkleuchte*
 * *Luftpumpe*
 * *Erste-Hilfe-Koffer komplett?*

* Werkzeugkoffer komplett?
* Verzeichnis der Auslandskundendienststätten meiner Automarke, neu!
* Reparaturbuch

>> *Scheibenwaschanlage gefüllt, "Scheibenkratzer" mit Gummilippe und Schaumstoffwulst (Insekten!) vorhanden?*

>> *Feuerlöscher O.K.?*

>> *Am Tag vor der Abfahrt mit allen Teilnehmern und dem fertig gepackten WOMO auf die öffentliche Waage fahren (z. B. Raiffeisenlager). Übergewicht, wenn möglich, vermindern. Jedes Kilo zusätzliches Gepäck erhöht nicht nur den Treibstoffverbrauch, sondern beeinflusst Fahrverhalten, Bremsweg, Lenkbarkeit und Steigfähigkeit negativ.*

>> *Keinen Grund zur Sorge haben Sie, wenn Ihr Diesel an den Passstraßen qualmt wie ein alter Dampfer! Das Verhältnis Luft-Diesel ist fest eingestellt – und in größeren Höhen ist die Luft nun mal dünner. Folglich wird der Diesel nicht vollständig verbrannt, der Rest verpestet die Umwelt und die Leistung des Motors sinkt entsprechend ab. Aber keine Angst, was unser alter 75-PS-Fiat einst schaffte, das packt Ihr neuer Turbo "mit links"!*

FILMEN/FOTOGRAFIEREN

Zweifelsohne verstärken die mitgebrachten optischen oder sogar akustischen Urlaubserinnerungen die Vorfreude auf die nächste Reise. Für jegliches Film- bzw. Fotomaterial gilt: Reichlich von zu Hause mitbringen, die Preise in den Urlaubsländern sind stets höher, von der Auswahl ganz zu schweigen.

Tipps:

>> *Kaufen Sie rechtzeitig Fotomaterial, nutzen Sie Sonderangebote im Frühjahr. Im Kühlschrank halten die Filme jahrelang, ohne zu altern.*

>> *Ihre Digitalkamera ist neu? Dann bedenken Sie: Die mitgelieferte Speicherkarte ist meist ein (schlechter) Witz.*
Sie brauchen pro Bild etwa 0,5 MB!, folglich sind 1-2 GB gerade richtig.

>> *Nicht nur die Natur und Ihre Lieben sind fotografierenswert. Für die schönen Fresken in den dunklen Kirchen und die herrlichen Tropfsteinhöhlen brauchen Sie einen kräftigen Elektronenblitz, ein Stativ wäre auch gut!*

>> *Denken Sie an einen Vorrat der benötigten Batterien (am besten aufladbare NiMH-Akkus) für Blitzgerät und Kamera.*

>> *Ein 12-V-Ladegerät für die Batterien der Digitalkamera, Videokamera usw. sollte immer an Bord sein oder ein Wechselrichter, der aus 12-V-Batteriestrom 220-V-Wechselstrom macht. Für den Anschluss von Kleinverbrauchern wie Ladegeräte, Laptop oder GPS-Gerät reicht eine Dauerleistung von 200-300 W.*

>> *Machen Sie Ihre Fotos möglichst vor 10 und nach 16 Uhr, andernfalls hilft nur ein UV-Filter gegen Verschleierung.*

FLORA/FAUNA

Während sich die Großtierwelt der Alpen vor dem Massentourismus erfolgreich versteckt (Ausnahmen sind z. T. völlig "abgehärtete" Murmeltierpopulationen, die zu reizvollen Beobachtungen Anlass geben), ist die Flora ein "Traum ohne Ende"!
Unter meist dramatischer Felskulisse, umrahmt von hohen Lärchen-, Kiefern- und Tannenwäldern, breitet sich auf den ungedüngten Almwiesen eine farbenfrohe Flora aus, die in der gesamten Vegetationszeit keinen Stillstand und keine Pause kennt. Aber selbst am gleichen Tag kann man, durch den Wechsel von einer Höhenlage zur anderen, Frühjahrsblüher und Sommerblumen

nacheinander betrachten. Besondere Höhepunkte sind die Küchenschellen- und Krokusflächen, die im zeitigen Frühjahr schon zwischen den Schneeflächen erblühen, die gelben Trollblumenwiesen – und natürlich die Heide- und Alpenrosenhänge. Jede, auch die kleinste Wanderung, wird bereits durch die Blütenpracht zu einem optischen Genuss.
Damit Sie keinen Botaniker beneiden müssen, der beim Anblick farbiger Kostbarkeiten in lateinische Lustschreie ausbricht, empfehlen wir Ihnen nachstehendes Bestimmungsbuch:
>> Pareys Bergblumenbuch, Verlag Parey, ISBN 3-490-05318-4

FREIES CAMPING

Wo kein Kläger, da kein Richter. Nirgends trifft dieses Sprichwort mehr zu als beim Campieren außerhalb "offiziellen Geländes". Damit niemand Grund zur Klage hat, muss aber gerade der WOMO-Fahrer einiges beherzigen!

Tipps:

Schweiz:

>> *Einmaliges Übernachten im WOMO ist in den meisten Kantonen erlaubt oder wird zumindest geduldet.*
>> *In den beiden WOMO-Bänden "Schweiz (West)" sowie "Schweiz (Zentral und Ost)" finden Sie hunderte von herrlichen, ruhigen Bade-, Wander-, Picknick- oder Stellplätzen – für den Transit meist viel zu schade!*

Österreich:

>> *Einmaliges Übernachten ist prinzipiell gestattet (Ausnahme: Tirol, nicht Südtirol), es sei denn, ein Gemeinderat entscheidet sich (meist aus kommerziellen Gründen) dagegen. Hier dreht der erfahrene Camper den Zündschlüssel wieder um – und sucht sich ein anderes Revier!*
>> *In den beiden WOMO-Bänden "Österreich (West)" sowie "Österreich (Ost)" finden Sie ebenfalls hunderte von ruhigen Plätzen ohne Übernachtungsverbote.*

Süd-Tirol (Italien):

>> *Die italienische Straßengesetzgebung gilt auch für die autonome Provinz Bozen (Süd-Tirol). Diese legt fest, dass ein Wohnmobil beim Parken einem "normalen" PKW völlig gleichgestellt ist.*
Daraus folgt, dass keine Gemeinde, so gern sie es auch möchte, das Übernachten im Wohnmobil verbieten kann! Aber, wohl gemerkt, nur das Parken ist erlaubt (was Sie in Ihrem Wohnmobil machen, geht niemanden etwas an!).
>> *Wenn Sie also am Ortsbeginn, am Straßenrand oder auf Parkplätzen ein durchgekreuztes Zelt/Wohnwagen/Wohnmobil entdecken, dann ist hier das Freie Camping verboten! Es darf kein Zelt aufgestellt werden, das Abkoppeln von Wohnwagen ist verboten – und auch der WOMO-Urlauber muss sich vorsehen:*
>> *Rollen Sie die Markise nicht aus!*
>> *Stellen Sie keine Stühle, Tische oder den Grill auf den Parkplatz!*
>> *Legen Sie keine Nivellierkeile unter die Räder!*
>> *Im Extremfall (wildgewordener Polizist) kann sogar das Aufstellen der Seitenfenster als "Camping" gedeutet werden und man hat eine Handhabe, um Sie vom Platz verweisen zu können!*
>> *WOMO-Tipp: Lassen Sie sich nicht einschüchtern, aber seien Sie auch einsichtsvoll. Manche Gemeinden haben erhebliche Platzprobleme in der Hauptsaison. Im Touristengewühle werden Sie sich nicht wohlfühlen, auch wenn man Sie nicht wegschicken darf. Wir haben so viele ruhige Plätzchen für Sie gefunden, weichen Sie auf einen von diesen aus.*

>> *Schlechte Karten haben Sie, wenn Sie auf einen (der in Süd-Tirol sehr seltenen) 2-m-Balken treffen. Dieser darf zwar in der Regel nur vor Privatparkplätzen stehen, trotzdem montiert ihn manche Gemeinde als "regulierende Maßnahme", hat aber zusätzlich noch andere Parkplätze.*

Allgemein gilt:

>> *Meiden Sie Campingplatznähe, große Ortschaften und WOMO-Massenansammlungen!*

>> *Sorgen Sie aktiv mit dafür, dass es keinen Grund zur Klage gibt! Machen Sie lieber mehr Dreck weg, als Sie selbst gemacht haben. Benutzen Sie öffentliche Toiletten oder das Angebot der Campingplätze für Ihre Toiletten- und Abwasserentsorgung (für die Frischwasserversorgung haben wir eine Unzahl von Trinkwasserbrunnen in die Karten eingezeichnet).*

WOMO-freundliche Gaststätten in Süd-Tirol:

Sie können sich fürs "Freie Übernachten" nicht erwärmen, (überfüllte) Campingplätze sind aber auch nicht Ihr (Urlaubs-)traum?

Genau für Sie haben wir ein rundes Dutzend wohnmobilfreundlicher Gaststätten aufgetan! Dort können Sie nach Vorzeigen Ihres WOMO-Reiseführers kostenlos, sicher und bequem parken und nächtigen. Für diesen Service erwartet man, dass Sie dort eine Mahlzeit einnehmen (eigentlich selbstverständlich!). In den Tourenkarten und im Text erhalten Sie genaue Infos über die Lage der Gaststätten sowie Zahl und Dauer der Parkmöglichkeiten.

Campingplätze in Süd-Tirol:

Ihre Zahl beträgt genau einundvierzig – und das ist immer noch zu wenig! Die meisten von ihnen sind in der Hauptsaison überbelegt, trotzdem wird der vagabundierende WOMO-Urlauber in der Regel auch ohne Anmeldung ein Plätzchen für die Nacht angeboten bekommen. Dafür zahlt er (WOMO + 2 Personen, ohne Strom) zwischen 20 € und 35 € je nach Platz und Jahreszeit, das Mittel liegt bei 28 €/Tag.

Wenn Sie sich genauer über Campingplätze informieren wollen, empfehlen wir Ihnen den Süd-Tiroler Campingführer, den Ihnen die Süd-Tiroler Tourismus Werbung (siehe "Adressen") gerne kostenlos zusenden wird:

Zum g. Tropfen	*I-39010 Nals*	*Tel.: 0471-678046*
Passeier-Tal	*I-39010 Saltaus*	*Tel.: 0473-645454*
Ganthaler	*I-39010 Terlan*	*Tel.: 0471-678716, Fax: 679047*
Naturcamping	*I-39010 Tisens*	*Tel.: 0473-927131, Fax: 927130*
Tisens	*I-39010 Tisens*	*Tel.: 0473-927131, Fax: 927130*
Arquin	*I-39011 Lana*	*Tel.: 0473-561187, Fax: 561857*
Lido	*I-39011 Lana*	*Tel. + Fax: 0473-568138*
Schlosshof	*I-39011 Lana*	*Tel.: 0473-561469*
Völlan	*I-39011 Lana*	*Tel.: 0473-568056, Fax: 557249*
Hermitage	*I-39012 Meran*	*Tel.: 0473-232191, Fax: 256407*
Meran	*I-39012 Meran*	*Tel.: 0473-231249, Fax: 235524*
Gloria Vallis	*I-39020 Glurns*	*Tel.: 0473-835160, Fax: 845767*
Thöni	*I-39020 St. Valentin*	*Tel.: 0473-634020, Fax: 634121*
Trafoi	*I-39020 Stilfs-Trafoi*	*Tel.: 0473-611533*
Cevedale	*I-39021 Goldrain*	*Tel.: 0473-742132, Fax: 740584*
Latsch	*I-39021 Latsch*	*Tel.: 0473-623217, Fax: 622333*
Via Cl.Augusta	*I-39022 Algund*	*Tel.: 0473-223060*
Badlerhof	*I-39023 Laas*	*Tel.: 0473-628011*
Mals	*I-39024 Mals*	*Tel.: 0473-835179, Fax: 845172*
Adler	*I-39025 Naturns*	*Tel.: 0473-667242, Fax: 668346*
Waldcamping	*I-39025 Naturns*	*Tel.: 0473-667298, Fax: 668072*
Kiefernhain	*I-39026 Prad*	*Tel.: 0473-616422, Fax: 647277*
Sägemühle	*I-39026 Prad*	*Tel.: 0473-616078, Fax: 617120*
Antholz	*I-39030 Antholz*	*Tel.: 0474-492204, Fax: 492444*

Corvara................ I-39030 Corvara.......... Tel.: 0471-836515, Fax: 830801
Gisser.................. I-39030 Kiens.............. Tel.: 0474-569605, Fax: 569657
Corones............... I-39030 Rasen .... Tel.: 0474-496490, Fax: 498250
Sexten .... I-39030 Sexten............ Tel.: 0474-710444, Fax: 710053
Sass Dlacia........... I-39030 St. Kassian Tel.: 0471-849527, Fax: 849244
Wildberg .... I-39030 St. Lorenzen .. Tel.: 0474-474080, Fax: 474626
Al Plan .... I-39030 St. Vigil........... Tel.: 0474-501694, Fax: 506550
Schießstand.......... I-39031 Bruneck.......... Tel.: 0474-401326
Olympia .... I-39034 Toblach .... Tel.: 0474-972147, Fax: 972713
Toblacher See ...... I-39034 Toblach .... Tel.: 0474-973138, Fax: 976647
Markushof............. I-39040 Auer .... Tel.: 0471-810025, Fax: 810603
Gilfenklamm.......... I-39040 Gasteig .... Tel.: 0472-779132, Fax: 768012
Obstgarten............ I-39040 Kurtatsch........ Tel.: 0471-880709
Vahrner See .... I-39040 Vahrn .... Tel.: 0472-832169
Löwenhof.............. I-39042 Brixen............. Tel.: 0472-836216, Fax: 801337
Gamp.................... I-39043 Klausen.......... Tel.: 0472-847425, Fax: 845067
Seiser Alm .... I-39050 Völs................ Tel.: 0471-706459, Fax: 707382
Gretel am See ...... I-39052 Kaltern .... Tel.: 0471-960244
St. Josef a. See ... I-39052 Kaltern .... Tel.: 0471-960170
Steiner.................. I-39055 Leifers............ Tel.: 0471-950105, Fax: 951572
Moosbauer............ I-39100 Bozen............. Tel.: 0471-918492, Fax: 204894

>> *Bitte beachten Sie beim Telefonanruf aus dem Ausland: In Italien muss die "0" am Beginn der Ortsvorwahl mitgewählt werden, für Moosbauer also z. B.: 0039-**0**471-918492.*

GAS

Außer der Zweitbatterie (und Ihrer neuen Solaranlage?) die einzige Energiequelle beim Freien Camping. Bei einer vierköpfigen Familie muss man mit einem Gasverbrauch von 2-3 kg pro Woche rechnen. Einen ordentlichen Happen "frisst" davon der (Absorber-) Kühlschrank.

Tipps:

>> *Sie besitzen einen Gastank oder eine sog. Tankflasche? Dann sind Sie gut dran! In Italien gibt es eine Unzahl von Auto-Gas-Tankstellen, an unseren Touren in Süd-Tirol allerdings "nur" neun:*

***Tour 1: Latsch** ....an der SS 38*
***Tour 1: Töll** ....an der SS 38*
***Tour 4: Sinnich** ....4 km südlich Meran*
***Tour 7: Cavalese** ....an der SS 48*
***Tour 9: Toblach** ....an der SS 46/SS 51.*
***Tour 11: St. Lorenzen** ....Bruneck-Straße 27 Richtung Bruneck.*
***Tour 12: Brixen** ....an der SS 12 bei km 474,6.*
***Tour 12: Sterzing** ....bei der Autobahnausfahrt Sterzing.*

>> ***Aber:** Einige Tankwarte haben noch nie eine **Tank**flasche gesehen und schreien entsetzt: "Bombole", weil sie eine schlichte Gasflasche vermuten. Es kostet Mühe, sie trotzdem zum Gastanken zu bewegen!*

>> *Sie haben eine graue Camping-Europa-Umtauschflasche? Im Touristenland Süd-Tirol bekommen Sie Ihre Flasche an fast jedem Campingplatz gefüllt. Eine weitere Füllstation haben wir samt Anfahrt in Tour 2 beschrieben, die Adresse ist: **Fa. Spitaler, Langgasse 9, Algund bei Meran.***

>> *Die kleineren blauen Camping-**Gaz**-Flaschen werden zu hohen Preisen getauscht. Aber in der Not frisst der Teufel Fliegen – und die blaue Flasche bekommt man eben nicht nur auf den meisten Campingplätzen, sondern auch in vielen Eisenwarengeschäften (das benötigte Passtück sollte man in seiner Eventualitätenkiste haben; gibt's im Campingfachhandel).*

GESCHICHTE

Die Süd-Tiroler hatten es im Laufe ihrer vieltausendjährigen Geschichte wahrlich nicht leicht. Seit man weiß, dass bereits "Ötzi" vor 5000 Jahren übers Gebirge zog, riss der Strom der Reisenden nicht mehr ab! Viele nahmen dabei mit, was sich "am Wege" plündern ließ, andere versuchten gleich, das Land zu erobern, um die Reisewege für andere wiederum nur gegen Gebühr zu öffnen (Wegezoll, auch Maut genannt, ist eine uralte Erfindung!).

5.000 - 50 v. Chr. = Steinzeit/Bronzezeit
Die Kenntnisse über die Urbevölkerung der Alpen liegen im Dunkeln. Erst die Entdeckung von Ötzi (Alpen-Adam = Frozen Fritz) machte erste Forschungen möglich, außerdem existieren einige Wallburganlagen (Tartsch, Castelfeder).

36 v. Chr. - 500 n. Chr. = Römerzeit
15/14 v. Chr. unterwerfen die Augustussöhne Drusus und Tiberius die Alpengebiete, dringen bis Süddeutschland vor. Mit den rauhen Alpen hatten die Römer jedoch wenig im Sinn, ihre Anwesenheit beschränkte sich auf Wach-stationen an den Heerstraßen. Lediglich die römische Sprache nahm Einfluss, langsam entwickelte sich das rätoromanische Idiom, das heute noch als "ladinisch" z. B. im Gadertal gesprochen wird.

700 - 800 n. Chr.
Bajuwaren besiedeln das Land, der Bajuwarenherzog Tassilo II. gründet Kloster Innichen.

788
Das Gebiet Süd-Tirols wird von Karl d. Großen dem Frankenreich einverleibt.

962
Kaiserkrönung Otto I. in Rom, die Route über dem Brenner wird deutsche Hauptverkehrsstraße, zur Sicherung wird das Gebiet dem Bischof von Trient übergeben.

12./13. Jh.
Aufstieg der Grafen von Tirol, die den Bischöfen von Trient und Brixen die Macht entreißen.

ab 1665
Die Grafen von Tirol sind ausgestorben, Süd-Tirol wird an Habsburg (Österreich) abgetreten, diese regieren das Land von Innsbruck aus.

1805
Süd-Tirol fällt an das mit Frankreich verbündete Bayern, Aufstand unter Andreas Hofer.

1814/15
Auf dem Wiener Kongress wird Süd-Tirol wieder Österreich zugesprochen; es besteht aus Deutsch-Süd-Tirol und dem italienischsprachigen Welschtirol.

1866
Im deutschen Krieg zwischen Österreich und Preußen/Italien verliert Österreich Venetien, eine Einigung über Süd-Tirol wird nicht erzielt ("Italia irredenta" = "unerlöstes Italien", politische Bewegung, die Anschluss aller italienischsprachigen Gebiete fordert).

1915
Italien kämpft (wegen der "Irredenta") im 1. Weltkrieg gegen Österreich und erhält im Friedensvertrag ganz Süd-Tirol zugesprochen.

1939
Hitler anerkennt die Brennergrenze, Umsiedlungsabkommen mit Mussolini.

1946
Süd-Tirol kommt wieder unter italienische Verwaltung, nachdem die Pariser Friedenskonferenz eine Volksabstimmung der Süd-Tiroler über ihre Rückkehr zu Österreich abgelehnt hatte.

1969
Nach Terroraktionen und langwierigen Verhandlungen wird 1969 das "Süd-Tirolpaket" gebilligt, zahlreiche Rechte werden auf die autonome Provinz Süd-Tirol übertragen, eine von den Süd-Tirolern gewünschte Trennung in die Provinzen Bozen und Trient wird nicht erreicht.

GETRÄNKE

In den Gaststätten der Urlaubsländer hat man oft das Gefühl, besonders beim Getränkekonsum weidlich ausgenommen zu werden. Dieses Gefühl trügt in Süd-Tirol sicherlich nicht. Auch beim einheimischen Wein langt man kräftig zu. Was macht folglich der gewarnte WOMO-Urlauber?
Er deckt sich anlässlich einer Weinprobe gut ein, kauft sich ein gutes Steak beim Metzger – und genießt auf dem Traumplätzchen seiner Wahl!

Tipps:

>> *Weinkennern eine bestimmte Lage oder Sorte zu empfehlen, ist risikoreich, denn oft lagert Spreu direkt neben dem Weizen (gerade in den Genossenschaftskellereien, die nach dem Pyramidenprinzip arbeiten (viel Billiges und qualitativ Zweifelhaftes für die Masse, aber auch Spitzenweine aus kleinen Lagen). Dabei erkennt man schnell: Gutes zum kleinen Preis gibt's nicht!).*

>> *Der Kauf direkt bei einem der wenigen selbständigen Winzer oder in einer gut sortierten Vinothek/Önothek wird Sie seltener enttäuschen!*

>> *Die häufigsten Weinsorten sind:*
Vernatsch (rot) *(die Mutter des Trollinger = Tirolinger), der Großteil des Süd-Tiroler Rotweins (Kalterer See, St. Magdalena, Meraner Hügel, Bozner Leiten); meist anspruchslose, leichte Weine.*
Lagrein (rot)*, gehaltvoll und doch fruchtig, oft aus dem Barrique-Fass.*
Blauburgunder (rot)*, vollmundig mit viel Körper.*
Cabernet *(rot), feines Aroma, dunkelrot, manchmal ausgesprochener Spitzenwein.*
Weißburgunder *(weiß), schlanker, feinherber Wein (Unterland, Terlan).*
Gewürztraminer *(weiß), duftet nach Rosen und Muskat, geringe Säure.*
Chardonnay *(weiß), gute Balance von Frucht und Säure, Modewein.*
Sylvaner *(weiß), frischer Wein, der jung getrunken werden sollte.*

>> *Bier wird zur Freude durstiger Kehlen oft in 0,66-Liter-Flaschen angeboten; Profis kaufen einen ganzen Karton voll, wenn er im Sonderangebot angepriesen wird. Auch Bier-Dosen sind günstig (und noch ohne Pfand!).*

>> *Cola und Fruchtsaftgetränke gibt es meist in riesigen Plastikflaschen, die dann den Müllbeutel blockieren. Bei Mineralwasser muss man auf die Aufschrift "frizzante" oder "con gas" achten, sonst erhält man "stilles Wasser"!*

>> *Kaffee gibt es überall zu "deutschen" Preisen.*

>> *Für Bergtouren verwenden wir am liebsten Zitronentee-Pulver oder Limo-Pulver, das wir erst "vor Ort" mit kaltem Wasser anrühren.*

>> *Vorhandene Wasserstellen haben wir stets angegeben. Wassermangel herrscht in Süd-Tirol wahrlich nicht, aber gute Trinkwasserbrunnen findet man fast nur noch im ländlichen Raum*

HAUSTIERE

Hunde, Katzen und was sonst noch als Haustier kreucht und fleucht, darf man mit nach Süd-Tirol bringen, wenn die Einreisepapiere stimmen. Verlangt wird ein internationaler Impfpass mit Tollwutimpfbescheinigung (nicht älter als 1 Jahr, nicht frischer als 1 Monat!). Das amtstierärztliche Attest soll auch die Herkunft aus einem seuchenfreien Gebiet bescheinigen und gilt vom Tage der Ausstellung an einen Monat.

KARTENMATERIAL

Wanderkarten haben wir Ihnen bereits unter "Bergsteigen/Bergwandern" empfohlen.
Als Autokarte gehört die Michelin-Karte Nr. 354 im Maßstab 1:200.000 in jedes Handschuhfach, denn auf ihr sind, vergleichbar unseren Generalkarten, **jede** befahrbare Straße, viele Wanderwege, nahezu jede Berghütte und die Bezeichnung fast aller Flüsse, Berge und Täler eingetragen (gibt's beim WOMO-Verlag für 7,50 € online unter www.womo.de).
Recht gut kommt man auch mit dem Gratismaterial zurecht, das vom Fremdenverkehrsamt versandt wird: Einer Südtirolkarte im Maßstab 1:200.000 auf der Vorderseite, die sehr übersichtlich ist und sehr schön die Berge, Schluchten und Täler sichtbar macht. Die Rückseite zeigt das typische Alpenpanorama mit Blick von Trient nach Norden.
Für die Anreise reichen die Übersichtskarten der Automobilclubs oder der Autoatlas.
Sehr hilfreich ist die Karte AL 36: Mit dem Anhänger über die Alpen, die man beim ADAC bekommt.

LEBENSMITTEL (siehe auch "Getränke")

Italiener sind Genießer, das haben die Süd-Tiroler längst von ihnen gelernt! Folglich sollten Sie Ihr Lebensmittelfach nicht mit Dosen von Aldi & Co. vollstopfen, sondern sich "vor Ort" eindecken.
Auch das Brot könnte Ihren Vorstellungen entsprechen: Außer "italienischem" Weißbrot gibt's überall flaches, rundes Bauernbrot (Breadl) aus Roggen und Weizen, meist mit Anis, Fenchel oder Kümmel.
Das Angebot an Obst, Gemüse und Salat ist reichhaltig, die Preise entsprechen denen in Deutschland.
Markenzeichen Süd-Tirols sind "Kaminwurzen" und "Südtiroler Speck". Sowohl auf den offenen Märkten als auch im Supermarkt erhält man sie (oft als Massenware). Dürfen wir Ihnen an dieser Stelle den Einkauf in einer kleinen Metzgerei in einem der Seitentäler empfehlen? Sie werden erstaunt sein, wie unterschiedlich Speck schmecken kann!
Käse ist ein Süd-Tiroler Grundnahrungsmittel. Kühe, aber auch Schafe, sind die Milchlieferanten. Ein kräftiger Bergkäse darf auf Ihrem Abendbrottisch nicht fehlen!

LITERATUR

Ein wichtiges Buch über Süd-Tirol haben Sie schon – den WOMO-Führer, gute Karten haben wir Ihnen auch bereits empfohlen. Natürlich kennen wir Ihre speziellen Urlaubsinteressen nicht. Wir können Ihnen aber zu Büchern raten, ohne die wir in Süd-Tirol nicht auskommen:

Tipps:
>> *Walter Pippke/Ida Leinberger: Süd-Tirol (DuMont Kunstreiseführer)*
>> *Rother Wanderführer: Rund um Meran (gibt's bei WOMO)*
>> *U. u. W. Eckert: "Richtig wandern" Süd-Tirol (DuMont)*
>> *E. Höhne: Wanderatlas Süd-Tirol (Berg)*
>> *Pareys Bergblumenbuch, Verlag Parey*
... und zum Einstimmen:

>> *HB Bildatlas 89: Süd-Tirol*
>> *Süd-Tirol Marketing Gesellschaft, Pfarrplatz 11, I-39100 Bozen Tel.: 0039-0471-999 999, Fax: 0039-0471-999 900: Prospekte, Karten, Adressen.*

MEDIKAMENTE

Natürlich können wir hier keine ärztliche Voraussage machen, was Ihnen im Urlaub alles passieren kann, aber nach der Statistik wollen wir einige Wahrscheinlichkeiten abwägen.

Tipps:

>> *Schauen Sie nochmals nach, ist Ihr Erste-Hilfe-Koffer noch gut gefüllt (Mullbinden, Heftpflaster, Schere, Pinzette, Fieberthermometer)?*
>> *Mittel gegen Durchfall sind ein „Muss" in fremden Ländern, fragen Sie Ihren Arzt. Kohletabletten sind „härteren Sachen" zunächst vorzuziehen.*
>> *Aufregung und langes Sitzen bei der Anfahrt kann aber auch zu Verstopfung führen – führen Sie mit den richtigen Mitteln ab!*
>> *Wie steht es mit Reisekrankheit? Fahren Sie zum ersten Mal mit einem WOMO, könnte Ihnen vielleicht das Schwanken oder die ungewohnte Sitzstellung aufstoßen. Sorgen Sie vor!*
>> *Kinder sind ein Fall für sich! Nehmen Sie auf jeden Fall die Medikamente mit, die Sie sowieso das Jahr über brauchen.*
>> *Soventol z. B. hilft nicht nur gegen Insektenstiche, sondern lindert auch Sonnenbrand.*
>> *Zwei Elastik-Binden für verstauchte Füße und Salbe gegen Prellungen (z. B. Mobilat) sollten nicht nur bei der Bergtour dabei sein.*
>> *Zwar kein Medikament, aber manchmal die letzte Rettung (statt eines Schlafmittels): Ohropax gegen Straßenlärm.*
>> *Was brauchen Sie sonst noch alles gegen Erkältungen, Magenbeschwerden, Sodbrennen, Blähungen, Völlegefühl? Schleppen Sie nicht alles mit! Die Süd-Tiroler Apotheken sind in fast allem gut sortiert – und fast alles gibt es im Notfall auch ohne Rezept.*
>> *Last not least: Das Merfen-Orange für die kleine Schürfwunde und gegen den großen Schmerz, ein Wund-Desinfektionsmittel, das nicht brennt, aber wegen der schönen Farbe bei Kindern besonders beliebt ist.*
>> *Und wenn alles nichts mehr hilft: Beim ADAC-Arzt können Sie sich von Süd-Tirol aus unter der Nummer: **0049/89/22 22 22** Rat holen.*

ÖFFNUNGSZEITEN

Süd-Tirol ist nicht Orient, aber auch nicht Preußen! Die an jeder Ladentür angeschlagenen Öffnungszeiten werden, wenn überhaupt, nur in den größeren Städten eingehalten. (Etwa 8-12/14-19 Uhr, Bäckereien auch Sonntag Vormittag).
Heilig ist allerdings die Mittagspause – zwischen 12 und 14 Uhr läuft nichts, nur die großen Supermärkte haben durchgehend von 9-21 Uhr geöffnet.
Banken sind nur montags bis freitags geöffnet, jede scheint ihre eigenen Öffnungszeiten zu haben. Sie bewegen sich im Bereich 8-13 Uhr. Allerdings sind die Geldautomaten durchgehend zugänglich.
Die kleineren Postämter bedienen Mo – Sa nur vormittags, in größeren Ortschaften Mo – Fr auch nachmittags
Auch Tankstellen halten sich an normale Öffnungszeiten. Sonntags und nachts läuft meist nur an Tankstellen mit Geld-Automaten etwas!
Museen und Kirchen: Meist 9-12/14-18 Uhr, oft montags geschlossen; für viele Kirchen bekommt man den Schlüssel im nächsten Haus. Äußerst ausgedünnt sind die Besichtigungsmöglichkeiten von November bis März.

PROFI-PACKLISTE

Brieftasche/Handtasche/Geheimfach

Pässe, Personal-, Kinderausweis (gültig!)
Führerscheine, Vollmacht
Grüne Karte (gültig!)
KFZ-Schein
Impfbücher/Impfpass Haustier
Fotokopien aller dieser Papiere
Bargeld/Brustbeutel
Devisen (Schweiz?)
ec-Karte/Visa-Karte/Reiseschecks
Krankenversicherungskarte EHIC
Zusatzversicherungen/Schutzbrief
Vignette/Pickerl/Brenner-Mautkarte

___
___
___

Wohnmobilhaushalt

Allgemeines Wohnmobil-Kochbuch
Wecker
Einkaufstasche (groß)
Kaffee-, Teekanne
Filtertüten/Filter
Geschirr/Gläser
Vesperbrettchen/Bestecke
Brotmesser/Kartoffelschäler
Schöpflöffel/Schneebesen
Töpfe/Dampftopf
Pfannen/Sieb
Topflappen
Butterdose/Plastikdöschen mit Deckel
Flaschentrage
Thermoskanne
Eierbehälter
Küchenpapier/Alufolie
Nähzeug/Schere
Klebstoff/Klebeband
Wäscheleine/Klammern
Waschpulver
Plastikschüssel
Abtreter
Schuhputzzeug
Kabeltrommel
Verbindungskabel CEE-Schuko
Stecker (Ausland)
Doppelstecker
Gasflaschen (voll?)
Handfeger/Kehrschaufel
Putzlappen
Klappspaten
Hammer/Nägel/Axt
Zündhölzer/Feuerzeug
Gasanzünder
Taschenlampen/Kerzen
Petroleumlampe/Petroleum
Ersatzbirnen 12 V/220 V
Ersatzsicherungen für jedes Gerät
Ersatzwasserpumpe
5 m passender Wasserschlauch
Feuerlöscher
Insektenspray/Insektenlampe
Moskitogaze für Fenster und Tür
Toilette/Clo-Papier
Toilettenchemikalien (oder Schmierseife?)
Dosen-, Flaschenöffner, Korkenzieher
Spülmittel/Bürste
Scheuerpulver
Geschirrtücher
Leim/5 m Schnur
5 m Schwachstromkabel zweiadrig
Wasserschlauch mit Passstück für verschiedene Wasserhähne
Trichter
Wasserentkeimungsmittel
Müllbeutel

___
___
___

Reiseapotheke

Mittel gegen "Seekrankheit"
Soventol (lindert Insektenstiche usw.)
Husten-, Schnupfenmittel
Fieberzäpfchen
Kohle-Kompretten
Mittel gegen Durchfall
Mittel gegen Kopfschmerzen
Mittel gegen Verstopfung
Nasen-, Ohrentropfen
Halsschmerztabletten
Wundsalbe/Brandsalbe
Wunddesinfektionsmittel (Merfen-Orange)
Sprühpflaster
Elastikbinden
Salbe gegen Prellungen
Fieberthermometer
Pinzette
Auto-Verbandskasten O.K.?
Persönliche Medikamente

___
___
___

Auto

Allgemeines Wohnmobil-Handbuch
WOMO®-Knackerschreck
Bedienungsanleitungen
Bordbuch
Reiseführer/Campingführer
Straßenkarten/Autoatlas
Auffahrkeile/Stützböcke
Wasserwaage
D-Schild/Panello (rot/weiß)
2x Schutzweste (reflektierend; Vorschrift!)
Kundendienst gemacht (Bremsen!)?
Ersatzteilset von der Werkstatt?
Pannenausrüstung komplett?
Reservekanister voll?
1-2 Liter Reserveöl
Reserverad Luftdruck O.K.?
Abschleppstange, ausprobiert?
Passender Wagenheber, ausprobiert?
Luftpumpe/Warndreieck
Arbeitshandschuhe
Werkzeugkoffer komplett?
Kundendienststellenverzeichnis, neu?

___
___
___

Kleidung
Unterwäsche
Socken/Strümpfe
Hemden/Blusen
Schuhe/Sandalen
Hausschuhe
T-Shirts/Shorts
Hosen/Jeans
Kleider/Röcke
Pullover/Jacken/Stola
Anoraks/Windjacken
Sonnenhüte/Kopftücher
Nachthemden/Schlafanzüge
Bikinis/Badehosen
Wanderstiefel, -stöcke/Regenschutz
Sonnenbrille/Ersatzbrille

Campingartikel
Stühle/Tisch/Liegestühle
Liegematten/Hängematte
Markise/Sonnenschirme
Sonnensegel/Stangen/Häringe/Leinen
Grill/Grillzange/Holzkohle
WOMO®-Pfannenknecht

Unterhaltung
Handy/Autoladekabel
Fernseher/KW-Radio (neu: DRM-Radio)
Schreibzeug/Adressbuch
Handarbeitszeug
Kinderspielzeug
Malutensilien
Bücher/Spiele
Kassettenrekorder/Kassetten
CD-Player/CDs/MP3-Player
Frisby/Indiaca usw.
Luftmatratzen
Spielzeug
Fotoapparat/Filme/Speicherkarten
Videokamera/Kassetten/Reserveakku
GPS-Gerät
Ersatzbatterien/Ladegerät für 12 V
Rucksäcke
Kartentasche
Fernglas/Kompass/Höhenmesser
Iso-Matten/Zelte/Kochtopfset
Feldflaschen/Taschenmesser/Angelzeug
SOS-Kettchen (vor allem für Kinder)
Mitbringsel für evtl. Einladungen

Lebensmittel
Getränke (Limo, Bier, Wein)
H-Milch/Dosenmilch/Coffeemate
Milchpulver/Limopulver/Zitronenteepulver
Wurst-, Fischdosen
Fertiggerichte/Beutelsuppen
Tee/Kaffee/Kaba
Müsli
Butter/Margarine
Brot/Dosenbrot
Reis/Nudeln/Grieß
Kartoffelbrei/Mehl
Babykost
Puddingpulver
Schokolade/Bonbons/Kaugummi
Marmelade/Nutella
Bratfett/Öl/Essig
Mayonnaise, Senf
Zwiebeln
Gewürze
Ketchup/Maggi/Salz
Zucker/Süßstoff
Kartoffeln
Eier
Zwieback/Salzstangen

Wäsche / Toilettenartikel
Schlafsäcke, Bettwäsche, Kopfkissen
Laken (Spannlaken)
Hand-, Badetücher, Waschlappen
Geschirrtücher
Tempo-Taschentücher
Kämme/Bürsten
Haarfestiger/Lockenwickel/Haarspangen
12 V-, Akku- oder Nassrasierer
Nageletui/Hygieneartikel
Empfängnisverhütungsmittel
Windeln/Creme/Babycreme
Seife/Rei in der Tube
Sonnencreme, -öl
Fettstift (Labello)
Zahnbürsten/Zahnpasta
Autan gegen Mücken
Ohropax gegen Lärm

Nicht vergessen!
Post/Zeitung abbestellen
Offene Rechnungen bezahlen
Haustier abgeben
Blumen versorgen
Mülleimer leeren
Kühlschrank abstellen?
Antennen herausziehen
Wasch-, Spülmaschine, Bügeleisen aus?
Wasser, Gas, Heizung, Boiler abgestellt?
Rolläden schließen
Haustür verschließen!
Nachbarn/Verwandte benachrichtigen: Reiseroute, Autokennzeichen mitteilen. Reserveschlüssel abgeben.

POST

PT – Poste e Telegrafo, das ist das Serviceangebot der italienischen Post – ein Telefon sucht man dort vergebens! Die italienischen Telefonzentralen werben mit einem Telefonhörer und den Buchstaben S.I.P. Dort kann man telefonieren, ohne dauernd Geldstücke nachwerfen zu müssen und sich für weitere Anrufe zu Hause Magnetkarten kaufen (Carta Telefonica, gibt's auch ins Bars mit dem S.I.P.-Zeichen ab 5 €).

Tipps:

>> *Für Briefmarken braucht man nicht im Postamt anzustehen. Man erhält sie auch in jedem Tabacchi-Laden: „Ich möchte einige Briefmarken." = „Vorrei dei francobolli."*

>> *Erfahrungsgemäß braucht Post, gleich welche, eine Woche von Italien nach Deutschland. Per Luftpost geht sie ohnehin, Sie können sich den Aufpreis also sparen.*

>> *Die Post ist im ländlichen Süd-Tirol nur von 8.40 – 13.20 Uhr geöffnet. Im Gegensatz zu Banken aber auch samstags. Nur in Großstädten bedient die Hauptpost auch nachmittags.*

PREISE

Wer glaubt, Italiener seien ja wohl keine so reichen Leute und die Preise seien deshalb auch niedrig im Lande, der sieht sich getäuscht! Im Zeichen eines geeinten Europas gleichen sich die Preise immer mehr an. Zusätzlich müssen Sie mit einem Touristengebietsaufschlag von 10-20% rechnen, dies gilt auch für Gaststättenbesuche!

Die Treibstoffpreise sind in ganz Italien nahezu einheitlich. Dabei galt früher die Regel: Benzin ist unverschämt teuer, Diesel nur etwa 10% teurer als in Deutschland. Folglich gab's für Touristen Benzingutscheine. Jetzt sind die Preise (fast) identisch mit denen in Deutschland, dafür wurden die Gutscheine abgeschafft!

Für einen Tag auf einem Campingplatz muss man, je nach Saison, fürs WOMO und zwei Personen 15 € - 50 € berappen (mittlerer Preis ca. 25 €).

Ein 3-Minuten-Telefonat nach Deutschland kostet etwa 1,50 €, Mo – Sa von 22 – 8 Uhr und sonntags ist's 25% billiger.

Brief oder Postkarte nach Deutschland 0,62 €.

REISETAGE/REISEZEIT

Keine Angst, wir wollen Ihnen an dieser Stelle nicht Ihren Urlaubstermin ausreden, denn nach Süd-Tirol können Sie gar nicht zur falschen Jahreszeit fahren – es sei denn, Sie wollen sich im FERRAGOSTO, dem traditionellen italienischen Ferienmonat August dort tottrampeln lassen. Hier soll lediglich der Reiserhythmus angesprochen werden, der sich auf der Hin- und Rückreise empfiehlt.

Tipps:

>> *Starten Sie in Deutschland nicht am ersten Ferientag Ihres Bundeslandes oder gar am Samstag früh, sonst beginnt Ihr Urlaub gleich mit Stau.*

>> *Fahren Sie entweder sofort nach der Schule am letzten Schultag los oder, wenn Sie keine schulpflichtigen Kinder haben, an den Wochentagen Dienstag bis Donnerstag.*

>> *Die Verkehrsdichte am Autobahnende bei PFRONTEN ähnelt den Bewegungen der Quecksilbersäule im Sommer: Abends, nachts und morgens ist es am kühlsten – und am leersten.*

>> *Warten Sie mit der Suche nach einem Übernachtungsplatz nicht bis zur Dunkelheit. Das geht fast nie gut! An jedem Seitensträßchen finden Sie bei Tageslicht ein Wald- oder Wiesenplätzchen – bei Nacht geraten Sie an die unmöglichsten Stellen.*

RUNDFUNK

Mancher behauptet ja, er könne im Urlaub völlig abschalten. Dazu gehören jedoch Ruhe und Zufriedenheit. Ich bin nur ruhig, wenn ich weiß, dass zu Hause in Deutschland alles seinen gewohnten Gang geht. Aktuelle Nachrichten sind für mich unverzichtbar. Diese bekommt man in ganz Süd-Tirol (von einigen schmalen Tälern mal abgesehen) von einer beachtlichen Reihe deutschsprachiger Sender (aus Österreich und Süd-Tirol) auf UKW geliefert.

SONNENSCHUTZMITTEL

Immer wieder trifft man in Urlaubsgefilden bedauernswerte Kreaturen, die die Gefahren der UV-Strahlung im Gebirge nicht ernst genommen haben und nun wie halb gepellte Kartoffeln herumlaufen.

Tipps:

>> *Es gibt zwar Sonnenmilch und Sonnencremes mit den erstaunlichsten Schutzfaktoren. Ihre Filterwirkung kann aber die Sonne nicht völlig von Ihnen abhalten.*

>> *Gering behaarten Herren ist dringend zu einem flotten Hütchen oder einer Schirmmütze zu raten!*

>> *Kinder, vor allem Babys, sollte man beim Spiel in der Sonne gut im Auge behalten. Pflicht sind:*
Sonnenhütchen und anfangs T-Shirt sowie regelmäßiges Eincremen.

>> *Eine gute Sonnenbrille ist jedem anzuraten. Brillenträger sind mit Colormatic-Gläsern gut bedient. Im Gebirge schmerzen die Augen ohne entsprechenden Schutz, vor allem, wenn noch Schneefelder überquert werden müssen.*

>> *Haben Sie Ihr WOMO in der Sonne geparkt, erreicht die Temperatur im Führerhaus oft abenteuerliche Höhen. Eine Alu-Isoliermatte (Camping-Fachhandel), die man auch als Liegematte benutzen kann, sorgt hinter der Windschutzscheibe für Abhilfe.*

TELEFON

Telefonieren kann man in Süd-Tirol von jedem Dörfchen aus – überall stehen Telefonhäuschen herum. Oft sind es auch nur rote, an die Wand geschraubte Hauben und die Passanten amüsieren sich über die lautstarken Verständigungsversuche mit der Heimat.

Tipps:

>> *Von Süd-Tirol nach Deutschland wählt man 0049, nach Österreich 0043, in die Schweiz 0041.*

>> *Die Landesvorwahl für Süd-Tirol (wie Italien) ist 0039. Nach der Landesvorwahl darf die Null der Ortsnetz–Kennzahl nicht mehr weggelassen werden!*

>> *Ein 3-Minuten-Gespräch kostet tagsüber 1,50 €, Mo-Sa 22-8 Uhr und So nur 1,10 €.*

>> *Telefonapparate haben stets Schlitze für Geld-Stücke und für Telefonkarten. Deshalb gleich bei Urlaubsbeginn in einer öffentlichen Telefonzentrale der S.I.P. (mit Telefonsymbol) oder einer der vielen Bars (mit S.I.P.-Aufkleber) Magnetkarten kaufen (gibt's ab 5 €).*

>> *Telefonservice „Deutschland direkt":*
*Sie können ein kostenloses R-Gespräch führen über eine **deutsch**sprachige Vermittlung. Der **Angerufene** zahlt für die Vermittlung ca. 5 € und für jede Gesprächsminute 0,60 €. Wählen Sie einfach: 172-0049.*

>> *Falls Sie vor einem Postamt stehen – dort kann man nicht telefonieren! Post und Telefondienst sind in Italien zwei völlig getrennte Einrichtungen.*

>> ***Wichtige Telefonnummern in Süd-Tirol:***
Straßenpolizei-Notruf (Polizia Stradale): 113
Unfall/Bergrettung: 118
Feuerwehr: 115

>> *Der moderne Urlauber hat natürlich sein Handy dabei!*
Achtung: Telefonieren während der Fahrt ist für den Fahrer verboten!

TOILETTE/ENTSORGUNG/MÜLL

Einer der Gründe dafür, dass das Freie Camping in so vielen Ländern verboten wird, ist mit Sicherheit die Verunstaltung und Verseuchung der Landschaft mit Fäkalien. Die Benutzung einer Campingtoilette ist deshalb ein absolutes „Muss" für jeden engagierten Camper. Aber wie entsorgt man sie ordnungsgemäß?

Tipps:

>> *Entsorgungsstationen außerhalb von Campingplätzen gibt es in Süd-Tirol kaum! Die Campingplätze, bei denen wir vorsprachen, bieten aber eine separate Ver-/Entsorgung auch ohne Aufenthalt für 5-10 € an.*

>> *In vielen Ortschaften, die oft von Touristen überquellen, findet man nicht eine einzige öffentliche Toilette (der Tourismusdirektor von Naturns: „Die Urlauber können ja in eine Gaststätte gehen!"). Deshalb haben wir öffentliche Toiletten in den Tourenkarten mit "WC" gekennzeichnet.*

>> *Die vielen Liftstationen (an denen auch große Parkplätze liegen), aber auch die zentralen Bushaltestellen haben meist geöffnete Toiletten. Dorthin können Sie Ihre Campingtoilette tragen.*

>> *Sich selbst und die Kläranlagen schützt man am besten, wenn man auf Toilettenchemikalien verzichtet. Gute Ergebnisse haben wir mit Schmierseife (Schlecker) gemacht. Andere schwören auf Oranex (Orangenschalenkonzentrat) aus dem Bio-Laden.*

>> *Der beste Geruchsabzug ist noch immer ein Schornstein! Man bastelt ihn für Pfennigbeträge, indem man am Toilettenunterteil ein Loch bohrt, einen gewinkelten Schlauchstutzen (evtl. mit Absperrhahn) anschließt und einen Schlauch durch den Fahrzeugboden führt. Schon nimmt der Fahrtwind Ihre Düfte mit. Noch besser ist die Schornstein-Wirkung, wenn sie von einem Ventilator unterstützt wird. Nach Einbau einer SOG-Toilettenentlüftung sind üble Gerüche (auch ohne Chemikalien) passé:*
Fa. SOG-Dahmann, Tel.: 02605-952 762; www.sog-dahmann.de

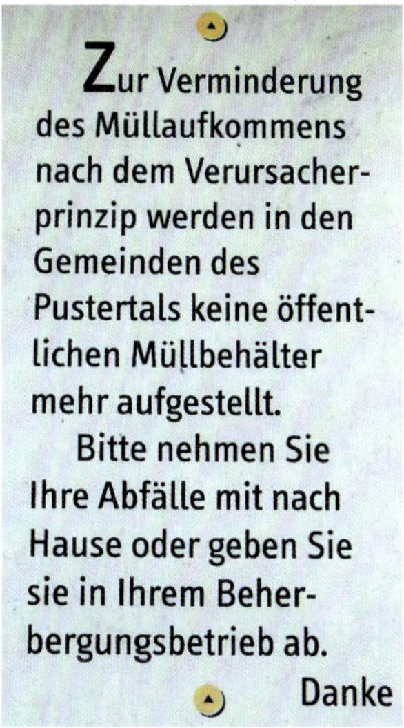

>> *Nicht so problematisch sehen wir die Abwasserentsorgung! Der große Abwassertank füllt sich langsamer als die kleine Toilette und stinkt auch nicht so schnell. Tritt trotzdem unverhofft der Abwassernotstand ein, dann findet sich immer ein entlegener Wiesen- oder Straßengraben. Umweltbedenken dürften Ihnen dabei nicht kommen, denn unser Spül-, Dusch- und Zahnputzwasser enthält keinerlei Giftstoffe.*

>> *Öffentliche Mülleimer hat man in Süd-Tirol weitestgehend abgeschafft! Aber flächendeckend finden Sie Recycling-Container, in die Sie Dosen, Papier und Glasflaschen einwerfen können. Ihren "Restmüll" sollen Sie offensichtlich wieder mit nach Hause nehmen!*

TREIBSTOFFE

Italien war in Westeuropa das Land mit den höchsten Benzinpreisen (nicht Diesel!). Seit einigen Jahren gleichen sich die Preise jedoch denen in Deutschland immer mehr an.

Tipps:

\>> *In Österreich ist der Treibstoff z. Zt. geringfügig billiger als in Deutschland, aber überall gibt es spezielle Autobahn-Preise.*
Eine Möglichkeit, in Österreich billig zu tanken, ist:
Am Ortsbeginn und Ortsende von IMST südlich vom Fernpass.

\>> *Einen Vorteil haben die staatlich reglementierten Preise: Die Treibstoffe kosten in Italien und damit auch in Süd-Tirol überall fast das gleiche – auch an den Autobahntankstellen.*

\>> *Treibstoffpreise: Wir haben einen schlechten Draht zur OPEC. Deshalb empfehlen wir, die aktuellen Preise vor der Abfahrt beim ADAC zu erfragen.*

TRINK-, WASCH-, SPÜLWASSER

Während man beim Abwasser die Formel aufstellen kann: 10 Liter x Personenzahl = Volumen des Abwassertanks, braucht man pro Person eine Frischwasserkapazität von mind. 15-20 Litern, komfortabel wäre erst die doppelte bis dreifache Menge, denn eine ordentliche Dusche gehört zum Abschluss eines heißen Tages!

Tipps:

\>> *Die Suche nach Trinkwasser ist für unsere Leser vorbei. An jeder Tour sind genügend Trinkwasserstellen angegeben.*

\>> *Es gibt Camper, die kochen jeden Tropfen Wasser ab. Das verbraucht unnötig Gas. Außerdem schmeckt das abgekochte Wasser durch den Verlust des gelösten Kohlendioxids fade. Andererseits kann man auch nicht jedem munter plätschernden Brünnlein bedenkenlos trauen.*

\>> *Behandeln Sie Wasser stets mit keimtötendem Mittel, wenn Sie nicht mit eigenen Augen sehen, wie es aus einer Quelle sprudelt. Nur dann ist Sicherheit vor Infektion vorhanden. Bedenken Sie: Eine Entkeimung von 10 Litern Wasser kostet weniger als drei Pfennige, eine Diarrhöe mehrere Urlaubstage. Außerdem verhindern Entkeimungsmittel die Nachverkeimung des Wassers im Tank.*

\>> *Wasserkanister haben einen großen Vorteil gegenüber eingebauten Tanks. Man kann sie unter jeden Wasserhahn halten und bequem im Freien reinigen. Praktisch sind durch ihren geringen Platzbedarf zusätzliche, faltbare Wasserbehälter.*

\>> *Wir empfehlen als Entkeimungsmittel Certisil Combina oder Chlorosil. Sein Anteil an Hypochlorit sorgt für die Sofortentkeimung des Wassers, d. h. es kann nach wenigen Minuten getrunken werden. Sein zweiter wirksamer Bestandteil sind Silber-Ionen, die die Nachverkeimung des Wasser über Wochen hinweg verhindern.*

\>> *ACHTUNG! Alle Entkeimungsvorschriften gelten nur für optisch reines, also klares Wasser. Trübes Wasser müßte vorher gefiltert werden.*

VERKEHR

Dem WOMO-Fahrer kann es nur darum gehen, sein großes und schweres Gefährt unbehelligt bis zum Urlaubsziel und zurück zu transportieren. Dabei kann ihm allerhand passieren – vor allem dann, wenn er zum ersten Mal ein Wohnmobil steuert!

Tipps:

>> *Geschwindigkeitsbegrenzungen nötigen uns meist nur ein Lächeln ab (in Klammern über 3,5 to):*

	Schweiz	**Österreich**	**Italien**	**Süd-Tirol**
Autobahnen	120 (100)	130 (80)	130 (100)	130 (100)
Landstraßen	80	100 (70)	90 (80)	90 (80)
Innerorts	50	50	50	50

>> ***Vorschriften:*** *Promillegrenze in allen Ländern 0,5.*
Es besteht Anschnallpflicht, Kinder haben hinten zu sitzen.
Reflektierende Warnweste, auch tagsüber Abblendlicht außerorts.

>> ***Straßenverhältnisse:***
Über die Anfahrtsstrecken brauchen wir kein Wort zu verlieren: Die Autobahnen sind einwandfrei, die sonstigen Straßen, speziell in den Alpen, erfordern wegen geringer Überholmöglichkeiten, Kurven und starker Steigungen wesentlich längere Fahrzeiten. "Schlechte Wegstrecken" gibt es auf der empfohlenen Route nicht – aber schmale Ortsdurchfahrten!

>> ***Süd-Tirol ist ein Hochgebirgsland****. Dies sollten Sie bereits bei der Urlaubsvorbereitung bedenken! Eine Überprüfung der Bremsanlage (Bremsflüssigkeit, Bremsbeläge, Handbremsfunktion) ist unerläßlich!*

>> *Passstraßenfahren ist schwer – und für "Flachlandtiroler" völlig ungewohnt. Lassen Sie sich ja nicht vom forschen Fahrstil der Süd-Tiroler anstecken (die haben das mit der Muttermilch eingesogen, und die schnellsten von ihnen liegen – wie in Deutschland – längst im Graben).*

>> *Die meisten Bergstraßen führen an der Hangkante entlang. Von dort ragen regelmäßig Felsabbrüche in den Straßenraum. Diese sind härter als Ihr WOMO-Blech!*

>> *Lassen Sie sich von Ihrem qualmenden Dieselauspuff in größeren Höhen nicht irritieren. Dies hängt (konstruktionsbedingt) mit der dünneren Luft zusammen.*

>> *Talwärts muss gebremst werden – aber richtig (sonst stinkt das ganze WOMO nach verglühenden Bremsbelägen)! Intervallbremsung und ein kleiner Gang (oft wie in alten Zeiten der gleiche, der auch bergwärts benutzt wurde) sind die einzige Lösung, solange es für Wohnmobile keine Motorbremse gibt.*

>> *Serpentinen sind ein Thema für sich! Sie sollten es sich zur Gewöhnung machen, vor der Serpentine zu hupen (und auf evtl. Antwort zu lauschen). Deshalb muss man das Autoradio ausgeschaltet lassen und das Fenster etwas öffnen! Nachfolgend ein kleiner Serpentinenfahrkurs: Sie sehen – da darf Ihnen niemand entgegen kommen!*

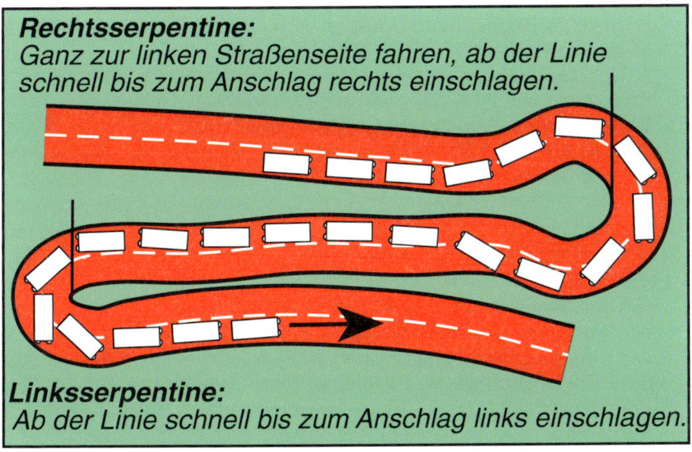

WANDERN/BERGWANDERN/RADWANDERN

Übers Wandern in Süd-Tirol zu berichten, hieße Eulen nach Athen tragen - der Großteil der Urlauber kommt wegen der phantastischen Wandermöglichkeiten!

Nur so viel: Kaum eine Region Europas (und damit der ganzen Welt) ist fürs Wandern (in jeder Form) so gut geeignet und gerüstet wie Süd-Tirol. Es gibt kaum einen Pfad, der nicht markiert und auf den Wanderkarten eingezeichnet ist. Hunderte von Wanderführern und -karten helfen dem Touristen, sich zurechtzufinden. Die bereits mehrfach genannte Süd-Tirol Tourismus Werbung hält div. Material, auch für Radwanderer bereit.

Tipps:

\>> *Wir haben das Riesenwanderangebot für Sie stets unter dem gleichen Gesichtspunkt gesichtet: Findet der WOMO-Urlauber für sein Gefährt beim Abmarsch einen passenden Parkplatz und für sich (bei der Rückkehr) einen bequemen Picknick- bzw. Übernachtungsplatz?*

\>> *Geschickt sind natürlich die Liftparkplätze (auch wegen ihrer öffentlichen Toiletten). Nur wenige sind für Wohnmobile gesperrt (und deshalb von uns erst gar nicht erwähnt).*

\>> *Unsere Wandervorschläge basieren nicht nur auf eigenen Touren, denn die Fremdenverkehrsämter versorgen Wanderfreunde mit einer Unzahl von Vorschlägen. Auch wir haben uns bedient, die Tipps mit dem Kartenmaterial und den Angaben diverser Wanderführer verglichen und auf diese Weise unsere WOMO-Wandertipps erstellt.*

Bitte beachten Sie unbedingt: *Zu jeder Wanderung in den Süd-Tiroler Bergen gehört außer einer guten Wanderkarte die richtige Ausrüstung!*

\>> ***Grundausrüstung:*** *Hohes, festes Schuhwerk mit Profilsohlen, zweckmäßige Kleidung (je nach Jahreszeit und Witterung), Rucksack, Regenschutz, Taschenapotheke, Sonnenschutzmittel, Proviant, Getränke.*

\>> *Gebirge haben nie beständiges Wetter. Brechen Sie eine längere Tour lieber ab, wenn das Wetter umzuschlagen beginnt. Heftige Stürme, Regen, ja sogar Schneefall oder Hagelschauer, aber auch dichter Nebel können zu wahrhaft ungemütlichen, mit Kindern zu unverantwortlichen Situationen führen.*

\>> ***Typische Wetterzeichen für Süd-Tirol:*** *Wolkenzug in südlicher Richtung deutet auf gutes Wetter hin für die nächsten Tage, während nördliche oder östliche Strömungen Verschlechterungen ankündigen. Extreme Schwüle und Windstille künden ein Sommergewitter an. Meiden Sie im Gewitter markante Erhebungen (Gipfel, Grate, freistehende Bäume, Strommasten, Eisenleitern, Seilsicherungen).*

\>> ***Alpines Notsignal nach Unfällen:*** *6 Signale (z. B. Hilferufe) in einer Minute in Abständen von 10 Sekunden, eine Minute Pause, wieder 6 Signale, usw. Die Antwort besteht aus 3 Signalen pro Minute in Abständen von 20 Sekunden, eine Minute Pause, 3 Signale, usw.*

\>> ***Wanderzeit:*** *In Süd-Tirol kann man zu jeder Zeit wandern – aber nicht überall! Sieht man einmal von den Winterwanderungen per Loipe oder auf den präparierten Winterwanderwegen ab, so ist die Hauptwanderzeit "Frühjahr bis Herbst" nicht nur abhängig von der Höhe der Touren, sondern auch von der Himmelsrichtung der Berghänge (auf der Nordseite liegt der Schnee viel länger!).*

Als Richtschnur kann gelten: Talwanderungen (in den Obstplantagen, auf den Waalwegen usw. und in Höhen bis 1000 m) sind von April bis November möglich. Geht es "nur" bis 2000 m hoch, kann man in der Regel von Anfang/Mitte Juni bis Ende Oktober antreten. Touren bis 2500 m Höhe sollten Sie erst ab Ende Juni/Anfang Juli antreten. Was darüber hinausgeht, hat seine beste Zeit von Ende Juli bis Mitte September (und oft ist zusätzlich Gletscherausrüstung nötig!).

>> *Jede Wandertour, sei sie ein Gipfelsturm oder eine mehr gemütliche Rundwanderung, belohnt Sie mit atemberaubenden Blicken auf eine grandiose Landschaft.*

>> *Wanderkarten in den Maßstäben 1:25.000 oder 1:50.000 erhält man in sehr guter Qualität im deutschen Buchhandel, aber auch vor Ort, speziell von den Verlagen Kompass und Tabacco.*

>> *Ihnen ist nur nach einem Spaziergang zumute? Dann folgen Sie unseren WOMO-Spaziergehtipps, dafür brauchen Sie weder Proviant noch eine alpine Ausrüstung!*

>> *An den steilen Anstiegen zu den Pässen haben wir oft schnaufende Extremradfahrer überholt; wir könnten uns für diesen Sport auf belebten und z. T. schmalen Bergstraßen nicht erwärmen. "Normale" Radwanderer finden im Prospekt "Süd-Tirol Radwandern" über 20 genussreiche Radwandervorschläge abseits der Hauptverkehrsstraßen.*

ZAUBEREI – OUTDOOR-NAVIGATION MIT GPS

Das GPS (Global Positioning System) ist ein vom US-Verteidigungsministerium entwickeltes Satellitensystem zur weltweiten Standortbestimmung. Bereits ab 150 € bekommt man ein handy-kleines Gerät, mit dem man auch bei Nacht und Nebel jederzeit feststellen kann, wo man sich befindet – und wird zu dem Platz geleitet, von dem man die Koordinaten hat (aber nur, wenn im Gerät auch das Kartenmaterial des jeweiligen Landes gespeichert ist).
In dem vorliegenden Reiseführer sind für alle Übernachtungsplätze die Koordinaten im Format Grad / Minuten / Sekunden (hddd°mm'ss.s") angegeben.

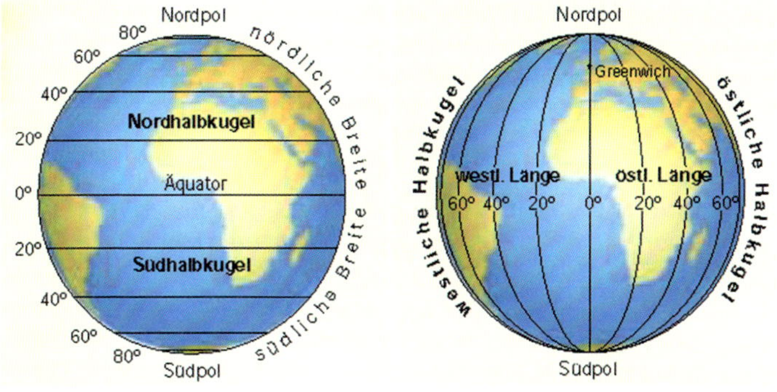

Hinweis: Die obige Schreibweise der Koordinaten ist die am meisten verbreitetete. Falls Ihr Gerät voreingestellt die Schreibweise Grad mit Dezimalen (hddd.ddddd°) oder Grad / Minuten mit Dezimalen (hddd°mm.mmm') anzeigt, finden Sie mit Sicherheit eine Umstellmöglichkeit auf das obige Format.
Besitzer von GPS-Geräten bei denen man Koordinaten eingeben kann, z.B. der Fa. Garmin, TomTom oder Falk, tippen sinnvollerweise die angegebenen Koordinaten der WOMO-Stellplätze vor dem Urlaub in das Gerät ein. Wer es noch bequemer haben möchte, erwirbt beim WOMO-Verlag die "GPS-CD zum Buch" – und die GPS-Daten werden in Sekundenschnelle vom Computer aufs GPS-Gerät überspielt.
Natürlich kann man auch "vor Ort" nur die Koordinaten des Platzes eingeben, den man als nächstes anfahren möchte.
ACHTUNG! Viele unsere Plätze liegen an Nebensträßchen und Schotterpisten, die kein Navi kennt. Aber die Zufahrt ist ja auch im Text beschrieben ....

Zum Schluss:

IN EIGENER SACHE – ODER DER SACHE ALLER!?

Urlaub mit dem Wohnmobil ist etwas ganz besonderes. Man kann die Freiheit genießen, ist ungebunden, dennoch immer zu Hause, lebt mitten in der Natur – **wo man für sein Verhalten völlig selbst verantwortlich ist!**

Seit 30 Jahren geben wir Ihnen mit unseren Reiseführern eine Anleitung für diese Art Urlaub mit auf den Weg. Außer den umfangreich recherchierten Touren haben wir viele Tipps allgemeiner Art zusammengestellt, unter ihnen auch solche, die einem WOMO-Urlauber eigentlich selbstverständlich sein sollten, denn weil wir als Wohnmobiler die Natur in ihrer ganzen Schönheit und Vielfalt hautnah erleben dürfen, haben wir auch besondere Pflichten ihr gegenüber, die wir nicht auf andere abwälzen können.

Jährlich erhalten wir viele Zuschriften, Grüße von Lesern, die mit unseren Reiseführern einen schönen Urlaub verbracht haben und sich herzlich bei uns bedanken. Wir erhalten Hinweise über Veränderungen an den beschriebenen Touren, die von uns bei der Aktualisierung der Reiseführer Berücksichtigung finden.
Aber: Wir erhalten auch Zuschriften über das Verhalten von Wohnmobilurlaubern, die sich **egoistisch, rücksichts- und verantwortungslos** der Natur und ihren Mitmenschen – nachfolgenden Urlaubern und Einheimischen – gegenüber verhalten.
In diesen Briefen geht es um die Themen Müllbeseitigung, Abwasser- und Toilettenentsorgung. Es soll immer noch Wohnmobilurlauber geben, die ihre Campingtoilette nicht benutzen, dafür lieber den nächsten Busch mit Häufchen und Toilettenpapier "schmücken", die den Abwassertank nicht als Tank benutzen, sondern das Abwasser unter das WOMO trielen lassen, die ihren Müll neben dem Wohnmobil liegenlassen und davondüsen, alles frei nach dem Motto: **"Nach mir die Sintflut!"**

Liebe Leser!

Wir möchten Sie im Namen der gesamten WOMO-Familie bitten: Helfen Sie aktiv mit, diese Schweinereien zu unterbinden! Jeder Wohnmobilurlauber trägt eine große Verantwortung, und sein Verhalten muss dieser Verantwortung gerecht werden.
Sprechen Sie Umweltferkel an, weisen Sie sie auf ihr Fehlverhalten hin und machen Sie mit dem WOMO-Urlaubs-Aufkleber deutlich: **Ich verhalte mich umweltgerecht!** Der nächste freut sich, wenn er den Stellplatz sauber vorfindet, denn auch er hat sich seinen Urlaub verdient!

Vor allem aber: Wir erhöhen damit die Chance, dass uns unsere über alles geliebte Wohnmobil-Freiheit noch lange erhalten bleibt.

Helfen Sie mit, den Ruf der Sippe zu retten! Verhindern Sie, dass einzelne ihn noch weiter in den Schmutz ziehen!
Wir danken Ihnen im Namen aller WOMO-Freunde –

Ihr WOMO-Verlag

Stichwortverzeichnis

Der WOMO®-Knackerschreck

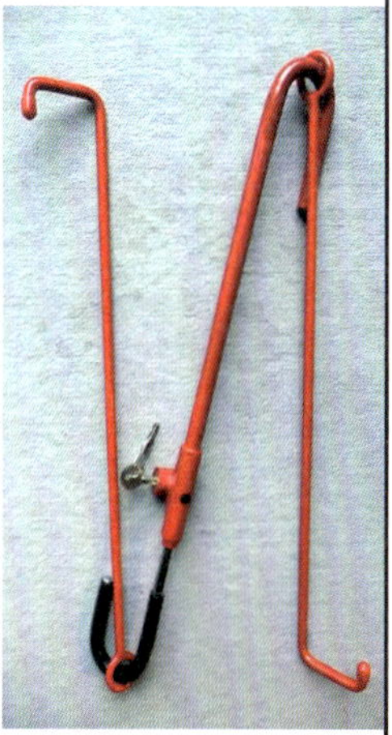

* ist die universelle und **sofort sichtbare Einbruchssperre**.

* Wird einfach in die beiden Türarmlehnen eingehängt, zusammengeschoben und abgeschlossen. (tagsüber unter Einbeziehung des Lenkrades, nachts direkt, somit ist Notstart möglich).

* Passend für Ducato, Peugeot, Renault Master, MB Sprinter und VW (alle Typen).

* Krallen aus 10 mm massivem Stahl, d. h. nahezu unverwüstlich.

Nur 49,90 € – und nur bei WOMO!

Der WOMO®-Aufkleber

* passt mit 14 cm Breite auch auf Ihr Wohnmobil.

* ist das weit sichtbare Symbol für alle WOMO-Freunde.

0,00 € – und nur bei WOMO!

Der WOMO®-Leserservice

Passend zu unseren Reiseführern bieten wir in unserem Online-Buchshop unter **www.womo.de** an:

* Die besten **Autokarten** von Michelin, Freytag & Berndt, Reise-know-how, die garantiert die komplette Reiseroute abdecken.

* Die Kauderwelsch-**Wörterbücher** für jede Sprache unserer Reiseländer.

* Von jedem Reiseland mindestes einen Rother-**Wanderführer** über die schönsten Wanderregionen.

* Eine **GPS-CD** für jeden Reiseführer mit allen Koordinaten zur schnellen Übertragung auf Ihr Navi (Garmin, TomTom, Falk).

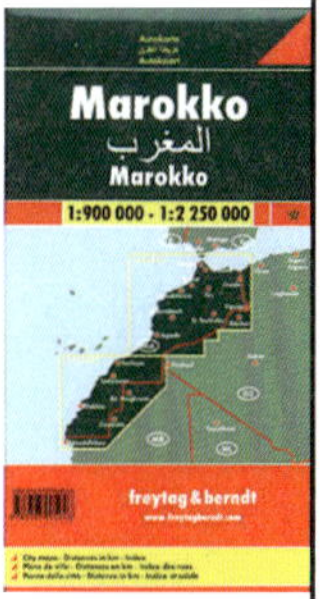

Info-Blatt aus dem WOMO-Buch: Süd-Tirol '15

(komplett ausgefüllt erhalte ich 10% Info-Honorar auf Bestellungen direkt beim Verlag)

Lokalität: Seite: Datum:
(Stellplatz, Campingplatz, Wandertour, Gaststätte, usw.)

unverändert gesperrt/geschlossen folgende Änderungen:

Lokalität: Seite: Datum:
(Stellplatz, Campingplatz, Wandertour, Gaststätte, usw.)

unverändert gesperrt/geschlossen folgende Änderungen:

Lokalität: Seite: Datum:
(Stellplatz, Campingplatz, Wandertour, Gaststätte, usw.)

unverändert gesperrt/geschlossen folgende Änderungen:

Lokalität: Seite: Datum:
(Stellplatz, Campingplatz, Wandertour, Gaststätte, usw.)

unverändert gesperrt/geschlossen folgende Änderungen:

Lokalität: Seite: Datum:
(Stellplatz, Campingplatz, Wandertour, Gaststätte, usw.)

unverändert gesperrt/geschlossen folgende Änderungen:

Lokalität: Seite: Datum:
(Stellplatz, Campingplatz, Wandertour, Gaststätte, usw.)

unverändert gesperrt/geschlossen folgende Änderungen:

Meine Adresse und Tel.-Nummer:

(nur komplett ausgefüllte, zeitnah eingesandte Infoblätter können berücksichtigt werden)